GENZHE XUJIELAOSHI
LAI BEIKE

跟着
徐杰老师
来备课

徐杰 著

长江出版传媒 | 长江文艺出版社

图书在版编目（CIP）数据

跟着徐杰老师来备课 / 徐杰著. --武汉 ：长江文
艺出版社，2022.4(2025.6 重印)
（大教育书系）
ISBN 978-7-5702-2526-2

Ⅰ. ①跟… Ⅱ. ①徐… Ⅲ. ①语文课－教学研究－中
小学 Ⅳ. ①G633.302

中国版本图书馆 CIP 数据核字(2022)第 034196 号

责任编辑：施柳柳　　　　　　　　责任校对：程华清
封面设计：天行云翼·宋晓亮　　　责任印制：邱　莉　韩　燕

出版：长江出版传媒　长江文艺出版社
地址：武汉市雄楚大街 268 号　　　邮编：430070
发行：长江文艺出版社
http://www.cjlap.com
印刷：湖北新华印务有限公司

开本：710 毫米×970 毫米　　1/16　　印张：17.625　　插页：2 页
版次：2022 年 4 月第 1 版　　　　2025 年 6 月第 4 次印刷
字数：235 千字

定价：48.00 元

目 录
CONTENS

我是教研员，也是特别的备课组长（自序）

徐 杰

备课，与上课，是一个老师教学生涯中最重要的两件事。

这两件事之间，是条件关系，也是因果关系。

每个老师都知道备课的重要性，但很多老师对备课的投入，是很不够的。

我曾经做过一个调查，一个老师，假如一天的工作时间是 8 小时，一般情况下，怎么分配使用这 8 小时？其中有两个选项的数据，值得深思。"批作业"在工作时间分配中所占比重最大，占 62%；而本来应该占比很大的"备课"，时间占比却只有 12%。也就是说，很多老师每天用在备课上的时间，平均不足 1 小时。

批作业的时间，揪学生的时间，以及填表格、做材料、统计数据、网上答题……的时间，挤压了备课的时间，老师们怎么可能有更多的时间读书、思考、做研究呢？

备课，是一个"良心活"。你可以用一周备一节课，也可以用一小时备一节课，还可以用一刻钟备一节课，甚至，有些老师不备课就敢去上课。

因为教研员的工作需要，我常常到学校去检查老师们的备课笔记，也常常检查备课组的"集备"记录。从资料来看，我们老师在备课上是舍得花时间的；但从课堂效果来看，有些老师的备课质量还有提升的空间。

于是，我开始重视备课的研究。

每年，全市的备课组长培训会上，我都要反复强调关于备课的"十条建议"：

第一条：于漪老师说她一辈子都在学做教师，我把这句话延伸一下，就是：一个老师一辈子都在备课。

一个语文老师，他平时的阅读和思考，都是在备课。

第二条：教案是预案，不是结案，备课还有很重要的一环，那就是"二次备课"。

着眼于课堂优化的教学反思，就是二次备课。

第三条：一人主备，集体共享，这不是真正意义上的"集体备课"；真正的集体备课，有主备人说课，还必须有组内讨论。

集体备课的素材，最多不过是框架，使用的时候，一定要有上课者的个性化处理，这样的后期处理，也是备课。

第四条：备课时，预设的环节不宜太过紧凑，内容不宜太过丰满，那样会束缚课堂的生长空间。

语文课，应该是"慢慢走，欣赏啊"，环节太多，就成了"赶集"，老师不断催，学生拼命跑，下课了，啥都没留下。

第五条：备课时要处理好"轻重缓急"，处处是重点也就没了重点，只要做好选点突破，可以"不及其余"。

面面俱到是备课的大忌，什么都想教，必然什么都教不好。不贪心，"一课一得"就好，很多节课上的很多个"一"积累起来，就是二，就是三，就是万。

第六条：备课时要关注教学环节之间的逻辑关系，最佳状态是"连皮带肉地生长"（黄厚江老师的话）。这好像是登山，一级一级向上走。

第七条：备课，应该备"各种可能性"。

如果我们只预备了一种可能性，那我们在课堂上评价学生的课堂活动时，就很难做到游刃有余。我们甚至要做好"启而不发，问而不答"的准备，这也是一种"可能性"。

第八条："课堂活动设计"应该是备课的核心环节。

很多一线语文教师缺乏"活动设计"意识，他们常用的方略是"提问题，找答案"，于是"碎问碎答"就成了中学语文教学的顽疾。

第九条：备课要关注"教"，更要关注"学"。

所有的教，都是为学生的"学"服务的。备课过程中我们要更多地换位思考：我如果是学生，在这节课上我能学到什么？

第十条：备课中，固然要预备"结论"，但有比"结论"更重要的东西，那就是探究结论的过程。

教师课堂里如果把"过程"做足了，既有了结论，也培养了能力；反之，如果只追求结论，那结论就是一个"死"东西。

对初语骨干班学员，我的备课要求就更高了。我要求我的团队成员，在做好家常课备课的基础上，要"不计成本地备课"。所谓的"不计成本"，就是投入到备一节课的时间，需要一天或几天，甚至数周。比如，我为了上一节《西游记》导读课，把《西游记》原著来来回回读熟，用了一个月的时间。等到了备课做课件，也就一个小时搞定。但不能说，备课只用了一个小时，那得把一个月的读书时间一并计算进去。

我也有过为了上一节课而读一本书的经历。曾经参加大市教学能手评比，抽到的课题是刘亮程的《城市牛哞》，准备时间2天。初读文本，人整个就懵懂了。这样的语言风格从没遇到过，怎么办？我就立刻冲到新华书店，买了《刘亮程散文选》，用了一天半再加半夜的时间，把一本书读完，然后用半天时间备课。最后的课堂展示环节，我毫无悬念通过。

我还有过为了上一节课，读几本书的经历。苏州徐飞老师约我上《红星照耀中国》导读课，我就把人民文学、人民教育、长江文艺三个不同版本的"红星"都读了一遍，并且把"比读"活动放在了导读活动中，效果很不错。

我常把这个经验教给我的弟子们。有人要上《记承天寺夜游》，我让他先读《苏东坡传》；有人要上《端午的鸭蛋》，我让他先读汪曾祺的《美食人生》……

备课的研究，离不开"一课多案"的实践研究。

从不同课型的选择，不同教学内容的选择，不同课堂活动的设计等角度，对同一篇课文进行多个教案的设计，这很能锻炼一个老师的教学设计能力。

《五柳先生传》我先后设计了三个教学方案；梁衡的《夏感》，我有四个不同的教学设计。有过这样的体验之后，我就明白了，备课研究，不仅要研究"怎么教"，更要重视研究"教什么"，尤其是要研究"怎么教更好"。所以，我常常让我的弟子们"同课异构""捉对厮杀"，有时也让他们自己"左右手互搏"，设计一课两案乃至多案。

统编新教材使用之后，很多老师对"教读课"和"自读课"这两个课型不是非常明了，我就做了一件事：选课文《台阶》，先上一节教读课；换一个班学生，再上一节自读课。这其实是对"一课多案"在课型上的细化研究。

我在组织"教学基本功大赛"时，有时候也喜欢拿一个文本，要求参赛老师写两套教案，一教读，一自读。老师们说，这很折磨人，也很考验人。

前年，我组建了江阴初语优青班，自任导师。

班上都是才工作两三年的青年才俊。

我就手把手教他们备课。从文本研读开始，探究"写了什么""为什么写"和"怎么写"；然后，讨论"教学内容的选择"；接着，分享"课堂活动的设计"……我就是他们的"备课组长"。

渐渐地，我们"集备"活动的口碑越来越好，江阴本地很多初语老师主动加入进来，最多时有256人同时在线备课，我自然是他们的"大备课组长"。

再后来，外地的语文同行听说了"徐杰老师的备课室"，也积极加入，我们集体备课的规模就更大了。参与人数最多的一次，是集备《回忆鲁迅先生》，有1000多人同时在线参与。

我可能是全国最大的备课组的组长。

做这样的备课组长，很苦，很累，也很有成就感。

《跟着徐杰老师来备课》，并不是特意写出来的一本书。

它只是根据我们的"集备"录音，整理出来的一个实录汇总。

本书收录的17次"集备"，从文本体式来看，有单篇，有绘本，有整本书；从课型特征来看，有阅读，有写作，有读写融合；我们的备课方式呢，也是千姿百态的：有侧重文本细读的，有侧重活动设计的，有侧重主备人说课后活动优化的；备课组规模也是大小不一，有一对一备课，有十人、四十余人、百人备课组备课，最多时，有上千人同步在线备课。

我是教研员，也是最特别的备课组长。

在这一次又一次的"集备"中，我自己在成长；同时，我也参与了青年教师的成长，和他们一起见证着一节节好课的孕育。

作为备课组长，我很幸运。

是为序。

2021年12月8日夜于鹿鸣斋

导　读

读者朋友们，当你打开这本书的时候，我们就不算是偶遇了。

《跟着徐杰老师来备课》，这本书，我建议你这样读：

读一读。自己先去把集备的教材文本读熟，然后再读该次备课实录。熟读集备的教材文本，是读懂集备实录的前提和基础。

想一想。读完教材文本，想一想：如果我独立备课，我会怎么做；读集备实录时，想一想：如果这个环节我发言，我会怎么说；你还可以想一想，备课组员的发言，哪些你是赞同的，哪些你是不赞同的，不赞同，你怎么跟他商榷。

画一画。这本书，是一本关于备课的"对话集"，是以"对话"形式推动备课进程、表达教学理念的。在这纷繁的"对话"中，隐藏着不少的"金句"，读的时候把它们画出来。有些句子也许能成为你微型教研的话题，成为你课堂研究的一个触发点。

试一试。书稿完稿，曾有友人建议我，在每一次集备实录的后面，增加一个板块"备课组长说"，让我针对这次备课，给提炼出一二三四，最好还有1234，我婉拒了。我想，这样的集备不是为谋求"统一"的，参加集备之后，每个组员都应该在此基础上，形成自己的"备课"。读完某次集备实录，我建议读者朋友也能形成自己的备课思路，我甚至建议你，将这个备课思路"扩大战果"，形成完备教案，拿这个教案，到自己的课堂里去实战检验一下。

写一写。语文老师的专业发展，当然也离不开"听说读写"。读完某次集备实录，如果有哪句话触动了你的思考，不妨立刻拿起笔，把你的思考写下来；如果有哪个活动设计让你击节赞叹，不妨立刻拿起笔，把你的品评写下来；如果大家的自由交流启迪了你，不妨立刻拿起笔，把你的创新设计写下来。"写"是"读"的延伸，更是"读"的深化。

《跟着徐杰老师来备课》，这本书中，我没有直接告诉你关于备课的"金钥匙"，因为我自己也没有这个"金钥匙"。这么多年的教学经历告诉我，每一个文本都是一个鲜活的有个性的生命，我们没办法拿着一把"金钥匙"去打开每一扇大门。我能做的，就是带着你一起来备课，在备课过程中，我们慢慢学一点备课的本领，慢慢积累一点备课的经验。从这个意义来说，"授人以渔"，并不是直接告诉你钓鱼的方法——直接告诉你钓鱼的方法，你也未必会钓鱼——而是，我陪着你，一起去钓鱼。

《跟着徐杰老师来备课》，就是跟着徐杰老师去钓鱼。

好了，书既已翻开，你就慢慢去读吧，愿你有收获。

你的朋友：徐杰

《土地的誓言》

文本细读实录

- 备课形态：线上集体备课之文本细读
- 备课组成员：江阴市初语优青班学员 26 人
- 课题：七年级下《土地的誓言》

一、细读"发现"

徐杰：各位学员，大家晚上好！今天，我们初语优青班学员将在这里以微信交流的方式，就《土地的誓言》一文开展"文本细读"在线读书交流活动。大家可以发表自己的细读体验，可以补充他人的发现，也可以表达与他人不同的观点。首先是自由发言，请大家说说自己的文本细读发现。

陈雪伟：本文是一篇抒情散文，在意象的选择上，很有一股乡土的气息。

陈朗仪：作者笔下的自然土地具有文化土地的象征意义，地域文化色彩浓厚。

倪永峰：文章暗含作者情绪的变化，从一开始的被迫离开故土，到后来的深切回忆故土，到最后的誓死回归故土，作者的情感一次比一次强烈。

曹蕾：第一，作者表达思乡之情的时候，采用了一种对面落笔的形式，说故乡在呼唤"我"，在思念"我"，在召唤"我"。第二，文章中出现了很多富有华北地区特色的景物（意象），但又没有给人一种堆砌之感。

张慧：作者在写"声音的呼唤"时，连用否定词，"无时无刻不"，作者的主观感受是"土地唤我"，读者的角度是"我唤土地"，主客体的颠倒，强调了作者对故乡无时无刻的思念。

周丹丹："这时我听到故乡在召唤我，故乡有一种声音在召唤着我。她低低地呼唤着我的名字，声音是那样的急切，使我不得不回去。"我在想，这里明明是作者想回去，那为什么会说成是土地在召唤"我"回去呢？是不是这样的表达可以使情感更为强烈？

赵庚：这篇文章具有时代特点，用直接呼告的形式，倾诉作者对故土的热爱。

倪永峰：全文紧扣土地来写：景源于土地，情系于土地。

王子琳：本文抒写的情感的确比较泛化，但依然可以感受到端木蕻良对国土沦丧的压抑之情，以及对故乡的深深眷恋之情。在《名作细读》第二章的前言中讲到"刹那心灵震动的审美价值"，读者对文章可以进行多角度的分析。我觉得端木蕻良的情感也有这样"刹那的心灵，短时间的颤动"。从文末的时间来看，"九·一八"十周年这样特殊的时刻给了他情感的契机，但我不认为他的情感是刹那出现，而是积蓄已久，只是正好这个时间给了他一个宣泄口。第一段中让我在意的是大段景物的铺陈，有一句话是这样的——"我想起那参天碧绿的白桦林，标直漂亮的白桦树在原野上呻吟。"这里的"呻吟"二字，我不理解是否运用了还原法。作者修饰白桦树用的词是"标直漂亮"，按原生语义应该在后面搭配上"歌唱""轻诉"更合适些，但是他却用了"呻吟"这个词。不过，了解了时代背景后，这个"呻吟"也是不难理解的。但是我往下看时，又出现了问题。"奔流的马群""皮鞭的脆响""红布似的高粱"……这些内容没有明显的与"呻吟"相符的情感，所以我对这一段还是有些疑惑。其次，大段的铺陈需要有一定的顺序，但这里作者似乎肆意挥洒，我找不出一个主要的顺序。

徐杰： 王子琳关注了词语及铺陈的逻辑，很好。

徐腾： 第1小节中的景物给人一种山呼海啸之感，带来紧锣密鼓的震撼和冲击，就像是坐在观光车上迅疾而过，故乡是那么遥远。第2小节则更像是慢镜头回放，是带有几分陶醉的回忆，沉浸式的回忆，使故乡更加亲切真实。而往昔越是美好，现实就越是残酷。这些景物的铺陈，让我们感受到作者对侵略者的恨是夹杂在对故土泛滥的爱之中的，这才有了最后的大声呼告。1、2两小节虽然同是借景抒情，但第1小节情感侧重于对故土的热爱和依恋，第2小节则是爱中含恨，情感更为浓烈。共同之处在于，所有的意象都体现了作者深厚的土地情结。

王冬梅： 作者和故乡、"我"和她、"我"和你，已经融为一体。第一小节首尾两句话让我找到了答案。"我有时把我的手放在我的胸膛上，我知道我的心还是跳动的，我的心还在喷涌着热血""在那亘古的地层里，有着一股燃烧着的洪流，像我的心喷涌着血液一样。这个我是知道的，我常常把手放在大地上，我会感到她在跳跃，和我的心的跳跃是一样的"。我们对这两句话进行重组后，是这样的：我的心是跳动的，她和我的心的跳跃是一样的；我的心喷涌着热血，她像我的心一样喷涌着热血。这是两颗心脏的同频跳动，这是血液的流动汇合。作者和故乡，"我"和她是生命的交融。

黄嫣兰： 我觉得，"更""必须""一切""泛滥""埋葬"等这些词语均可细读。

张晨： 作者把家乡的美，渲染到极致，然后戛然而止，将其毁灭。对于破坏者的痛恨不着一字，却句句炽痛。

丁洁莹： 关于矛盾。作者在文章里说"我从来没想过离开她""我不能离开她"，这和现实是矛盾的。16岁以后，端木蕻良赴天津求学，辗转北平、陕西、山西、上海、武汉、重庆，写作本文时，他身在香港。他颠沛流离，一路向南，站在几乎是祖国的最南边去呼唤沦陷了十年的东北故土。他是东北的高粱，却被生生连根拔起，像被迫离开海洋的鱼，魂不附体地扑腾。他不能离开东北的土地，但战火让他不得不离开。所以开头说"挚痛"，为什么不是"诚挚"？"挚"是真心的思念，"痛"是想念却无法回去的悲愤。还有，"我常常把手放在大地上，我会感到她在跳跃，和我的心的跳跃是一样的。"和"我的手掌一接近土地，心就变得平静。"其实，这里也有些矛盾。

曹蕾：我重点关注了意象，作者运用了排比的句式将一系列的意象组合在一起，一气呵成，将整个关东平原的风物展现在我们面前，可谓酣畅淋漓。但是如此多的意象没有给我们带来乏味堆砌之感。为什么呢？

首先从句式上来看，排比句中第一个分句中主谓宾齐全，可谓完整的独立句式；第二个分句，为动词和名词组成的偏正短语；第三个分句，为形容词和名词组成的偏正短语；第四个分句，又涵盖了前三种句式。作者的遣词造句、结构层次极为有序，读起来自然声韵有致。

其次，从选用意象的情态来看，一二句为动态的意象，作者展现了大量声音，调动起了读者的听觉，展现了关东平原紧张忙碌的一面。第三句又变为静态的意象，一系列并列的意象大量铺排，很容易使人产生审美疲惫。但作者的巧妙之处在于，他为这些意象选择了大量各具特色的色彩修饰词，调动起了读者的视觉感官，在我们眼前展现出关东平原多姿多彩的一面。所以，散文留给读者想象和参与的空间是恰如其分的。当然，如果写到第三句就结束了，则会给人一种模块式的生硬感，缺乏散文的灵动美。因此，第四句又回到了动态，再次呼应听觉，使得整体上又有了一种回环往复之美，如余音绕梁。

再次，从意象所塑造的氛围来看。第一个分句中的白桦树是华北特有而最常见的树木，他象征着关东平原的民众，他是"参天碧绿""标直漂亮"的，却在"呻吟"，这不仅让我们想起美的破灭，越言其美，越见其悲。我们可以从中感受到外敌摧残给故土带来的破坏，但作者并没有渲染这份痛苦，因为诉苦并不是本文的重点。第二句中"奔流的马群""嗥鸣的蒙古狗""滚落皮鞭的脆响"，又让人感到一种奋起的紧张忙碌。第三句中一连串色彩明丽的关东大地风物，又让人感受到一种温馨美好，这也是作者为之奋斗的东西。最后一句中，在车铃声中奔跑的马车更是一种不断前进的意象。虽然有"狐仙姑的谰语""怪诞的狂风",但这些都是没有根据的,荒诞的,是不能阻止前进的脚步的。这四句话逐层展开,既是作者内心情感的含蓄体现,亦是作者坚定誓言的形成过程。

房仕兰:我感受到了作者情感的变化。一开始是"我"听见故乡在召唤"我",然后说到"我"应该回去了,后面是"我"必须回去。再到后面,"我"必定为她战斗到底,"你"必须被解放。最后,"我"为了她,愿意付出一切。感情层层递进。

丁洁莹:关于母亲。文中多次用"她"来称呼土地,很显然,他是把土地当作母亲来写的。母亲这个概念大体来说是慈爱的、温柔的、令人依赖的。确实,从关于童年的一系列光景的回忆来看,土地滋养着"我","我"的童年是快乐的。现实中,端木蕻良的母亲是怎样的呢?端木蕻良家里是大地主,她是被端木蕻良的父亲抢来逼着成亲的,因为身份卑微,"每日做着奴卑以下的微笑和工作",但母亲为人正直,常常给他讲故事。如此看来,被日军铁蹄蹂躏的东北土地确实像极了他可怜的生母,被剥削被压迫,是以他虽然出身地主家庭,却仍能够同情像母亲一样的底层劳动人民。

杨瑞瑞:作者直接倾诉对土地的热爱、怀想、眷念,并且将土地拟人化,将土地比作"母亲"。例如:"我无时无刻不听见她呼唤我名字""她低低地呼唤着我的名字,声音是那样的急切,使我不得不回去"等,从而引起了读者的强烈共鸣。

王子琳:我还关注到了这篇文章的人称。对广大的关东原野,作者称之为"她",和第二段中的"土地是我的母亲"呼应。其中用了非常多的"我",这让我自然地想到了《散步》中的"我"——"我,我的母亲,我的妻子和儿子"。我读到了端木蕻良的责任意识,他是真的把土地当作亲人来看待的。"埋葬过我的欢笑""有我的手印""我吃过我自己种的白菜",这里的一切都与"我"有关。也正因如此,他之后的一系列呼告也就更自然,更深切,更让人动容。

赵庚:这篇文章可以从题目入手,以艾青的诗引入文本,对于文本语言可以细细品味，符合抒情性散文的抒情性特点。

殷立群：这篇文章的情感是矛盾的、痛苦的、深沉的、热烈的，值得我们去深入地体会。但是我今天想要聊一聊的是，文章中对于写作意象的选择。最能引发我共鸣的是这样一段："当我躺在土地上的时候，当我仰望天上的星星，手里握着一把泥土的时候，或者当我回想起儿时的往事的时候，我想起那参天碧绿的白桦林……这时我听到故乡在召唤我，故乡有一种声音在召唤着我。"这段文字中选取的意象有星星、泥土、白桦林、马群、蒙古狗等，通过这些不同的意象，我们会获得不同的情感体验：

（1）有不同的空间体验（"星星"是遥不可及的，"泥土"是触手可得的；"悠远的车铃"是远处的，"高粱、豆粒"是近处的）；

（2）不同的感官体验（"皮鞭滚落在山涧里的脆响"是听觉，"带着松香气味的煤块"是嗅觉；视觉上有丰富的色彩变化："红布似的高粱，金黄的豆粒，黑色的土地，红玉的脸庞，黑玉的眼睛，斑斓的山雕"等）；

（3）有动有静（"奔流似的马群、奔驰的鹿群、晴天里马儿戴着串铃在溜直的大道上跑着"是动态的，还有"原野上怪诞的狂风"也是动态的。不只是一方水土造就了人的不同的性情，就连纵横四野的风来到这片原野，仿佛也变得怪诞不羁）；

（4）幻想与现实的交织（"狐仙姑深夜的谰语"是作者的想象，使回忆中的故乡蒙上了一层本土化的、神秘的色彩）。

毛梦杰：从听觉的角度来看，文中写到了"白桦树的呻吟""嗥鸣的蒙古狗""皮鞭的脆响""幽远的车铃""马儿的串铃声""狐仙姑的谰语"和"怪诞的狂风"等。这些声音各式各样，有热烈的、豪放的、清脆的，展现出了东北平原的地方特色。还有的声音带有雄浑苍劲的风格，比如白桦树的"呻吟"，能侧面体现出风的苍劲有力，"嗥鸣的蒙古狗"和"幽远的车铃"也能展现出平原的广阔、声音铺散范围之广。除此之外，有的声音还带有神秘的细微的特征，比如夜晚"狐仙姑的谰语"，带有神话色彩，能够勾起人的想象力，展现出作者童年世界的天真纯净、天马行空、热爱幻想的特征。

殷立群： 这一段文字，我会把它跟刘亮程的《今生今世的证据》来进行对比阅读，它节选自《一个人的村庄》。这本散文集同样是回忆故乡的，他是怎样来选取意象的呢？"我走的时候还不知道向那些熟悉的东西去告别，不知道回过头说一句：草，你要一年年地长下去啊。土墙，你站稳了，千万不能倒啊。房子，你能撑到哪年就强撑到哪一年，万一你塌了，可千万把破墙圈留下，把朝南的门洞和窗口留下，把墙角的烟道和锅头留下，把破瓦片留下，最好留下一小块泥皮，即使墙皮全脱落光，也在不经意的、风雨冲刷不到的那个墙角上，留下巴掌大的一小块吧，留下泥皮上的烟垢和灰，留下划痕、朽在墙中的木和铁钉，这些都是我今生今世的证据啊。"刘亮程同样是选取了非常具有代表性的事物，但不同的是，在这段文字中作者仿佛在跟故乡的事物对话，并且是以一种恳切的、无尽缠绵的、留恋的语气在说话，而这些事物的形象又是残旧的、破败的。正是因为这些破败的事物对于作者有着特殊的情感意义，所以读者才更能够体会到作者对于故乡的深切眷恋。

徐杰： 殷立群，你的分类归并，是一种很好的读书方法。

张慧： 大地深处的声音，来自灵魂。无论是西方神话中的人类始祖亚当，还是中国神话中的女娲黄泥造人，人类与土地的关系无法割舍。作者对关东原野的深情和热爱，正是源于自身基因对土地的牵绊，是一种对土地的归属感。

陈俪敏： 关注内容。本文回忆与现实交互穿插。回忆是极其美好的，作者不言现实的残酷，重点关注回忆的温暖。回忆愈是美好，现实愈是残酷，情感就愈加强烈，誓言就愈加铿锵（"必须""永""从来没有""一直"等绝对化的词强化了誓言的坚定），奉献自我就愈加悲壮。

陈朗仪： 端木蕻良写的东北农村和我们这里的农村有很大的不同。我们江南水乡核心的意象是水，但在端木蕻良一贯的写作中，核心的意象是土地。它所表现出来的一种壮阔、原始的充满力量的美，让人深深震撼。

殷立群： 因为事物是情感的载体，当我们在抒情的时候，必然会寄情于物，所以如何选取这些载体就尤为重要。《土地的誓言》和《今生今世的证据》

这两篇文章选取的意象有一个共同点，那就是，都选择了非常接地气的事物，甚至非常微小、非常常见、非常不起眼的，却又与故乡生活紧密相连的事物。如果是我上《土地的誓言》这篇课文，那么在完成了理解文章的情感、写作特点等主要的教学任务之后，我可能还会将学生往写作方面引一引。我想起了上学期一次考试的命题作文是《物微情浓》，有一位同学选取的物是图书馆。我问他，你觉得图书馆是微小的吗？他笑了，他说他也觉得不是，但就是不知道怎么写。我说，在不改变你的写作原意的前提下，你可以选取图书馆的一张书签、花坛里的一株植物等，由此展开你跟图书馆的一段故事，这样既能写得生动，又能扣题，比你通篇讴歌你热爱读书要真实多了。其实，每一次读书和学习，就是借别人的眼睛去观察世界的过程，而写作是自己去感悟世界的过程，所以学生在写记叙文的时候如果需要选取意象，就一定要选取最合适的、最能承载情感的意象。

徐杰：殷立群，你的发言偏题了。

胡心瑜：我发现文章中有两段回忆。这两段回忆看似重复，其实是有一些区别的。比如第一段回忆中提到"金黄的豆粒""斑斓的山雕"等，都是没有完整画面的。而第二段回忆中的画面则非常完整，细节更加丰富。比如说"原野到处有一种鸣叫，天空清亮透明"，这些形容词都是非常细节化的。第一段回忆，让我想到了梦境。因为梦境是没有办法连贯的、完整的，是潜意识的一种体现。这种潜意识，就像是表层意识的土地，所以说作者心中时刻挂念着土地，挂念着故乡。第二段回忆相对第一段来说，则更突出了作者与故土的关联。比如说，他说过他"耕种过、抚摸过他故乡的土地，吃过他自己种过的菜"等。这其实反映了作者主观上一种强烈的愿望。

徐腾：第一段意象前的修饰用词极简，除了还原了事物最鲜活的形象，给人带来最真切的感受外，还带来了巨大的想象空间。比如"红布似的高粱"，"红"是高粱的颜色，"布"则展现了一大片一大片密密麻麻的情景，给人强烈的视觉的冲击，很自然地流露出作者对故土的热爱之情。

陈俪敏：关注人称。（1）多次出现的"我"完全凸显了作者主体的情感，私人化的抒情，但也是更多东北人的共同情感。"我"是土地母亲的儿子，是远离母亲的游子，是为母亲而战斗的战士，"我"背后应该有千万个"我"，是"我们"。（2）"她"是女性形象——母亲，是"我"温暖的所在。不说自己的深切思念，而说"她"在呼唤"我"，土地与人的情感互相回应。（3）"你"的运用，使情感到达巅峰，情绪爆发，更利于抒发的情感，也容易激起读者的共鸣。

王文静：在《土地的誓言》这篇文章中有非常明显的人称变化，由"她"到后面的"你"。第1小节回忆家乡时出现了很多带有色彩的词语："白桦林""金黄""红布""黑色"……斑斓的色彩蕴含着丰富的情感。还有，反复出现的"心中喷涌的血液"和"大地深层翻滚的红熟浆液"是互相呼应的。

徐杰：王文静，关注人称很有价值。

吴建婷："我必须看见一个更美丽的故乡出现在我的面前——或者我的坟前。"就像余光中《当我死时》一样，作者把死亡和满足这一矛盾融于一体。也许那样美好的日子无法在作者面前展现，但是只要作者为此付出过，所有的遗憾都会化为美好的幸福。把感情极端化，以及"必须"这一个绝对意味的词，体现作者对故土最炙热的爱怜。

胡君华：第1小节和第2小节的写作视角似乎有所不同。第1小节是表达土地需要"我"，第2小节则更多地表达"我"会捍卫这片土地。"挚痛"，书下注释说是"诚恳而深切"，我觉得作者情感的深切是从几个方面来表现的：第一，作者用到了几个词，"无时无刻不"（频率）、"喷涌"（动词的力度）、泛滥（广度、数量）；第二，铺陈的景物的种类，密密麻麻；第三，用到许多浓郁的色彩，在作者心里留下了浓墨重彩的印象。

徐杰：胡君华关注了色彩，很好。

彭心培：我关注到了作者是如何达到他抒情的效果的。首先，在课文中，出现了68个"我"字，从中可以看出作者是迫切地想要倾诉，想要抒发自己对东北原野的热爱。其次，句式也是很特别的。在第1小节中有"当我……""当我……""我想起……我看见……我听见……"，表明他是无时无刻不在思念着故土家园，这一切都在召唤着作者的灵魂。还有，作者的语言是非常具有画面感的，毕竟情感要通过语言去表达。比如，在第1小节中有对声音的描写，说他听见了"蒙古狗深夜的嗥鸣"和"皮鞭滚落的山涧里的脆响"，还有他看见的颜色，比如"红布""金黄""黑色""红玉"等。另外，作者还采用了激情的呼告，将东北的土地比作母亲，用对母亲热切呼唤的形式倾诉自己的爱。

徐杰：彭心培关注了高频率出现的词语。

曹蕾：在《土地的誓言》一文中，作者说"土地是我的母亲，我的每一寸皮肤，都有着土粒。"在这里，作者对土地的情感是真切而显露的。事实上，身处敌人铁蹄蹂躏下的土地的意义更为深远。在那个时代，土地更是一位亲历者，见证者。所以这个"誓言"要对土地发出，她也将见证作者誓言的实现。

陈俪敏：关注选点。本文选点独特，作者是从"土地"这个集中意象入手的。因为黑土地是东北最有特色、最有代表的事物，这片土地上的风物完全不同于江南的风情，有一种原始、神秘、富饶、扎实、敦厚、清澈、厚重、粗糙、奇异、活力、生命力旺盛的味道。

张慧："埋葬"一词与"飘荡"相比，"埋葬"代表了一种无法换回的痛，逝去的欢乐，暗示了故乡此时不再有欢乐，没有欢乐的土地，只剩下各种负面情绪，痛苦、绝望。急切的呼唤，深切的思念，像磁铁一样，互相牵引。关东原野呼唤流浪在外的人们，美好的回忆刺激了作者渴盼故乡回归的神经。他回应了来自故乡的声音，发出誓言，想要解放故乡。

陈雪伟：第1小节中选取的意象都是非常具有代表性的，颜色的搭配和层次感都很强。第2小节中的意象，如"东风""土壤的香气""田野"等，都有一种亲切感。它们非常容易使人联想到这些土地上美好的事情，所以能非常强烈地表达作者对土地的热爱。

陈朗仪：我个人认为第1小节的情感浓度是最强的。密集的意象铺排、大量短句、诗歌般陌生化的语序，让人在朗读时有一种窒息般的感觉。这和作者"挚痛"的感觉是呼应的，所以作者的情感是通过语言的形式展现出来的。

陆飞菲：文章第 1 小节中，所有写到的意象都是作者东北家乡特有的景物，无论是他看到的还是听到的，即使只是存在于他的回忆中，也是属于他的故乡的山山水水。从这些文字中，我们可以体会到作者的故乡确实是很富饶的，也能从中感受到他内心对故乡的深深眷恋。但是这些景物，只是存在于他的回忆之中。这些逝去的东西让他感到很痛心。

李鸿妹：人称的变化反映了作者情感态度的多样性，以及作者在写作时立足点的不同。

1. 她说

第一处中的景物描写，作者用铺陈的方式描绘关东原野的景物，在描绘"她"。带着想象，"她"的模样也就有了画面感。"参天碧绿又标直漂亮的白桦林"在极力地生长着。"红布似的高粱"铺排开来，预示着自己的成熟。"金黄的豆粒，黑色的土地，红玉的脸庞，黑玉的眼睛，斑斓的山雕，奔驰的鹿群，带着松香气味的煤块，带着赤色的足金"，她在不遗余力地展示着那极致的，生生不息的生命力。

2. 我说

这份生命力种在我的心里，记忆里，时刻"喷涌着"。"当我仰望天上的星星""我总是被这种声音所缠绕"，这是"我"对她的思念，"我"对她的眷恋，迫切想要回归。

然而，我觉得在第二处景物描写的段落中，还有另一种感觉。"在故乡的土地上""埋葬过""捉过""留着""我"的童年，这是眼前的怅然若失，是物是人非后的失落；"我向那边注视着，注视着，直到天边破晓"，表现的是在关中漂泊，于天地万物中孑孓的清冷、孤独之感。

3. 你说

"土地，原野，我的家乡，你必须被解放！"这是"我"对"你"（"她"）的誓言——"我"一定会坚定地捍卫着你的主权。

"你必须站立！"这是"我"对你（她）的期许——"你"一定也要坚定地等待"我"的回归。

徐杰：李鸿妹，你细化了对人称的理解。

杨瑞瑞：通读全文，我感受到作者面对土地发出的誓言是何等的铿锵有力，何等的不屈。"我必须看见一个更美丽的故乡出现在我的面前——或者我的坟前，而我将用我的泪水，洗去她一切的污秽和耻辱。"正如作者的妻子钟耀群所说："这篇短文，与其说他是用笔写的，不如说他是用胸膛里的热血喷出来的。"

赵庚：文本中有舒缓的回忆，如脚印、欢笑、手印等；也有强烈的呐喊，如"你必须被解放"等。我感觉由衷的沉醉之后是急收，跳回现实。情绪渐强，达到高潮。

徐杰：赵庚的这个发现极有价值。

陈俪敏：关注语言。不断的反复、对称，是情感的叠加。情感不断强化，富有层次，体现出一种节奏之美。关注标点。虽然本篇感情强烈，但是基本上是句号，而不是感叹号。因为情感抒发应该是该爆发的时候爆发，但抒情更多的应是坚定与沉重，不能泛滥，不是狂叫怒吼式的，否则只会破坏美感。

张晨：本文是作者在 1941 年所写的，距"九·一八事变"爆发已经相隔整整十年了。当时国民党对日宣战，全国进入了抗日战争中期，中华大地满目疮痍，但也燃烧着星星之火。作者以及当时很多左联作家都看到了希望。这样的文字能够很好地激发民众对敌人的痛恨以及战胜敌人、收复失地的斗志。

二、比较"不同"

徐杰：这个阶段的发言，我们告一段落。下面我们来看一看，第 1 小节和第 2 小节的景物（意象）铺陈，有哪些不同。请大家从多角度进行比较分析。读书五分钟。

曹蕾：第 1 小节中的意象铺陈是繁多而紧凑的，给人一种急切紧张之感。作者在开始回忆故土时，内心是激动的，是急于表达的，所以出现了大量并列式的短语形式。句式上，长短句相间，给人强烈的节奏感的冲击。同时，在意象的选择上，也是先选择伤痛的意象再逐步舒缓，仿佛是作者由眼前的伤痛中慢慢走了出来。而第2小节中，则大多选用童年时带来美好回忆的意象，再加之此处的意象表现是以描写为主，给人一种温馨生动之感。伤痛过后回忆的美好才更加让人珍惜。这也是作者最后坚定地发出"我必将为她战斗到底"的誓言的原因。意象的变化正是作者内心情感变化的体现，与其关注伤痛不如展望未来。

陈朗仪：（1）意象出现的方式：第1小节中意象的出现是通过联想来实现的，带有跳跃性，第2小节的意象是按照时间先后顺序（从春到秋）出现的;（2）意象的密集程度：第1小节意象密集，第2小节较舒缓;（3）意象所表达的情感：第1小节是挚痛，第2小节是平静、怀念、哀伤。

殷立群：从第1小节到第2小节文字，仿佛一个人经历了一生。在第一阶段，是土地哺育了"我"，给"我"留下了许多美好的回忆，选取的意象多浪漫瑰丽；第二阶段，是"我"反哺故土，选取的意象多成熟丰饶，抒发了"我"对故土深沉的爱恋，愿为解放故土而付出一切、奋斗终身。

房仕兰：第1小节中片段式的景物，是排比式的铺陈，整个场景是跳跃式的。第2小节是具体的充满画面感的整体场景，感觉更温馨细腻。第1小节注重色彩，在行文过程中运用了比喻的修辞手法。第2小节也有比喻、排比等修辞，还调动了多种感官，有嗅觉、视觉、听觉等，更突出了生活的气息和生命的活力。

彭心培：作者表达的情感不同，选取的景物带有的感情色彩就不同。第1小节是较悲伤的，重在抒发作者对故土的思念，因此选取的景物带有一种忧愁和哀伤之情。第2小节，作者的情绪已经到达了最高点，豪情满怀，决心要回到故乡，因此作者笔下的景物也是更富有生命力，更令人欢喜的。

陈雪伟：第1小节的意象更加深沉，所表达的情感有极端化的趋势。从颜色的丰富性来看，有白、红布、金黄、黑色、红玉、黑玉、赤色等。从意象的选择来看，有"呻吟"的白桦树，说着"谰语"的狐仙姑，"怪诞"的狂风，它们的情感表达更为强化，甚至有些极端，作者被惊醒，被召唤，然后发出与之相对应的感受：因为爱土地爱得深沉，爱得执着，所以他势必要与土地融为一体。第2小节的意象是美好而清新的。作者从回忆入手，写了三季的代表景物，"东风""带有香气的土壤""浅浅的河流"。这种舒缓的写作方式和温馨美好的意象，更多的是表达了作者对土地的热爱，这种爱充满着温情与美好。然后，由此自然而然地过渡到"她如此美好，我怎能不为之战斗"的情感。

王子琳：第1小节中，故乡的种种较为主动，是"故乡的声音在召唤着我"；第2小节就换位了，"我是土地的族系，我不能离开她"。

杨瑞瑞：第1小节采用景物叠加的方式，像电影镜头一样闪过，是为了展现东北大地的丰饶美丽。在句式上运用了排比句，加大了对读者的情感冲击力。第2小节选取了春、秋两季的景物，同样表现了东北大地的丰饶美丽，但没有采用排比的方式，情感没有前者来得强烈。它表达的也是作者对故乡的深切怀念，但怀念中暗含着忧伤与愤怒。

王冬梅：第1小节，以短句为主；第2小节，以长句为主。第1小节，写故乡丰富的物产；第2小节，重点写土地。第1小节，无序（好像想到什么写什么）；第2小节，从春到秋，娓娓道来。

胡心瑜：（1）第1小节景物呈现碎片化、意象化的特点，第2小节景物画面更加完整，细节更加丰富；第1小节景物像是梦境中的画面，第2小节景象则更像是清醒后的回忆。（2）第1小节景象充满童趣，是儿时的故乡；第2小节景象是作者青年时期劳作过的故乡，更具有生活的气息，有人情味。（3）第2小节景象相对第1小节，更突出了作者与故土的关联，如"在那田垄里埋葬过我的欢笑，在那稻棵上我捉过蚱蜢，在那沉重的镐头上留着我的手印。我吃过我自己种的白菜"。而这耕作过的土地，更能激发作者为之战斗的炽热感情。

张慧：

	第1小节	第2小节
声音	响亮、野性、让人感受到关东原野的辽阔	生活化的声音
色彩	油画式，色彩冲突	色彩明亮
季节	季节，无序	春秋，时空顺序明显
情感	压抑、急切	喜悦、自豪、沉醉

吴建婷：第1小节的景物很繁杂，很笼统，没有很深入的描绘，基本就是抓住了色彩和声音，就像倾泻而下的瀑布，也映衬着前文所说的"喷涌的血液"。而写到第2小节，作者慢慢沉浸在自己对土地的回忆之中，所以对景物进行了细致的描摹，并且也是有意识地选择了春天和秋天两个充满生机的季节的景物，使得作者从一味沉溺于悲哀慢慢过渡到要为土地战斗的力量感上来。

丁洁莹：第1小节的意象非常散碎，一句一意象，前后并无太大的关联，是闪过的浮光掠影，像故乡急切的呼唤似的。应故乡的召唤，那些记忆喷涌而出，我们也由此能感受到那种"泛滥的热情"；第2小节主要就是田野上的意象，语气舒缓很多，是连续的画面，对应着"我的手掌一接近土地，心就变得平静。""我"主动地去回忆，更有逻辑性，也更加温柔坚定。第2小节里，作者只选取了两个季节来写，为什么不写夏天和冬天呢？我想，春种秋收，这是两个和劳作、收获有关的季节，是土地存在感最强的两个季节，她滋养，她孕育，是记忆里最美好的两个季节。

胡君华：从意象组合的方式上来看，第1小节的铺陈是比较直接的，更像是列举，数也数不完，情感是喷涌挚痛的；第2小节的铺陈就是叙述和描写性的。如果说第1小节是短时画面的组合，那么第2小节是一个有连续性的长镜头。从空间上来说，第1小节中作者写出了"广大的关东平原"；第2小节空间相对较小，笔触更细，"银线似的蛛丝"里，有悠然的欢喜。

倪永峰：第1小节是土地在呼唤"我"，第2小节是"我"在呼唤土地。第1小节的景物铺陈显示了土地作为母亲的不舍，第2小节是"我"想起了母亲对"我"的好和曾经给"我"的欢乐，所以"我"要呼唤她，必定要看到美丽故乡重现在"我"眼前。

王文静：在第1小节回忆故乡时，作者展现的是一个广阔镜头，展示的是所有关东百姓所熟知的景、事、人，这里的"我"更像一个"大我"。第2小节回忆故乡时，作者带有个人的经历体验，"我"的欢笑，"我"自己种的白菜。"我"对故乡独有的情感与回忆，更私人化一些。

陈朗仪：从第1小节到第2小节，是由整体的蒙太奇式的印象剪切到具体的个人童年生活的回忆。

徐杰：有些老师的分析属于"架空分析"，没有"沉入词语"。要关注词语、句式、修辞、标点……然后才可以分析它们背后的情感抒发。

曹蕾：两小节中其实还有同样的意象，比如"马"这一个意象，但表述却不同。第一处"奔流似的马群"，第二处"晴天里马儿戴着串铃在溜直的大道上跑着"，第三处"夜夜我听见马蹄奔驰的声音，草原的儿子在黎明的天边呼唤。"文章这两小节对意象的描绘是越来越具体、越来越生动的。作者由最初的痛苦、片段的回忆，陷入对美好的具体的回忆，也牵引着我们读者的情感变化。这一意象的不断完善，让我们看到了希望的来临，美好黎明的即将到来。

徐杰：大家的发现很精彩，读出了很多有价值的东西，

李鸿妹：第1小节是"我"回想的故乡之景，通过"我想起""我看见""我听见"等句描绘出关东原野的整体感觉，使读者读起来更具画面感。第2小节的描写与土地的联系更紧密，这种记忆更个性化，感情也更复杂。

陈俪敏：第1小节景物，重在表现关东原野的原始生命力，神秘、奇异，是大量意象的叠加，从多种感官（视觉的色彩、听觉的声音、嗅觉的香味）、动感（奔驰、跑）、传说等方面给读者带来非常强烈的冲击感，这些景物让人感受到作者对家乡强烈的热爱、怀念；第2小节景物，重在表现土地的美丽和丰饶。人开垦了土地，才会如此富饶。因而这也是侧面对这片土地上的人的描写，他们勤劳能干、朴实善良，连麻雀都能自由享受人们的丰收。这里

的意象没有第 1 小节那么集中，而是描绘画面，舒缓、自然，主要从香气（嗅觉）来写。但是，这里除了欢喜，还有一种悲伤。如"埋葬过我的欢笑""沉重的镐头"，温暖回忆中有哀伤。

张晨：同：同时调动多种感官，展现了家乡的美，表达了作者对家乡的怀念。异：前者采用排比句式，气势宏伟，使用短句，节奏明快。所选景物仿佛是站在远处或者高处所见，壮观而神奇。后者突出"平静"一词，按照季节先后顺序选取生活场景，生动而亲切，给人身临其境的感觉，让人仿佛看到了一个少年在田间劳作嬉闹的场景。

徐杰：好，这个阶段的发言暂时告一段落，现在请大家回看、整理他人的发言，选择你认同的观点，像张慧老师那样列一个表格。时间，十分钟。

徐杰：没有整理好的老师，课后继续整理。谁来说一说，这两段景物铺陈，最鲜明最重要的区别是什么？

王冬梅：意象的聚焦：从广大的关东原野到土壤。

徐杰：有不同观点吗？

陈朗仪：情感的变化。

房仕兰：我也想说情感的变化。

彭心培：感情色彩不同。

徐杰：感情的指向都是"热爱"，本质是一样的。

李鸿妹：叙述视角的变化。

毛梦杰：宏观视角与微观视角的不同。

陈俪敏：节奏的不同。

冷凌元：前面是重而浊的感觉，后面是轻而清的感觉。

徐杰：冷凌元，"纷繁"不是"浊"。

毛梦杰：第 1 小节的意象堆叠是有层次的有规律的，第 2 小节则是合并到一起融合起来描述。

倪永峰：意境的描绘。

丁洁莹：心境从"热情泛滥"到逐渐"平静清明"。

吴建婷：想象空间大。

陈雪伟：作者赋予意象的情感寄托不同，所以意象的色彩不一样。第 1 小节，意境比较深沉；第 2 小节，意境比较清新。由意象过渡的情感对应也是有急有缓。

曹蕾：句式形成的想象空间。

徐杰：第 1 小节纯粹是景物的铺陈，第 2 小节不仅有景物，还有"人"。有了人，画面才更动人。有了"人"的活动，那片土地才令人回味和向往。

王冬梅：意象肯定是用来表达情感的，但是我感觉是土地传给作者一种生命的固执。

张晨：第 1 小节在回忆，第 2 小节回到了过去，在写生活。

曹蕾：所以第 2 小节中"马"的意象中，比之前多描绘了"草原的儿子"，豁然开朗。

毛梦杰：第 2 小节的人情味更足。

倪永峰：这样就可以把之前对于"马"的不同描写联系起来了。

徐杰：哈，你们悟性真高。

毛梦杰：柳暗花明又一村。

张晨：第 1 小节的描写犹如血液般喷涌而出，所以用了一串短句，节奏快。

陆飞菲：生活气息更浓了。

张晨：第 2 小节在回忆往日平静的生活，所以点点滴滴慢慢叙来，如叙旧一般。

周丹丹：因为有了这样的生活气息，所以要为她战斗到底的决心就更加坚定。

三、聚焦"高频词语"

徐杰：这个话题我们就聊到这里。下面，大家再来读课文，看看哪几个词语使用频率很高，并分析作者反复使用这几个词语的意图。"高频词语"是文本解读的一个很好的切口。其实，前面已经有老师关注到了这个问题。

陆飞菲："必须"，表示一种愿望；"一定"，语气肯定，没有犹豫之心，可以看出作者的决心之坚定。

徐杰：发言时要说明这个词语出现了几次，甚至可以结合具体句子来分析。

陆飞菲："必须"出现4次（我找到的次数）："我必须回去""你必须被解放""你必须站立""我必须看见一个更美丽的故乡"。

徐杰：陆飞菲，对的。

房仕兰："呼唤"，出现4次。前两次都是她对"我"的呼唤，第三次是彼此呼唤，第四次是"我"主动呼唤，由被呼唤到主动呼唤，情感层层递进。

徐杰：房仕兰，你的发现很有意思。

张晨：我认为"呼唤"和"召唤"应该放在一起算。

陈雪伟：否定的句式较多。"无时无刻""不得不回去""我不能离开她""没有人能够忘记她""我永不能忘记""不可阻止的"等，共出现8次否定句式。这些否定句式，表现了作者坚定不移的意志，构成了文章深沉进取的气势。

徐杰：陈雪伟，好！你关注了否定和双重否定句，也就是"不"出现的次数。

张慧："声音"，出现了9次。"呼唤'我'的声音""欢喜的声音""劳动的声音""马蹄奔跑的声音"，声音的呼唤，让"我"不得不回去，为她战斗。

徐杰：张慧，追问一下会更有意义，为什么是"声音"？

张慧：发自内心的声音，来自潜意识回归的渴望。正是这种内驱力，让"我"不得不回去。

徐杰：想多了反而不好。"声音"，"誓言"，它们的关联是什么？

陈俪敏："我的"，强调了作者主体。"我的胸膛""我的心""我的泪水""我的坟前"等，私人化的抒情，便于情感的抒发，也让作者与土地的情感交织更加深厚。

徐杰：还有一个高频词语，是"回去"。你们发现了吗？

冷凌元：她在呼唤"我"，"我"在回应她？

张晨："召唤"用了3次。"无时无刻不听见她召唤我回去"，好似一种幻觉，如梦中呓语，从不间断；"这时我听到故乡在召唤我"，故乡的美丽、富饶，就在眼前，不知不觉中又思念起了家乡；"故乡有一种声音在召唤着我"，这是一种什么声音？引人深思。

胡心瑜："召唤"，出现8次。两次是召唤"我"的名字，两次是故乡在召唤"我"回去，两次是"我"听到故乡在召唤"我"，两次是故乡有一种声音在召唤"我"。召唤"我"的名字以及召唤"我"回去，说明故乡就像亲人一般，"我"就是儿女，要回家，回到亲人身旁。"召唤"一词带有使命感，多次"召唤"则带有一种紧迫感，正是因为这样，"我"才必须要为她战斗。

徐杰：胡心瑜，有价值的发现。

王冬梅：修饰语"我的"："我的胸膛""我的心""我的手掌""我的手印""我自己种的白菜""我的名字"。作用：（1）强调"我"的诉求，"我"对故乡的依恋。（2）充满仪式感、庄严感。比如，"我有时把我的手放在我的胸膛上。"

徐杰：王冬梅，你这样先列举再分析，非常好。

彭心培："故乡"出现了6次。作者不断提到"故乡"，表现了故乡对"我"的召唤和"我"对故乡的思念。

房仕兰："回去"，出现5次，由召唤"我""回去"，到"不得不回去"，到"应该回去"，到"必须回去"，到"一定回去"。

陆飞菲：文中的两次省略号也可以推敲一下。它们都用在景物之后，表达作者对故乡的眷恋。

徐杰：陆飞菲，补充得好。

陈朗仪："回去"或者"回到"，出现了6次，充分表达了作者对故土的深深眷恋。第1小节中的4次，是表现思乡情感和民族情感受到压抑后的痛苦。不管沉睡还是惊醒，作者都想着要回去，就是因为想而不得，才产生了深切的痛苦。第2小节结尾的"回到"和"回去"，是表现一种必将胜利的坚定决心，坚定自己的誓言："我答应过她，我要回到她的身边"。

毛梦杰："她"，出现了 11 次，便于呼告。作者直接对着土地倾诉自己的热爱之情，并且将倾诉对象拟人化，将土地比作母亲，情感表达更为深厚。

殷立群："土地"，出现 7 次。"当我躺在土地上的时候"，土地对"我"起着承载的作用，不仅是"我"赖以栖息的地方，更是"我"与故乡最直接的联系。"黑色的土地"，"黑色"，最厚重的颜色，却哺育出了最丰富的色彩。"红布似的高粱，金黄的豆粒，红玉的脸庞，黑玉的眼睛，斑斓的山雕"，这是土地的大爱无言、润物细无声。"土地是我的母亲，我的每一寸皮肤，都有着土粒；我的手掌一接近土地，心就变得平静。我是土地的族系，我不能离开她。在故乡的土地上，我印下我无数的脚印。"这段话中出现了 4 次，情感层层递进，"我"与"土地"密不可分。"土地，原野，我的家乡，你必须被解放！"这里有了人称的变化，从土地到原野到"我"的家乡，意象一步步缩小，情感一步步强烈。

徐杰：大家的发现都不错，重复出现的词语，肯定是寄托了作者的写作意图的。

四、解读题目内涵

徐杰：最后一个话题，课题《土地的誓言》有哪些内涵？用最简洁的话说一说。

张慧：表达对故乡土地的热爱，用生命捍卫国土。

曹蕾：表达对故乡的热爱，对自我的激励。

房仕兰：表达"我"对故土的热爱以及故乡终会被解放的信念。

王子琳："我"面对土地发出的誓言，"我"对自己的警醒，以及对像"我"一样的人的激励。

王冬梅：土地传给"我"一种生命的固执，"我"也像土地一样负载很多东西。

张晨：思念故土，痛恨鬼子，激励人心。

赵庚：从文章内容看，是"我"对土地发出的誓言，有热爱和坚定的信念，也有对侵略者的憎恨。

陆飞菲：面对土地发出誓言，更加深沉而坚定。

彭心培：面对土地发出热爱家乡、解放家乡、回到家乡的誓言。

陈雪伟：表达保护国土的积极进取的奋发之心。

杨瑞瑞：面对土地发出的誓言，热爱家乡，势必要解放家乡，回归故土。

曹蕾：表达对志同者的号召。

胡心瑜：对故乡的无限怀念与热爱，对故乡的土地被侵略者践踏的痛惜以及誓要解放家乡的坚定信念。

殷立群："我"对于解放家乡的强烈的坚定的愿望。

毛梦杰："土地的誓言"，是偏正短语，意思是"我"对着土地发出的誓言，所以是"我"的誓言。"誓言"一词具有庄重性和决绝性，体现出"我"对于故土的怀念与热爱，对于捍卫故土的信心与对侵略者的反抗之情。

徐杰：毛梦杰说出了我最满意的答案。他立足题目的"语言形式"，进行了微观分析。这也是我一直强调的"从语言进去，从语言出来"。

陈俪敏：对这片归属地至死不渝的眷恋、热爱，愿意奉献所有给这片生"我"养"我"的土地。

王冬梅：土地使"我"有一种悲伤，土地使"我"有一种力量，这是知识分子的使命。

吴建婷：会为自己的国与家付出一切，必将解放，回到自由状态的决心。

倪永峰：表达了作者对故乡的热爱、怀念、眷恋之情，同时也表达了作者饱满深沉的爱国热情。

徐腾：对故乡的眷恋，夺回故土的决心、重建家园的坚定。

陈雪伟：这种积极进取的昂扬之意，其实笼罩着一种淡淡的哀痛。哀，是因为广袤的国土曾饱受摧残。痛，是因为曾经在土地上发生的美好回忆，一去不返。

丁洁莹：对家乡的思念和表白，发出号召解放东北，对祖国统一信念坚定。

李鸿妹："土地的誓言"是偏正短语，重点落在"誓言"上。"誓言"是坚定的信念，是不会改变的承诺。这个题目慷慨激昂地表达了故土必然回归的决心。

张晨：我认为土地是重点。

倪永峰：嗯嗯，核心是土地。

曹蕾：个人认为土地更值得探讨。

徐杰：核心应该是"誓言"。好了，我们今天的线上读书交流活动，就要结束了。感谢大家的积极参与，你们都很棒！建议大家睡前再回看一下所有的发言内容。

《伟大的悲剧》

文本细读实录

> ● 备课形态：线上集体备课之文本细读
>
> ● 备课组成员：江阴市初语优青班学员 26 人
>
> ● 课题：七年级下《伟大的悲剧》

一、品读"悲剧"

徐杰：各位学员，大家晚上好！今天，我们初语优青班学员将在这里再次以微信交流的方式，就《伟大的悲剧》一文开展"文本细读"在线读书交流活动。我们今天发言的话题有三个："悲剧""伟大""伟大的悲剧"。大家先静心把文本读一遍，十分钟后开始交流。发言跟帖时，请大家注意节奏，不要太快，先把别人的留言读好，再跟帖，尽量不要重复。字数控制在 150 字以内。下面先开始第一个话题：你在文章中，读到了哪些悲剧？每位老师说一点，接龙说下去。

张晨：第二个到达。

徐杰：张晨，应该把话说完整。

吴建婷：生命的失去。

周丹丹：他们历尽千辛万苦，满怀信心登上南极点时，发现自己却不是登上南极点的第一人。由此他们变得快快不乐，没有信心。在返回的途中，他们又遇到越来越恶劣的自然环境，遭遇着生存的苦难。

胡君华："第二个到达"指向的是功败垂成的悲剧。

张慧：眼睁睁看着战友死去，但无可奈何。

曹蕾：自己处于极大的痛苦中，还要去为他人做证。

徐腾：在极短的时间内晚于对手抵达南极点。

徐杰：徐腾，你的表达更准确。

丁洁莹：回程中不间断的暴风雪导致了斯科特一行人的殒命。

陈郦敏：为成功者做证。

王子琳：奥茨为了不拖累大家英勇就死。

徐杰：王子琳，你说的是"伟大"，不是"悲剧"。

倪永峰：一边是以微弱的差距惜败，另一边是胜利者获得的巨大荣誉。

杨瑞瑞：归途艰险，一个个悲壮覆灭。

曹蕾：临终前还在收集研究的化石，却已无法完成研究了。

毛梦杰：憾失荣誉的痛苦，对未来生命的担忧，生命不能掌控的绝望。

倪永峰：斯科特一行在与恶劣的自然环境抗争后仍难逃一死的命运。

房仕兰：自己热烈追求的事业被别人抢先，虽然也赶到了南极点，但是"第一个到达者拥有一切，第二个到达者什么也不是"。

殷立群：与自己的亲人、战友生死永隔。

黄嫣兰：被冰雪吞噬。

曹蕾：失去了杰出的科研人员，是世人的悲剧。

徐杰：曹蕾，你的发言偏题了。

王文静：明知前方已经有人到达终点，却依然选择前行。

徐杰：王文静，这不是"悲剧"，是"伟大"。

杨瑞瑞：文中几次用到了"绝望"这个词，"绝望"是斯科特一行人内心的真实呐喊，是探险路上的艰难困境，是濒临死神的心理刻画。它注定了此次探险的悲剧，也照应了标题"悲剧"。

张晨：认为自己没有完成人类的不朽事业。

徐腾：斯科特一行人最后的牺牲是可以避免的。

陆飞菲：有可能避免死难，但没有避免。

徐杰：对他们来说，死难是不可能避免的。但是，如果可以避免这场悲剧，他们应该如何避免？请试着走进文本去分析。

冷凌元：他们只能在两种死法中进行选择，饿死或者冻死。

周丹丹：面对越来越恶劣的自然环境，队友们一个一个离自己而去。

李鸿妹："悲剧"既指斯科特一行晚发现南极点，在科研方面失败的结果；又指斯科特一行坚持不懈，努力求生，最终全体悲壮牺牲的结果。

陈朗仪：悲剧的定义在于把有意义的东西毁灭给人看，他们本来是充满希望和理想的，但最终努力成了徒劳。

彭心培：坚持这一项伟大的事业的孤独之悲。

张晨：因为缺少实战经验，选错了方案，使得探险队全军覆没。

胡心瑜：他们刚刚走到"屠宰场营地"的那一天，埃文斯就死去了。

张晨：而且是因为精神崩溃而死。

徐杰：张晨，"精神崩溃"，言重了。

张晨：埃文斯应该是"精神崩溃"。

徐杰：也可能是外伤？

胡君华：文中的意思是"被冻得出现了幻觉"，应该算是生理上的原因。

张晨：每次看到埃文斯，我都感觉他是接受不了心理的落差，但作者说"也许是因为外伤"。

杨瑞瑞：临死前，心系国家和他人，最后一刻写信的时候，坚决地将"我的妻子"改成了"我的遗孀"。

胡君华：死前身体上受到了巨大的伤害，有的被冻烂了腿，有的被冻掉了脚趾。

徐腾："滑雪杆""滑雪板的痕迹和许多狗的足迹"交代了阿蒙森扎营的残迹，显然阿蒙森他们靠的是外力在雪地里行走，而斯科特他们却是"上个月屠宰的矮种马""他们鞋底下的白雪由软变硬，结成厚厚的冰凌，踩上去就像踩在三角钉上一样，每走一步都要粘住鞋""必须顺着自己原来的足迹走去"，斯科特使用的是不耐寒的矮种马，后期矮种马死后全靠步行抵达和回程。慢于阿蒙森抵达终点是计划策略上的失误，也是导致悲剧的重要原因。

毛梦杰：面对厄运的无力感。眼睁睁看着自己的希望和生命在自己眼前逝去，亲手写下"我的遗孀"。

杨瑞瑞：为科学梦想而探险，可最后未能将探险梦想进行到底。

陈雪伟：我认为可以分为两个悲剧，一个是主人公认为的悲剧，一个是作者传达给我们的悲剧，不知道可不可以一概而论？

房仕兰：明知道奥茨"去外面走走"是意味着什么，但是也没有一个人敢伸手去向他握别。

曹蕾：面对未知的前路的恐惧也是让人崩溃的。

徐杰：最"悲"的地方，你们觉得在文中哪个地方？

王子琳：在路途中的恐惧与惊惶，从第9小节的日记中可以看出他们当时的绝望。

陈郦敏：希望一再破灭之悲。希望成功，现实却是迟了一个月抵达南极；希望能成功返回，却避免不了死亡；希望下一个贮藏点能提供能量，却收获失望。

徐杰：陈鹏敏，归纳得好。

吴建婷：把"我的妻子"划掉，改为"我的遗孀"。

陈雪伟：一个又一个人不断地以各种方式结束生命，而剩下的人却毫无办法。

王冬梅：我认为文中的"恐惧""绝望"能表现出"伟大"。

李鸿妹："骄傲地在帐篷里等待死神的来临"。

彭心培："死去的斯科特还像亲兄弟似的搂着威尔逊"。

陈郦敏：奥茨走向暴风雪中的背影。

曹蕾：一生热爱追求的梦想却在死亡时也并未完成，梦想一次次破灭。

徐杰：曹蕾，注意审题，你的发言偏题了。

张晨：未完成的科学研究。

房仕兰：当发现有人比他们早到南极点时，心灵上遭受的崩溃与打击。

殷立群：当最后一个幸存者看着战友一个个离去，自己成为这段旅程的最后一个见证者，但依然无法与命运抗争，只留下一本本日记。

李鸿妹：当他们坦然面对死亡的时候。

陆飞菲：李鸿妹，我觉得这应该算是"伟大"。

冷凌元：第二个到达极点，梦想破灭了。

张慧：用笔写下战友死亡的确切时间。

曹蕾：自己失败了却要为别人的成功做证。

杨瑞瑞：在与厄运的搏斗中，他们未能成功战胜厄运，将最伟大的荣誉带给国家。希望破灭了，生命毁灭了。

丁洁莹："努力"变成"徒劳"，"千辛万苦"显得"可笑"，赘述"几星期、几个月、几年"更显希望累计的时间漫长，而今却成"癫狂"。命运使得他们与梦想失之交臂。

徐腾：三个人在帐篷里同注定的死亡进行了八天的斗争。

倪永峰：斯科特海军上校的日记一直记到他生命的最后一息，记到他的手指完全冻住，笔从僵硬的手中滑下来为止。

胡心瑜：我也认为是：他随后又悲伤地、坚决地划去了"我的妻子"这几个字，在它们上面补写了可怕的"我的遗孀"。

徐杰：胡心瑜，我跟你的认识一致。

二、理解"伟大"

徐杰：你们的发现都很有价值。大家对文本深度阅读的意识很好。下面我们来理解"伟大"。请用最简洁的一句话说说你的理解。"……是伟大的。"

房仕兰：接受了来自对手的送信任务，"在世界面前为另一个人完成的任务做证，而这一项事业正是他自己所热烈追求的"，这样的人格是伟大的。

陈雪伟：为科学事业献身的精神是伟大的。

李鸿妹："伟大"有六层含义：其一，埃文斯精神失常之后，队友不抛弃他的行为；其二，威尔逊博士在离死只有寸步之遥的时候仍坚持科研的行为；其三，奥茨在受伤后为不拖累队友而自我牺牲的行为；其四，斯科特临死前"舍小爱为大爱"的精神；其五，他们为胜利者做证的公平真实的品格；其六，他们在一次又一次面对失望后，又再一次坚持的精神。

王冬梅：能够尝试征服南极是伟大的。

周丹丹：在离死亡只有寸步之遥时，威尔逊博士还在进行科学观察，这种为科学献身的精神是伟大的。

陈朗仪：明知不可为而为之的精神是伟大的。

胡心瑜：为了同伴而牺牲自己的精神是伟大的。

张晨：即便被风雪困住，也不忘使命的无畏精神是伟大的。

毛梦杰：骄傲等待死亡来临是伟大的。

房仕兰：虽然知道已经不会是第一个到达极点的队伍，但是大家都坚持走到了目的地，并插上了国旗，这种坚持的精神是伟大的。

徐腾：明知自己不是第一个，仍坚定地完成探险，并为第一个到达南极点的人做证，诚实面对自己不是第一名的失败，这种胸怀和境界是伟大的。

陈雪伟：在探索自然的未知领域时，虽然失败但是团结协作、坚韧不拔的精神是伟大的。

陆飞菲：我认为把"妻子"改成"遗孀"是伟大的，说明他能够勇敢地面对自己的死亡，虽然已无法避免。

陈郦敏：诚实是伟大的，他们角逐南极失败却忠实地为成功者做证；坚韧的品格是伟大的，他们在不可避免的死亡中继续前进。

王冬梅：在有限的资源面前，为了大家，结束自己的生命是伟大的。

张晨：面对死亡，仍有傲骨，仍存爱意的人性是伟大的。

冷凌元：为了让后人知道这一切，斯科特上校到生命的最后一刻还在写日记，这种精神是伟大的。

丁洁莹：第 10 小节中，写奥茨主动走向死亡，"谁也不敢说一句阻拦他的话，也没有一个人敢伸出手向他握别"。"不阻拦"是意识到奥茨不愿拖累朋友们的善意和决心，"不握别"是不戳破他善意的谎言。"战栗"和"敬畏"告诉我们这是一场默许的自戕。"三个人在小小的帐篷里同注定的死亡进行了八天的斗争"，每个人都知道没有燃料又兼风雪，死亡在所难免，他们仍与不可战胜的厄运搏斗了八天，至死方休。还有划去"我的妻子"、补写上"我的遗孀"的细节，都展现出他们面对死亡的英雄气概是伟大的。

王子琳：从他们坦然面对死亡，从没有哀叹自己遭受的种种苦难，可以看出他们理想信念是伟大的。

彭心培：正因为斯科特他们不是第一个到达的人，才更加突出了其悲剧色彩。但这悲剧是"伟大的"悲剧。因为他们在这样的情况下，还是那么勇敢地和恶劣的环境作斗争，并且团结协作，谁也不愿把谁落下，谁也不忍让谁先离集体而去。因此，"伟大"和"悲剧"是不矛盾的，"悲剧"，体现了科学家的人格魅力和英雄精神是伟大的。

王冬梅：在绝望的境地中，斯科特把爱情、忠诚、友谊带给活着的人。是伟大的。

曹蕾：科学记录一直到生命的最后一刻，这种精神是伟大的。

丁洁莹：死神来临前，斯科特的日记不是"哀叹自己最后遭受到的种种苦难"，而是写给"他所爱的一切人"，他对祖国、对全人类的亲密情谊是伟大的。

陆飞菲：他们在冲击极点角逐失败之后，表现出的人格是伟大的。

张晨：明知危险重重，也勇敢接受任务，义无反顾走上探险之路的精神是伟大的。

吴建婷：能够在生命的最后，依然保持对世界的热爱是伟大的。

倪永峰：以一个英国皇家禁卫军的骑兵上尉的身份，像一个英雄似的向死神走去，战胜死神的奥茨在那一刻是伟大的。

王文静：对于生命和死亡的尊重是伟大的，当同伴受伤时不抛弃，当同伴毅然选择死亡时不阻止。

张晨：诚实守信，坦然面对成败的风度是伟大的，给人类树立的榜样是伟大的。

徐杰：以上发言，有重复的地方，也有老师发言不够简洁。下面，给大家十分钟时间回看留言，并做好摘录，或者提炼。我等会儿点名请一位老师晒一下自己的总结。

徐杰：李鸿妹，请晒一下留言小结。

李鸿妹：

（1）探索未知的精神是伟大的，因为明知九死一生仍然冒险前进；

（2）坦然面对失败之痛是伟大的，因为他们接受了为成功者做证的任务；

（3）坚韧不拔的搏斗是伟大的，因为他们在绝望中不断创造新的希望；

（4）团结关爱的品质是伟大的，因为埃文斯精神失常后，队友们没有放弃他，奥茨为避免拖累队友，主动出走赴死；

（5）坚持科研的态度是伟大的，因为威尔逊博士在面临死亡威胁时仍不忘科研；

（6）面对死亡的从容是伟大的，因为他们在临死之际也保持了尊严和骄傲；

（7）心系挚爱、亲友、国家、人类的温情是伟大的，因为在生命的最后一息他们仍然惦念着活着的人。

三、探究"伟大的悲剧"

徐杰：第三个话题：这是一个"伟大的悲剧"。当时作者并没有与探险队同行，但我们今天读来身临其境。请大家浏览课文，说说作者为什么能表现得如此"真实"？

王冬梅：因为他选取了斯科特的一部分日记。

陈雪伟：细节描写很到位。

徐腾：细致的环境描写和细腻的心理描写。

曹蕾：在表现斯科特一行人的南极之旅时，作者运用了大量的心理描写来刻画人物。例如第 1 小节中就运用了"焦急——热情高涨——不安——可怕——颤栗——尽量安慰自己——早已明白"等 7 个表现心理活动的词语。第 2—13 小节约有 26 个，甚至在 14—15 小节侧面描写基地伙伴和国王时也用了 4 个表现心理活动的词，可见文章的心理描写是非常细致的。通过人物丰富的心理自述再一步步落实到行为细节上，就使读者贴近了人物的内心，增加了故事的真实感。

丁洁莹：用了很多描写心理和神态的词语。

房仕兰：文中出现了大量具体的时间。

陈郦敏：一方面，茨威格的写作是基于大量的历史资料的，而且文章也多次提到斯科特的日记，史料和日记都是真实的；其二，茨威格的写作是忠实于人性的，他描写的情绪是真实的，英雄有伟大的一面，也有脆弱的一面，茨威格没有回避英雄的脆弱，这样的人性是真实的。

徐杰：我赞成陈郦敏的发言。

周丹丹：文章以第三人称的视角来叙述。

毛梦杰："凛冽的寒风""阴森森，一片寂寞""冷酷无情呼啸不停的暴风雪""风刮得比任何时候厉害""狂吼怒号的暴风雪，茫茫无际，像铁一般坚硬的冰雪荒原""白茫茫的原始世界，凶猛的暴风雪像狂人似的袭击""白雪皑皑的荒漠上"……环境的压抑和恶劣渲染出行路之艰难。

陈雪伟：恶劣的环境更容易塑造英雄，典型环境塑造了典型人物。

殷立群：对极地地理环境的熟知，使得他的环境描写非常真实。

张慧：作者依据日记和资料，从人物的性格和心理出发，进行了适当的想象。

杨瑞瑞：作者在"斯科特日记"的基础上加以叙述和描写，加入了主观的理解与想象。

张晨：文中合理的想象，大量的细节描写和场面描写，冷静的议论，都给人身临其境之感。

陈郦敏：茨威格对人物的情绪进行反复渲染，让他们活了起来，把读者也带入了这股情绪的风暴中。

陈雪伟：即使是伟大的英雄，也有平常人的家国情怀。

曹蕾：作者叙述时采用第三人称"他、他们"，向读者描述他们面对物资短缺和恶劣天气时的心理和行为，相较于萧红的《回忆鲁迅先生》中采用"鲁迅先生"这一称呼，第三人称与读者更为贴近，似乎是茨威格在向我们讲述故事，详细展示人物的内心活动，引导读者充分进入到故事之中。

徐杰：曹蕾，你的发言不大妥当，两者没有可比性。

吴建婷：一方面利用各种日记、相片等资料；另一方面，添加环境描写和人物描写的细节，文学化的修辞，主观的理解和想象；有时还加入了自己的解读和修改。

徐杰：大家的发言尽量不要重复，先看别人的发言，再慢慢跟帖，不急。大家关注细节，关注环境，关注心理，都对。有没有人关注"旁白"呢？

毛梦杰：旁白并不是直接以上帝视角的客观态度描写，而是深入内心注重心理描摹，对人物心理进行生动且逼真的刻画。

徐杰：毛梦杰，心理刻画不是旁白。所谓"旁白"，是站在第三者的角度，对人物、事件进行评说。

丁洁莹：旁白里糅合了作者自己的情绪。

王冬梅：第6—11小节中，"可怕"一词出现6次，毫不掩饰地披露了他们面对厄运时产生的恐惧心理，读来感觉很真实。

胡君华：作者用第三人称时，叙述语调也有所转换。时而同情、时而敬仰、时而悲悯、时而作为介绍者介绍南极探险的难度。其中作者有一句话说"对于人类来说，第一名拥有一切，第二名什么也不是"，这又是站在藐视第二名的大众角度来看的。

徐腾：时间日期和里程数字的穿插。

徐杰：大家先百度，查一下什么叫"旁白"。

陈郦敏：旁白里有很多隽永的议论句，富有哲理，有普遍的适用性；旁白给人一种读日记的感觉，比如"斯科特在他的日记里这样写道""阅读那几天的日记令人不寒而栗"。

陈雪伟：人物传记里面用"旁白"，是指作者对文本的解说？

徐杰：大家回读一下课文。把那些属于"旁白"的句子画一画，然后再来看它们对于传记"真实"性所起的作用。五分钟。

陈郦敏："现在，恐惧已在话语中表露出来"是不是旁白？

陈雪伟：这句好像是个人独白。

胡心瑜："从日记中，人们可以觉察到斯科特如何尽量掩饰着自己的恐惧，但从强制的镇静中还是一再迸发出绝望的厉叫：'再这样下去，是不行了'，或者'上帝保佑呀！我们再也忍受不住这种劳累了'，或者'我们的戏将要悲惨地结束'。最后，终于出现了可怕的自白：'惟愿上帝保佑我们吧！我们现在已很难期望人的帮助了。'"这一段是不是旁白？

徐杰：胡心瑜，这段不是旁白。

曹蕾："千万年来人迹未至，或者说，太古以来从未被世人瞧见过的地球的南极点竟在极短的时间之内即一个月内两次被人发现，这是人类历史上闻所未闻、最不可思议的事。"

陈郦敏："虽然昔日逝去的光阴数以几百万个月计，但现在迟到的这一个月，却显得太晚太晚了——对人类来说，第一个到达者拥有一切，第二个到达者什么也不是。"

冷凌元：破折号后面？

丁洁莹："阅读那几天的日记是可怕的。"

张晨：几乎每个日期后面都是。

胡心瑜：我觉得日期后面是对事件的记叙。

殷立群："当初，他们一想到自己所进行的探险是人类的不朽事业时，就有超人的力量。而现在，他们仅仅是为了使自己的皮肤不受损伤、为了自己终将死去的肉体的生存、为了没有任何光彩的回家而斗争。在他们的内心深处，与其说盼望着回家，毋宁说更害怕回家。"这段是旁白吗?

徐杰: 殷立群，你找的这段是旁白。

房仕兰: "他们在那里发现的唯一不寻常的东西，不是由自然界造成的，而是由对手造成的。"这句是吗?

徐杰: 结尾最有力量的一句旁白，怎么没人发现呢?

曹蕾: "一个人虽然在同不可战胜的厄运的搏斗中毁灭了自己，但他的心灵却因此变得无比高尚。所有这些在一切时代都是最伟大的悲剧。"

冷凌元: 这不是议论吗? 为什么是旁白?

徐杰: 我发现大家对"旁白"比较陌生，需要补课。

毛梦杰: 旁白包括议论。

徐杰: 旁白，就是"话外音"。

陈郦敏: "议论"是作者的观点和点评。

王文静: "他们爬进各自的睡袋，却始终没有向世界哀叹过一声自己最后遭遇到的种种苦难。"

杨瑞瑞: "在阴森森的一片寂寞之中，始终只有这么几个人在行走，他们的英雄气概不能不令人钦佩。"

曹蕾: 杨瑞瑞，这个应该不算吧。

陈雪伟: 有种舞台剧解说的效果。

冷凌元: 我以为剧本才有旁白呢。

倪永峰: "他们的燃料已经告罄，而温度计却指在零下40摄氏度。任何希望都破灭了。他们现在只能在两种死法中间进行选择: 是饿死还是冻死。"

徐腾: "四周是白茫茫的原始世界，三个人在小小的帐篷里同注定的死亡进行了八天的斗争。"

陆飞菲: "现在只有三个疲惫、羸弱的人吃力地拖着自己的脚步，穿过那茫茫无际，像铁一般坚硬的冰雪荒原，他们疲倦已极，已不再抱任何希望，只是靠着迷迷糊糊的直觉支撑着身体，迈着蹒跚的步履。"

徐杰：这些紧随着事件而发出的作者的评说，不仅增强了画面的现场感，而且增强了历史感。

陈雪伟：旁白不应该是很客观的吗？怎么感觉这篇人物传记里面的旁白情感倾向严重得很呀。

陆飞菲：从来没想过在这种文章中找旁白，受益匪浅。

陈郦敏：以文学笔法再现历史，可以使文学性更强，更感染人。

四、拟写"墓志铭"

徐杰：关于"旁白"这个术语，大家今天讨论结束后继续补课啊。最后，我们来组织一个活动，看看大家文本细读活动的效果。

课文里说，大家找到了英雄们的遗体，竖了一个简易十字架。如果有墓碑，那墓志铭应该是怎样的呢？请大家模仿茨威格的语言风格，写一则墓志铭。注意，是模仿"茨威格"的语言风格。

张晨：他们虽然在同不可战胜的厄运的搏斗中毁灭了自己，但他们的心灵因此变得无比高尚。所有这些在一切时代都是最伟大的悲剧，而他们就是屹立在这悲剧中的伟人。

徐杰：张晨，刻墓碑的人表示很痛苦。

陈雪伟：这里深埋的是：命运的挑战者，自然的探索者，祖国的英雄，人民的精神领袖，妻子的丈夫。

徐杰：字太多。

王冬梅：自然可以摧毁伟大的人，但无法摧毁人在反抗中表现出的伟大。

倪永峰：悲剧就是将人生有价值的东西毁灭给人看，他们就是这样的一些人。

王子琳：虽然最终倒在茫茫大雪中，但精神却站成了一座丰碑。

陈郦敏：他们死了，但也活着。

陆飞菲：悲哀的是"失败"和"死亡"，震撼人心的是"失败和死亡"背后的伟大人格。

殷立群：既然目标是地平线，留给世界的只能是背影。

杨瑞瑞：在他们生命的最后一刻，胜利与失败打破了原有的意义。

曹蕾：人生难免失败，但敢于迎战，勇于付出，便是伟大的英雄。

胡心瑜：他们，是一群献身科学的探险者；他们，是一群与厄运搏斗而走向毁灭的英雄；他们，是这个时代伟大的悲剧。

彭心培：他们虽然逝去了，但是历史的长河里会有他们的印记，他们是悲壮的，更是伟大的。

冷凌元：探索还在继续。

周丹丹：没落的是肉体，永存的是精神。

陆飞菲：悲剧不是永远的，精神却永留人间。

曹蕾：过程远比结果更伟大。

丁洁莹：悲剧由命运书写，英雄用精神翻拍。

毛梦杰：风雪中永不凋零的勇士啊，在这里留下你们永不磨灭的姓名。

张慧：与厄运搏斗，为信念坚持，高尚心灵。

李鸿妹：悲壮的毁灭带来新的永生。

胡君华：伟大与悲剧同时存在时，愿将伟大书写在悲剧的前面。

徐杰：你们写的墓志铭，有些是不合格的。大家回看留言。五分钟。

房仕兰：勇敢、坚持、团结，是永远的光芒。

吴建婷：这里埋葬着五个高尚的灵魂，他们在与厄运的搏斗中证明死亡不是悲剧，平庸才是。

徐杰：吴建婷的表达，有点意思了。再给五分钟，还有继续分享的老师吗？

徐腾：绝望而归，悲壮覆灭，但征服和挑战不朽。

李鸿妹：带着希望而来，怀着失望而归，终因信念根植于此。

倪永峰：广袤的南极大陆啊，你摧毁了五个探险者，但你摧毁不了五个高尚的灵魂。

徐杰：倪永峰的表达，不错。

陈郦敏：埋葬肉体，不埋葬灵魂。

毛梦杰：信念不灭，生命不止。

徐杰：毛梦杰，这不是墓志铭，是口号。口号和标语，不是墓志铭。

好。今天的讨论，到此结束。感谢大家的积极参与，辛苦了。请回看留言，回看文本。

《在长江源头各拉丹冬》

文本细读实录

> ● 备课形态：线上集体备课之文本细读
> ● 备课组成员：江阴市初语优青班学员 26 人
> ● 课题：八年级下《在长江源头各拉丹冬》

一、立足"游记"，交流碰撞

徐杰： 各位学员，大家晚上好！今天，我们初语优青班学员将再一次以微信的方式，就《在长江源头各拉丹冬》一文开展"文本细读"在线读书交流活动。交流时，与游记有关的一望便知的东西，我们就省略不说了。

今天，我们要着重发现文本中一些"隐秘"的特别的元素。第一个话题：本文与一般的游记散文，有什么鲜明的区别？

房仕兰： 作者对景物外在的形的描写不是特别多，文章更注重表现景物内在的神韵，并且有很多作者主观的感受。

陈郦敏： 一般游记常给人以美的享受，或优美精致，或气势磅礴，让人产生精神的愉悦，但这篇游记更多地让我感受到了肉体的艰辛、艰难和痛苦。

赵庚： 这篇文章是按照时间顺序来写的，没有采用一般游记的移步换景法来写。

丁洁莹：除了写景，还写了自己的心路历程。

倪永峰：文章着重表现了作者内心的"所感"。她的身体状况越来越糟糕，但对各拉丹冬的感受与理解越来越细致。

李鸿妹：本文是以"我"的反应来表现游踪变化的。

陆飞菲：作者不仅在勾画景物、记叙事件，同时也在不断地袒露自己的内心世界，突出自我对万物的体验。

曹蕾：（1）本文中虽有对自然景观的描绘，但并不很细致，只起到了点染的作用，更多的是自己的联想与感悟，主观色彩浓厚；（2）在描写景物之美时，也插入了一些痛苦的感受，对比鲜明。

陈雪伟：心理描写多，"画外音"也很多。

吴建婷：游记的主体内容一般是对景物风貌的描写，但本篇表达的重点是作者的情感与思想。

杨瑞瑞：文章有一种悲剧色彩。

毛梦杰：本文很少有直接抒情、议论的句子，甚至直白的表达也很少，作者是将自己细腻的感受与思考渗透在写景、叙事的字里行间的。

张晨：本文作者通过自己的脚步、眼睛和感受，把读者带到了一个神秘而神圣的所在，令人心生向往又心生敬畏。

王子琳：文中涉及不少有关文化的内容，自然景物不单单是景致，更带有一种历史的厚重感。

赵庚：作者写到了自己的身体状况，使文章更真实，感情更真挚。

王文静：本篇游记以独特的女性视角记录了自己在各拉丹冬的游览经历，严寒与疼痛是她内心独特的体验。

张晨：作者从眼前的景物引发了关于人生的思考。

陆飞菲：我看到教参上说，梁衡在写《壶口瀑布》的时候，的确是由景物引发出了对人生的思考。但是，马丽华的思维方式则偏向自然主义，她对自然伟力和无尽时空的思考，融化在对自然的敬畏和礼赞中。

陈雪伟：写作思路、写作顺序与一般的游记不同，显得没有章法条理，随心所至。

王冬梅：语言比较华丽，用了很多极其宏大的修饰语。

倪永峰："不见自然生物的痕迹，但今天的确有人活在各拉丹冬的近旁"，一般游记大多是作者寄情于山水之乐，但在这里，作者将所见之景奉为神明，人间生灵难以接近，与其说是游记，不如说是朝圣。

陈雪伟：写景虚实结合，虚多于实，所想多于所见。

胡君华：一般游记更多地会还原当时的自然景象，而本文作者是营造了一个情境，还原了当时自己和周围环境共生的过程。

曹蕾：文章记叙了两天的游览过程，在内容安排上侧重点鲜明。第一天的描写抓住了"冰塔林"，第二天的景物描写极略，似乎只写到了风声和水声，更多的是写自己对于历史人文信息的找寻。

陈雪伟：本文与其说是在写景写人文，不如说是把这些都当成了"人"在写。写作的角度、拟人化的写法，以及作者的心理感受，都在彰显这一点。

丁洁莹：与其说是把景当成"人"写，还不如说更偏向"神"一些。

张慧：语言形式有棱角，鲜明地体现了各拉丹冬的壮美。

赵庚：作者两次提到"砾石堆"，前面是现实中的景，后文是作者由景产生的心灵触动。

彭心培：作者写了两次冰塔林，一次远望，一次近观，一次是总写，一次是细致描绘。

陈郦敏：作者对各拉丹冬、对自然的情感不是单纯的赞美和欣赏，而是非常复杂的，其中包含了崇敬、赞叹、畏惧、亲近、探索、敬畏、折服……

徐杰：好。现在我们来做排除法，看哪些观点可以排除，即它不是这一篇文章与其他游记最主要的区别点。

丁洁莹：写作顺序可以排除。

徐腾：两次写了什么内容，还有远近角度可以排除，这些一般游记都会有。

曹蕾："畏惧""折服"的情感也经常有。

陆飞菲：从远视到近视的视角转换，一般游记也会有。

冷凌元："虚实结合"和"语言华丽"也可以排除。

曹蕾："语言华丽"排除，我同意。

房仕兰：我觉得"虚实结合"不该排除。

徐杰：以下内容是一般游记的"共性"特点：两次写冰塔林，远景近景；女性视角；景物带来心灵的触动；描写有侧重；引发人生思考；通过自己的脚步眼睛和感受来写。请大家回看发言，有哪些是错误或者失之偏颇的，指出来。不着急，慢慢看。

曹蕾：前面提到"本文是按时间顺序来写的，没有采用一般的移步换景法来写"，我觉得两者并不矛盾，一般游记也会将时间顺序和移步换景的写作手法连用。

徐杰：继续。

王冬梅："有一种悲剧色彩在里面"，我不认同。"悲剧"是把美好的东西毁灭给人看，这篇文章给读者的感受是壮美，"摔了一跤"不能算是文学意义上的悲剧吧。

倪永峰：不是"悲剧"，更多的是"敬畏"。

王子琳："本文中虽有对自然景观的描绘，但并不很细致。"我觉得描写还挺细致的。

赵庚："这篇文章让人感受到了肉体的艰辛"，不准确。

徐杰：赵庚，表述成"身体的痛苦"，更妥帖一些。大家的回看与反思很有价值。继续。

陆飞菲："写作思路、写作顺序与一般的游记不同，显得没有章法条理，随心所至"，我觉得这篇文章并不是没有章法条理的。

徐杰：陆飞菲说得对。说"没有章法"肯定不对，说"表面上看起来没有章法"更好。

曹蕾："本文表达的重点是作者的情感和思想"，我觉得也不太正确。

徐杰：表达重点当然应该是各拉丹冬的特点。

丁洁莹："悲剧色彩"我觉得不至于，文章主要表现了"苦难美"。

徐杰：丁洁莹，我同意你的观点。其实，"苦难美"也不是重心，它是一种衬托。大家的发现不错，我们基本上依靠自己的力量纠正了误读。

曹蕾："语言形式有棱角"，我也不是特别明白。能不能表达得再直白一点，什么叫"语言形式有棱角"？

张慧：作者的语言风格大气，用词能够让人感受到环境的棱角，就像她文中写的"棱角与层次毕现，富有雕塑感"。如第1小节中的描写，"犹如刀削一般"。

徐杰："语言形式有棱角"，这是非常有价值的发现。"有棱角"，就是语言形式与各拉丹冬的地貌气势相吻合。只是这样表达不太贴切，表述成"语言形式很特别"会更好。

二、着眼"语言"，交流品味

徐杰：接下来，大家重新读书十分钟，一起来发现这篇散文语言形式上独有的特点，也就是"语言的有棱有角"。谈语言特点，不要动辄就是比喻、拟人的修辞方法，这些大多数写景散文都有。你一定要发现这一篇散文独特的语言形式。

（10分钟后）

徐杰：开始发言。

倪永峰：否定词的运用贯穿全文，"不免""不在话下""不很适应""不敢活动""不思饮食""不欢迎女人""不须""无所不能""娇贵而无用""哪儿都不去""从不懈怠""没有""哪一口气喘不上来""再也没有力气""不甘心""一刻不停""不见自然生物"……

王冬梅：动词具有力度，如：切割，刀削，雕凿，呼啸，扫荡，统领……

陈郦敏："永恒的阳光和风的刻刀，千万年来漫不经心地切割着，雕凿着，缓慢而从不懈怠。"这里的短句形成了缓慢悠长的节奏，与"阳光和风缓慢雕刻"的节奏是吻合的。

房仕兰：语言精简形象，第 5 小节中用四字短语写出了冰峰的"晶莹绵延"和冰河的"平坦辽阔"，第 11 小节中用一系列的形容词让我们感受到了冰体的各种形状。

丁洁莹：第 11 小节中描写冰体的语句精简准确短促，句子节奏感强，最后又把节奏放缓，有张有弛，富有音乐美。

杨瑞瑞："挺拔的，敦实的，奇形怪状的，蜿蜒而立的"，运用短句，富有节奏感，具有音律之美。

周丹丹：第 2 小节运用了一些四字短语，如"风云变幻""气势磅礴""云遮雾障"等，表现了各拉丹冬地区的天气状况十分严酷。

曹蕾：（1）用词上善于打破文本语境，深入情感语境，例如：第 4 小节中的"虔诚而愚蠢"，第 5 小节中的"卖弄"，第 6 小节中的"娇贵"；（2）在修饰词的选用上，作者选择了能体现雪域高原特点的词汇，表现其壮美；（3）长短句结合，如第 7 小节、第 11 小节。

王冬梅：运用拟人化写法，如"阳光使这位身披白色披风的巨人变化多端""各拉丹冬主峰难得在云遮雾障中一现尊容""各拉丹冬统领着冰雪劲旅""像长发披肩""造物主在这里尽情地卖弄着它的无所不能的创造力"等。

李鸿妹：动词的使用有特色，如：裸露、驻防、统领、扫荡……"洒落"与"蜷卧""散失""蠕动"两相对比，以"我"之渺小凸显自然之伟力。

毛梦杰：文中多次出现"雕"字以及与"雕刻"相关的字眼，如"刻刀""切割""雕凿""刀削""棱角"等，将大自然鬼斧神工的精雕细琢展现出来，同时也烘托出冰天雪地的环境恶劣冷酷，与作者摔跤的疼痛感融合，锋利的棱角更为鲜明。

曹蕾：毛梦杰，找得好快，厉害。

毛梦杰：我特别注意到了这些锋利的字眼。

赵庚："徐徐垂挂冰的流苏"，化静为动。

曹蕾：语言上有多处反转，例如，"西北阴坡尽是冰雪，景色单调，东南阳坡才好看。""季节上的隆冬将至，但严寒还在此地驻防三两个月"。

王文静：作者选用的词语和各拉丹冬的景物交相呼应，比如"白色金字塔""切割""雕琢""奇形怪状""褶皱"。

张慧：用词有理性的刻画，如第 1 小节："裸露""骨骼""刀削"；也有较为明亮柔和的审美刻画，如第 12 小节："晶莹洁白"。

陈郦敏："愚蠢""倒霉""诅咒""卖弄""折磨"等贬义词背后有深意。它们表现了作者对各拉丹冬的崇拜、瞻仰，哪怕费尽千辛万苦，也想走进各拉丹冬。

吴建婷：虽然作者身处的环境恶劣，身体也受了伤，但文章中多处出现了幽默的句子，比如："活动时只能以极轻极慢动作进行，犹如霹雳舞的'太空步'""到导演用粗话诅咒那一天，它可就在蔚蓝的天幕下十分情愿地露了面"等。

殷立群：语言上善于制造对比冲突，如"缓慢而从不懈怠""虔诚而愚蠢"等。

陈雪伟：写景的词句空灵美好，富有动感，如"把冰河上的雪粒纷纷扬扬地扫荡着，又纷纷扬扬地洒落在河滩上、冰缝里"。

张晨：陈雪伟找的这句话把雪的独特境界展现了出来，读来感觉甚是豪迈。

曹蕾：在标点运用上，作者大量运用了破折号，使文本也形成一种回环往复之美，读者似乎也随着作者在漫步。

冷凌元：第 6、10、11 小节的第一句话是不是都没有主语？

殷立群：省略了主语。

陆飞菲：文中"蜷卧"一词不仅表达了人与自然相比的渺小，还有对生命和自然的敬畏。

张晨：还有人与自然的相融共生。

倪永峰：否定词的运用让作者笔下的各拉丹冬雪山"难得一见""难以亲近"，冰河"难以穿越"，冰山上的图案"难以名状"，冰窟中的冰体"难以细数"，这种种"难"，显示了自然本身的伟大与神秘，也表现出文学手法在自然的伟力面前的贫瘠与单调，这些都是敬畏的具体表现。

殷立群：倪永峰，我觉得虽然有"难"，但作者在这种"难"中有些自得其乐的味道。尽管文章中不乏作者因为病痛产生的自我调侃（如"娇贵而无用的尾椎骨""我要死了"等），但还是能从文字中体会到一份淡然豁达、一份游刃有余（如"而我似乎已经衰竭，心想碰巧哪一口气上不来，就长眠于此吧"），一份作为大自然演变过程中的旁观者的超然（如"不见自然生物痕迹，但今天的确有人活在各拉丹冬的近旁"）。

倪永峰：殷立群，我只是注意到了这篇文章的语言充满棱角，想到了否定词的多次出现，每一次否定就相当于一个棱角的出现，我是仅从语言形式这一角度切入的。

陈雪伟："永恒的阳光和风的刻刀，千万年来漫不经心地切割着，雕凿着，缓慢而从不懈怠"一句中，通过副词和动词的精心选用，刻画了大自然鬼斧神工的一面。

胡君华：文章里出现了"电影摄制组""镜头""车""照相""身披白色披风的巨人""霹雳舞的'太空步'"这些词，它们都是工业时代的产物，一般游记里不会出现，但在本文的自然景物面前它们的出现并不显得突兀。因为工业产品自带的金属感，给人一种冰冷、棱角和雕琢的感觉。

张慧：胡君华，你发现的这个点很赞。

倪永峰：我感觉这些都不是重点，因为本文描写的主要对象是各拉丹冬，作者是要表现这座山峰的有棱有角，它不是现代这些产物的特点能够表达出来的。将这些事物的金属感与大自然联系起来，关联性不强。个人理解，仅供参考。

徐杰：倪永峰分析得不错。大家回看发言，做减法，把那些偶尔出现的个别词句的特点，排除掉。

房仕兰："蜷卧"一词应该可以排除。

丁洁莹："省略主语"排除。

徐腾：运用四字短语的可以排除。

陆飞菲：破折号起到回环往复作用，不妥。

徐杰：还有呢？哪些可以排除？

赵庚：副词和动词的选取，过于平常。

徐杰：赵庚，我们想到一起了。哪篇写景散文没有修饰的副词（形容词），哪篇散文不会选用精当的动词？大家继续。

曹蕾："动静结合"也是写景散文常用的手法。

徐杰：动静结合，虚实结合，都是写景散文的常用手法。四字短语，如果用了几十个，那可以算本文的语言特色；如果就发现了几个，显然不能算。

倪永峰：拟人化手法，许多写景散文都会运用，所以我觉得也不是这篇文章显著的语言特点。

徐杰："写景的词句空灵美好"，这也不能算本文的语言特色。空灵吗？

冷凌元：嗯，不觉得空灵。

徐杰：我一开始就说了，解读文本时，不要只关注几个比喻句、拟人句。当然，如果是连续用了十几个或几十个比喻句和拟人句，则另当别论。

徐腾：短句形成的是"缓慢悠长的节奏"吗？

陆飞菲：应该是"使句子节奏感更强"。

徐杰：陆飞菲说得对。

三、聚焦"状语"，交流发现

徐杰：我建议大家去关注一下，文中把状语拎出来单独使用的句子。大家重读课文，把这些句子划出来。有发现了吗？

王子琳："杰巴、安托、开大车的大胡子师傅，头戴狐皮帽，身裹羊皮袍，肩扛比人身还长的大冰凌，蠕动在巨大的冰谷里，一列小小身影。"这句是吗？

胡君华："是琼瑶仙境，静穆的晶莹和洁白"，"变成自然力所能刻画成的最漂亮的这番模样：挺拔的，敦实的，奇形怪状的，蜿蜒而立的。"

王子琳："远不是秋高气爽时节的明媚，这一个风云变化的季节里，气势磅礴的密云来去匆匆，形如金字塔的各拉丹冬主峰难得在云遮雾障中一现尊容。"

曹蕾：王子琳，我同意这句。

徐杰：还有最鲜明的一段，大家没发现吗？

王文静：不知道是不是第 9 小节？

陈郦敏：最后一段？

倪永峰：第 7 小节？

曹蕾：第 11 小节？

冷凌元："置身于冰窟"。

王子琳："置身于冰窟，远比想象的要温暖，穿着件腈纶棉衣，外罩一件皮夹克，居然感觉不到冷。"

李鸿妹："那是坚冰之下的流水声，它一刻不停，从这千山之巅、万水之源的藏北高原流出，开始演绎长江的故事。"

徐杰：状语，一般用来修饰谓语动词，放在动词前面。本文有多处地方把状语单独拎出来，放到了整个句子的后面，从而形成了一种独特的表达效果，与各拉丹冬给人的感觉相吻合。关于语法，大家要补补课。

陈郦敏："切割着，雕凿着，缓慢而从不懈怠。"

徐杰：陈鹏敏，你的发现很有价值。

徐腾：第 4 段，"虔诚而愚蠢"。

徐杰：因为时间关系，我们今天就先到这里吧。有新发现，欢迎大家随时贴上来。

《田鼠阿佛》

集体备课实录

- 备课形态：线上集体备课
- 备课组成员：六省七地绘本阅读爱好者 11 人
- 课题：七年级上《田鼠阿佛》
- 课型：绘本阅读课

一、研读"不同"

徐杰：我们先预热。

各位老师：节日快乐！

牡丹姐：徐老师，节日快乐！

徐杰：大家节日快乐！我们现在来解读文本，先看文字。大家发现这个绘本的文字，有什么"特别"的地方吗？关注语言形式。

高能英：诗化的语言。

徐杰：比如"他们全都在忙活儿——只有一个例外，就是阿佛"，这句话显示出阿佛与其他田鼠的不同。看看故事里，写了阿佛与其他田鼠哪些方面的"不同"？

牡丹姐： 阿佛什么都不干。别人干这干那的时候，他就那么呆着，要么趴那儿出神地看蚂蚁，要么坐那儿眺望远方，要么半闭着眼睛像是在打瞌睡——阿佛的眼睛似乎从没有好好睁开过，总是一副半睡不醒的样子。还有，每一个人都注意到了，阿佛此前一直半睁不闭萎靡不振的眼睛，这时完全睁开了，瞪得浑圆发光。此后，阿佛的眼睛一直是这样炯炯闪亮的。这样的语言算吗？前后的对比。

子蕙： 阿佛概念中的干活和别人的不一样。别人动身体，他动脑。他盯草地——采集颜色；快睡着了——采集词语。

高能英： 阿佛是有想象力的。

子蕙： 睁眼睛是不是该属于分析画面和角色形象了啊？

徐杰： 可以合并考虑。很多时候，语言和画面是相互融合的。我们先挖掘这只田鼠与其他田鼠的不同。

子苊： 别的田鼠只关注冬天没有食物，阿佛关注到冬天还有很多东西也会消失。

静水流深： 其他田鼠讲的是笨狐狸和蠢猫咪的故事，阿佛讲的是美好的四季就像四只美好的田鼠。讲故事内容不同，心态不同。

小镇姑娘： 笨狐狸和蠢猫咪？我的书上为什么没有？

高能英： 可能我们是简版。

高能英： 别的田鼠只关注填饱肚子，阿佛关注精神追求。

徐杰： 非常棒。

Lily： 冬天其他田鼠没有想要聊天，阿佛的语言却充满魔力。

徐杰： 还有呢？

Lily： 其他田鼠的故事很有限，阿佛却好像有讲不完的故事。阿佛讲故事要别人闭上眼睛。这算不算不同？

子蕙： 一开始的画面上，阿佛虽然背对着他们，看起来和他们有不同，但还是在同一个画面上。到后来，阿佛独占了一个画面，是不是意味着他的心灵与他们的区别？说明他与其他田鼠的关系是有变化的？

徐杰：这个是我们要讨论的第二个话题。

牡丹姐：其他田鼠干活，阿佛半睡不醒。冬天，别人闭眼想象，阿佛的眼睛炯炯闪亮。

子苨：他害怕冬天"又冷又黑""是灰色的""会把话讲完"，说明他平时追求的生活就是有温暖、有色彩、有诗，而别的田鼠只是单纯地劳作，不关心其他。

徐杰：阿佛与其他田鼠的区别还有。总之，这是一只情感丰富、内心极其敏感的田鼠。请大家为我补充论据。

静水流深："我在干活啊"，一个"在"字说明了他的敏感。因为他察觉到其他田鼠的质疑了。

徐杰：继续。你对"在"的敏感极好。

子蕙：阿佛首先提到的词语是"阳光"，因为察觉到大家很冷。这也是他前面第一次回答时最先收集到的东西。

子苨：阿佛每次说完自己在干吗以后，会立马说明自己做这件事的必要性。

小镇姑娘：最后一页，他很"害羞"，说"我知道"。

徐杰：关注"害羞"也很有价值。

静水流深："他简单地回答"，"简单"。

小镇姑娘：他对自己的肯定，是建立在他人肯定的基础上才开始自我肯定的。

Lily：关注"阳光""色彩"这些可以使内心充实的东西，说明他情感丰富。

小镇姑娘：他的诗里面，说到"一个都不多，一个都不少"。他很在乎每个小田鼠。

静水流深：最后一次田鼠们说"你在睡觉吧"，明显是否定的意味更浓，有笑话的意思，阿佛却并没有更多的解释，只是简单解释。

Lily：别人不问，他就不主动说"我来讲"，敏感自持。

子苨：阿佛说"哦，不是的"，"哦"的感叹，有点对别人不理解自己的叹息，也有一种自我解嘲。

高能英：阿佛说“采集阳光、采集颜色、采集词语”，这种语言搭配是典型的富有想象力的诗化表达。学生很喜欢，也可以学习。

子苊：下雪了，他是最后一个进窝的，要看一看这片可爱的大地。

徐杰：我也觉得最后一只进洞的是阿佛。到底是不是呢？这是很好玩的课堂活动啊。

子蕙：最后一个进洞的应该是阿佛吧，那半个眼皮耷拉的样子。

高能英：我也觉得阿佛是最后一个进窝的。

静水流深：他说“一个不多，一个不少”，有没有委婉提示大家，他的“懒惰”采集也是不能少的，只是分工不同而已？

徐杰：物质生活与精神生活，是“都不能少”的。

静水流深：我是说，他有没有在委婉地跟同伴表达“一个不能少（包括他）”的意思，体现他的敏感呢？

徐杰：我觉得可能想多了。

Lily：诗歌里为什么是四只小田鼠？显然不包括它自己。这四只小田鼠内心得到了极大的满足，敏感、聪明。可是它说的是“四个”，一个不多一个不少。

徐杰：问题来了：明明是五只田鼠，为什么诗歌里是四只？不多不少？

Lily：处事的智慧，我认为。

子蕙：因为阿佛是阳光？

子苊：四只其实是一只，也是千万只。

徐杰：这个你就玩虚的啦。

Lily：阿佛读完，四只田鼠鼓掌喝彩，至少这四只应该对号入座了。诗歌把自己写得那么美好，对阿佛的误会烟消云散。

子蕙：他说：四只小田鼠……就和你我一样，这里面带到“我”了。

槑槑：他们说：“你是个诗人，真想不到！”其他田鼠先是不满意阿佛的懒惰，对阿佛采集阳光、颜色和词语也是质疑的。可是在漫长寒冷的冬天，食物吃完后，大家却是靠着阿佛采集的这些精神食粮坚持住的。精神支柱很重要！其他田鼠只注重食物，而阿佛是精神的先驱者。

Lily：我认为这是阿佛的智慧，也是他谦逊友好的体现。

高能英："想想多幸运，一年四季刚刚好"，是不是应该落到"幸运"上？阿佛有好的心态。

㦸㦸：由大家对阿佛的赞美，也可看出大家对精神追求的认可。

子苊：四只小田鼠是做那些事情的人，而阿佛是观看者和记录者。

徐杰：Four little mice who live in the sky, four little field mice like you and I. 这是英文原版。四只小田鼠对应四个季节，不是四只小田鼠。

Lily：和前面冬天的背景联系起来。

子蕙：他说四只鼠和"你我一样"，他把自己放进那个群体里了。

Lily：别人在为抵御冬天储藏粮食，他在思考四季变换，并且诗意地表达。

徐杰：幸运的是"四季"刚刚好，不是四只老鼠刚刚好。

㦸㦸：冬天，喻指艰难困苦的环境，食物吃完，只能靠精神力量。

徐杰：似乎只能这样理解了。

㦸㦸："闭上眼睛"想象阳光、颜色……想象力很重要。

二、发现"变化"

徐杰：下面我们讨论第二个问题：你在绘本故事里发现了哪些"变化"？（图的，文的）

㦸㦸：其他田鼠对阿佛态度的变化。

Lily：补充前面，用"幸运""刚刚好"，也是在宽慰大家坦然面对。

徐杰：是不是"宽慰"，可能还要斟酌。

㦸㦸：对"采集阳光、颜色和词语"认识的变化。

子蕙：刚开始所有田鼠在一个页面，后来慢慢地变成他单独一个页面。

徐杰：你关注了图的构成变化。

子苊：之前阿佛只是"简单地说"，后面是"清了清嗓子，等了一会儿，然后就像站在舞台上那样说"。

徐杰：说话情境从简约到丰富。

Lily：那么对主题的讨论是下一步？

徐杰：Lily 不要急。

子苊：忽然有个疑问，为什么"一年四季刚刚好"后面是问号。

徐杰：看英文原版，是反问句——"难道不是刚刚好？"

静水流深：田鼠们的情绪（生命活力）在阿佛讲完后不同了。

徐杰：其他田鼠的情感态度在变化。包括前文，他们问阿佛在干什么，态度也是有变化的。

子蕙：我觉得几张构图中的不同变化显示着他们之间关系的微妙变化，尽管文字中没有过多的直接表述。

徐杰：这一只田鼠与其他田鼠的位置（远近，高低）的变化很有意思。

子蕙：是的。

徐杰：子蕙老师的关注点很有价值。

Lily：阿佛和其他田鼠前后的精神状态刚好相反。

子蕙：最后一张独立的图也很有意思。是"害羞"，是不是也有那么一点"得意"或者其他的什么东西在里面？

Lily：确实很有意思。四只经常在一起，阿佛落单。阿佛之前基本上在地面、角落，后来在石头上。

霖霖：变化还有：之前阿佛是背对其他田鼠的，在冬天寒冷的石洞里，食物吃完后，大家是面对阿佛的，津津有味在听阿佛讲……

徐杰：这个也很有意思，我之前没有关注到。

霖霖：背对、面对，就是情感态度的变化。

子蕙：封面封底也好玩，封面那个"笑"我总觉得带着一丝狡黠。

子苊：好像别的田鼠尾巴是越来越低，阿佛的是越翘越高的。

子蕙：人家抱食物，阿佛抱花。

霖霖：徐老师引导很到位，大家分析很细致。我这些年很少看绘本，儿子老大不小的了。现在来读绘本，觉得很有意思。

徐杰：将来带孙子读绘本。

眔眔：为了带好孙子，现在跟着徐老师好好解读绘本。

徐杰：阿佛的情感变化、其他田鼠的情感态度变化、其他田鼠对阿佛的变化、色彩的变化、构图（位置）的变化……

子蕙：又翻了遍，他的尾巴好像只有这张是低的，其他时间都翘着，是不是表示在状态最差的时候。

徐杰：三次采集，阿佛的尾巴都是翘的。你确定这个是阿佛？我以为那只尾巴被挡起来的是阿佛。

子苊：而且越翘越高。别的田鼠越来越低。

Lily：好细致。

徐杰：最后一张尾巴没翘多高，但它在最高处。

子蕙：他们眼睛的变化，前面提到过没？眼睛真是心灵的窗户啊。他们精神状态的转变以及阿佛和其他田鼠的区别，画者都是通过眼睛来表现的。

徐杰：你详细说说看。

子蕙：我之前没发现区别，后来问我女儿，她说那个眼皮和前面的都是一样的，搭一半，眼珠剩一半，我发现是的哎。

徐杰：你对眼睛的发现极其有趣！

子苊：本来也想说眼睛，但是不知道为啥阿佛说太阳和色彩的时候是睁开的，念诗的时候还是像之前那么半睡不醒的样子。

Lily：是陶醉？

子蕙：其他田鼠的黑眼珠都是画全的，阿佛的就只有一半黑眼珠！其他部分被眼皮遮住了。最后一张，眼皮有画，但是黑眼珠画全了，所以看着精神啊。

徐杰：有两幅画，我原本分不出谁是阿佛。这样一来，太好了！

子蕙：我女儿发现的，6 岁。因为她不识字，只看画。你下次问学生，估计小孩子可以发现，大孩子不一定。

三、探究主题

徐杰：下面讨论第三个问题：绘本故事的主题。主题是复合型的，大家各用一句话说说看。

牡丹姐：没有四只小田鼠前面的包容就没有后面阿佛的高光时刻。我觉得四只小田鼠也挺值得关注的。

Lily：精神的充实可以弥补物质的不足，更有流传和永恒的可能。

粿粿：对诗和远方的追求。

子蕙：诗歌既可以是锦上添花，也可以是雪中送炭。生活中物质财富和精神财富都需要。

子苊：诗人丰富社会精神，社会悲情成就诗人。

牡丹姐：我更多的是反思自己。对自己的孩子，对学生，对同事，当他们像阿佛一样时，我有没有一份包容、耐心、理解，去等待他们成长为理想的模样。

徐杰：真好！我们不缺诗人，缺的是诗人成长的土壤。那四个同伴的宽容、信任和欣赏，太重要了。

子蕙：社会也需要这样一个特立独行的人存在哎。我发现李奥尼的好几本书里都有一只有点与众不同的鼠存在。这是题外话。

徐杰：那本《小黑鱼》也是。

子蕙：嗯嗯。

高能英：与物质生活相比，人的精神追求比较重要（丰富的想象力，乐观，自我肯定、接纳的心态）。

徐杰：还可以站在阿佛的角度来看。

粿粿：阿佛与众不同的眼光以及执着的坚持和追求。

徐杰：即使自己与众不同，也要用实力证明自己，以感恩和谦卑的姿态。

子蕙：还有坚持。虽然其他人包容，但是敏感的阿佛还是能感受到别人一开始的不赞同和微妙变化的，他扛过去了。

牡丹姐：很认同。

徐杰：对的。

子芫：总觉得他耷拉着眼皮其实有很多内心戏。个中冷暖，只有自知吧。成功了就是诗人，不成功就是废人。

㭎㭎：是的，内心的强大！没有强大的内心，就不可能坚持到成功！

徐杰：这个解读太个性化了。

高能英：我觉得个性化的解读不宜太多。

静水流深：什么是诗？诗歌对人生的价值和意义是什么？怎样做个诗人？生命活力也需要储备。

四、教学活动设计

徐杰：对这个问题，大家可能还有其他补充，先到这里为止吧。下面就是课堂活动的设计了。请大家看看，通过怎样的阅读活动，把我们老师的解读传递给学生？讨论活动组织（尽量不要用"提问题""找答案"的简单方式）。

Lily：也就是要包含前面讨论的三个内容：形象（阿佛与其他的不同），情节（前后变化），主题。

牡丹姐：可是有个问题，学生是先整体完成阅读，还是边读边组织活动呢？

静水流深：面对什么样的学生？

徐杰：活动组织的情境：初一学生。课型：（1）陌生化导读；（2）阅读分享。

高能英：这个绘本我想在七年级尝试上一节课，上一遍可能会更有感受。目前想到的课堂活动有：猜读、仿写、续写。

徐杰：陌生化导读，就是边读，边猜想，看怎样设计猜想活动。阅读分享呢，就是已经初步读过，进行分享和提升。

牡丹姐：第一个活动，猜读："阿佛什么也不干，他说，我在……"看看学生会说什么。

Lily：第一个，陌生化。

高能英：可能用陌生化导读比较好。在"采集"那里展示一个猜读，一个仿写，让学生习得诗化的语言。

小镇姑娘：我和你一样。采集什么？我儿子第一遍听的时候，我就问了他，他说采集空气，然后才是雨水。

徐杰：我以为，陌生化导读不合适。因为这个绘本故事不是重情节的，所以漫无目的地猜，会"放得出去，收不回来"。我建议做阅读分享课吧。大家看呢？

高能英：阿佛最后念诗那里可以安排一个续写（一两句话），让孩子们体会阿佛的心情。

徐杰：这里不建议安排续写，有狗尾续貂的嫌疑。意境在这里最美，续写，破坏了这种美。

高能英：之前的几位老师提到阿佛与其他田鼠不一样，可以让孩子们看图猜想，孩子们会特别喜欢。

小镇姑娘：这个故事，在阿佛说了三个"采集"后，可以让孩子们猜想故事的后续发展。我们家的老人都认为，阿佛会饿死，还有人会认为四只田鼠不会把吃的给阿佛。所以，我觉得在冬天来之前应该猜猜故事后续的发展。

高能英：徐老师，我上一下可能会好一点。

Lily：我有一个疑问，初中生上绘本，特别强调看图，目的是什么？

徐杰：图文共生共长，是绘本阅读的主要策略。

Lily：嗯嗯，身边没有看过这样的课型。学习了。

牡丹姐：徐老师的绘本课太棒了，一定要听。

静水流深：听过一次，徐老师简直就是有魔力会讲故事会讲课的阿佛。

阿佛：诗人代名词。

子蕙：没听过，一直想有机会听徐老师的绘本课……

高能英：学生不光要品味诗化的语言，而且也可以尝试写，让孩子更有成就感。

徐杰：不是为了写而写，也不是为了有成就感而写，要看这个地方安排写，是不是有助于读。阅读课中的"写"，是为了"读"得更深入。而这个故事，在阿佛读诗歌的环节，已经是高峰了，再去体会阿佛的心情，是阅读思维的走低。

牡丹姐：认同。

静水流深：课堂落点定好，设计活动就不会为活动而活动了。

高能英：嗯，我再好好想想，然后在尝试中进步。

子蕙：徐老师，课堂活动的设计能不能让大家再想想，另外定个时间讨论？

徐杰：好的，咱们今天的研讨就到这里，谢谢大家。

《两小儿辩日》

集体备课实录

- 备课形态：现场集体备课
- 备课组成员：人教社组织的国学研习班全体成员 90 人
- 课题：六年级上《两小儿辩日》
- 课型：文言欣赏课

徐杰：各位老师，大家上午好！今天我们的活动是这样安排的：我跟大家先一起完成《两小儿辩日》的文本解读、教学设计，下午我们再选一位老师把大家讨论的教学设计通过课堂展现出来，上完课以后大家再对课进行优化。为了让每位老师都能够深度参与此次活动，我们和主办方讨论后决定分组，每个组都选出了组长。今天上午先由备课组长带领组员来完成相关任务，再由各个备课组在每个环节推选一位代表老师上台发言。发言优秀的老师，由主办方给大家颁发证书。

下面我们进行第一个环节，10 分钟时间，大家在组内完成自我介绍，添加微信。请组长组织大家做好准备。

（老师们分组开始活动）

一、文本解读

徐杰：刚才我看了一下，每个小组的老师都非常投入。接下来我们进入第二个环节——读文本。接下来 20 分钟时间，我们要做两件事。

第一件事，把文本读熟，要求是读准字音，读清句读。大家可以边读边揣摩，做一点记号，读出一点文言文的味道。第二件事，对照课文注释，理解文章的内容。等会儿我随意点相关小组，请老师上台给我们表演朗读，或给我们讲解文章的内容，不清楚的允许组内讨论交流，下面我们开始读起来。

（老师们认真准备）

徐杰：首先请老师来读课文，每一个发言的老师先自报一下家门，我记录一下。

老师 1：各位老师好，我是山东省淄博市张店区王斌。我来读课文。（朗读课文）

徐杰：感谢王斌老师的朗读，有没有纠正的？请你来。

老师 2："孰为汝多知乎"，这里的"为"应该读"wèi"。

老师 3：究竟是哪个读音，这个问题刚才我们小组也讨论过。我上初中的时候，读的是"wèi"。后来小学课本中又出现这篇课文，我们教研组在备课的时候，说它是"认为"的意思，这样更倾向于读为"wéi"。包括网上的课堂，还有各种资料也显示应该读为"wéi"。

老师 4：大家好。刚才我自己先读了一下，读的是"wéi"。然后大家一起读的时候，我又觉得应该是读"wèi"。（朗读课文）

徐杰：现在大家对"为"的读音有争议。文言文教学中经常为一个字，大学教授们都吵得不可开交。其实，有的时候它是没有答案的。但这涉及另一个问题，如果这个字要拿到六年级课堂上，跟某种语法现象进行关联，那么它究竟读什么，我们就要给孩子一个稍微理性一点的印象。这个字我也查了很多资料，的确有很多争议。我的选择是读"wèi"，对六年级的孩子来讲，这个字是通假字。"为"同"谓"，是"说"的意思。如果按照刚才王老师的说法，我认为也可以。在咱们语文尤其是文言文中，有时候答案不是唯一的，要根据你的教学需要来决定。感谢三位老师刚才的发言。现在我们看着原文来说意思，哪位老师愿意来？其他老师可以补充。

老师5：结合课文注释，我是这样翻译的：两个小孩在争论太阳什么时候离我们远，什么时候离我们近。孔子向东游学，看见两个小孩在争论太阳，就问其中的原因。一个小孩子说，我认为太阳刚出来的时候离人近，到中午的时候离人远。另一个小孩认为太阳刚出来的时候离人远，到中午的时候离人近。一个小孩说，太阳刚出来的时候大得像车盖，到了中午就好像盘子或者盂（这里圆的是盘子，方的是盂），这不是远的我们看着觉得小，而近的看着就觉得大吗？一个小孩说，太阳刚出来的时候，清凉寒冷，到了中午的时候就好像把手伸向热水里，这不是近的就觉得热，而远的就觉得凉吗？孔子不能判断谁是谁非。两个小孩笑着说，谁说你见多识广呢？（我们用的是鲁教版的课本，书上注释给的是"以为，认为"的意思。人教版的教材里给的意思是"谓"，也就是"说"的意思。刚才我们说了，对这个"字"的读音有争议，但两种理解都是可以的。）有不当之处请大家批评指正，我是济宁中心区杨秀梅花中学的贾雪晴老师，谢谢。

徐杰：贾老师，我想问一下你们组对几个"而"字的理解。

（老师讨论）

老师6：我觉得第一个第二个"而"是表示轻微转折的关系。第二段"我以日始出时去人近，而日中时远也"，意思是"我认为太阳光出来的时候距离人近，可是到中午的时候它就离得远"，这是表示轻微的转折。"而"的关系我们到初中阶段还要进行归纳，第一种表示并列关系，可以不用翻译；第二种是转折关系；第三种是表示承接，或者说顺承的关系；第四种表示修饰关系；第五种，表示因果或递进关系。"一儿以日初出远，而日中时近也"，意思是"太阳刚出来的时候离人远，可是到了中午的时候离人近"，这个也表示轻微转折的关系。"此不为远者小而近者大乎"，这个表顺承，不用翻译。

徐杰：谢谢。文言虚词的特殊用法，跟六年级孩子不需要讲得很明白，但我们老师得明白，这是两码事。如果我们自己不明白，学生也不明白，就是"以己之昏昏使人昭昭"了。"而"在文言学习中是比较难处理的，刚才蒋老师已经进行了归纳，我觉得特别好。

大家看第一处。第 2 小节、第 3 小节的"而"确实是有轻微的转折之意，它们在句子与句子之间转折，可以翻译成"但是，可是"。"远者小而近者大""近者热而远者凉"，这里的"而"用在短语之间，没有很明显的转折关系，是并列关系。第 4 小节有"及日中则如盘盂"，这个"及"能不能改为"而"，这是很有意思的一个问题。你们认为能不能改成"而"？或者我换个问法，改为"而"以后与原文的意思有什么不同？

老师 7：这个"及"和"及鲁肃过寻阳"的"及"一样，是"到……的时候"，也就是"到了日中的时候"。

徐杰：你没有正面回答我的问题。我的问题是把"及"改为"而"，是读得通的，但是用"及"和"而"表达的意味不一样，你要说出它们有什么不一样。

老师 8：我觉得"及"比"而"好，这个"及"就是"到"的意思，它更加强调太阳渐变的过程，从"大如车盖"慢慢离我们越来越远的过程。我觉得这个"及"字非常恰当，不能用"而"字表转折。

徐杰："及"表示渐变的过程，用"而"只表示结果。所以，咱们的老祖宗非常注重这样的表达，前面用"而"字表示转折，到了后面它就表示渐变了。文章的教学解读就要这样慢慢地来品和析。

老师 9：我觉得"而"字也可以。前面是"日初出大如车盖，及日中则如盘盂"，这个"及"是"到"的意思，但是如果我们换成了"而"字表转折，表示对比，也是可以的吧？

徐杰：你说"可以"，也确实是可以的。但是假如都改为"而"，文章就不美了。这就和咱们古人写绝句，到第三句的时候，往往会有意把陈述句改为否定句或疑问句，是同一个道理。用"而"字的话，意思上虽然没有什么大的变化，但是用词重复了。我们老师们有个人的想法，非常好。

接下来进行第三个环节——文本解读。刚才咱们做的这些事儿还不算文本解读，只是疏通了课文，自己读懂了文章。文本解读要读懂三个方面的内容，第一个是这篇文章写了什么，是内容层面的。两个小孩子在争论太阳的远近，孔子去问他们原因，两个小孩子各自陈述理由，两个孩子通过视觉、触觉的角度分析原因。这就叫"写了什么"。第二个是为什么写。是为了写两个小孩子比较聪明吗？是为了写孔子的虚心好学吗？是为了讥笑孔子的无知吗？你要有自己的判断。

文本解读最难的是第三个——怎么写。这是最考验我们老师的文本解读能力的。孙绍振先生说："每一位作家在写文章的时候，都有自己独到的语言密码。"我们解读文本的过程，其实就是一个解密的过程。《两小儿辩日》的语言密码在哪里？作者是怎么来写这个故事的？我们还得再进行文本细读，甚至于读出某一个字的表达效果。比如，刚才我们说到的"而"，就可以作为一个文本细读的范例。在这个故事中，还有哪些字是值得拿出来进行咀嚼的呢？点点滴滴，都是需要我们老师自己读出来的。接下来给老师们 20 到 30分钟的时间，大家思考如何组织教学，先组内进行交流，之后每组推选一位老师上台进行 3 到 5 分钟的发言。

（老师们写教学设计、讨论）

二、课堂活动的设计

徐杰：接下来的交流，我们只要简明扼要地汇报教学设计中的课中活动，比如我这节课有几个活动，或者是某一个环节怎么设计。至于你为什么这么设计，先不展开、不解释。每个小组派一个代表，发言的时间不超过 3 分钟，超时的话主持人会进行提醒。

老师 10：我们小组发现朗读是学习文言文最好的方式，所以我觉得可以抓住朗读来展开教学。第一，读准音；第二，读清句读，读通文章；第三，读懂内容。

这篇文章较短，我们采取的方式，先是自由读，然后是展示朗读，由此来解决字音问题。接着，我们可以分角色朗读。我们小组的老师关注到了一个"笑"字。我们可以让学生在"笑"字前面加一些修饰词来补白。补白后，让学生再来朗读，这样的朗读就会更加形象了。如"他拍着胸脯笑着说"等。后面对文章内容的理解，在这种反复的朗读中也能够逐一地明了。

徐杰：韩老师在发言的时候，老师们都在倾听，这是非常好的习惯。课堂上，我们也要培养学生的倾听意识。所以接下来老师在发言的时候，我们不讨论，只倾听。刚才韩老师的设计，只说了一个朗读，我非常欣赏。很多老师文言文的朗读设计仅仅是"男生读""女生读""老师读""学生个体读""齐读"……请问，这样的朗读有没有层次呢？没有，它是平面的滑行和重复。而韩老师设计的朗读是有层次的。读准字音是第一个层次；读清句读是第二个层次；读出语气、分角色朗读是第三个层次；补白式的朗读是第四个层次。我认为这样的朗读设计有层次感，而且对学生的能力要求越来越高。到后面已经不纯粹是读的问题，而是以读来促进学生的思考，以读的形式来对学生的思维提出更高的要求，这种朗读的办法非常好。

老师 11：我之前看过一位老师上朱自清的《背影》，受到了启发。那位老师恰巧是在南京上这节课，他设了一个情境，说一百年前我们就在这儿——南京浦口火车站，上演了怎么样的故事。我们今天特别巧，到了孔子的故里，所以可以巧借环境来巧设导入的情境。比如，这节课我们可以从孔子入手引入，具体的我就不展开说了。

我们这一组谈论的，首先也是要让"读"贯穿整节课。第一个层次是初读了解课文，让学生读通课文，如果有不懂的可以借助课下注释或者是查字典来读准、读通，还要注意停顿。读完了之后，可以指名读，然后请其他的同学来纠错评价。

第二个层次是读懂。在这个环节我们设计的活动是：读完之后同桌两人一组，互相用自己的话给同学讲一讲这个故事是怎样的，可以合上书，也可以看着书。接着我们想抓住一个"辩"字，进一步去读。这是一场辩斗，"辩"的过程是怎样的？"辩"的结果是怎样的？本文哪些地方你觉得好，哪些地方觉得不好？让整个班来进行辩论，大家互相启发，碰撞思维。

关于读，我们会引导学生在读中比，在比中读。"孔子不能决也"这一句，有的老师把重音放在了"不能"上，有的老师把重音放在了"决"上，学生肯定也会出现这样的情况。那我们就可以利用这一点来设计活动进行理解。我就说这些，谢谢大家。

徐杰：张老师说到的情境，是我的朋友跑到浦口火车站去上《背影》。当时我们都在群里用含蓄的方式表达了嘲笑。我们说，上《背影》到浦口火车站去，这是情境。如果要上《在马克思墓前的讲话》，在哪里上呢？如果要上《人民解放军百万大军横渡长江》，我们是不是要搞个船到江阴的江边去上课呢？什么叫情境？情境是指读了文字以后在脑子里形成的画面，而不是老师到某个与文本相关的地方去上课。所以，我们对情境的理解要弄清楚。这是第一点。

您的发言说得很多。但是除了朗读活动以外，其实没有涉及更多的活动。当然，有一个点子很好——辩论。你们这一组可以讨论一下，其他组也可以讨论一下，如果要组织学生来辩论，可以组织什么形式的辩论？辩题有哪些？或者说有哪几次辩论？如果课堂上能够逐层深入地以学生的辩论来展开学习活动，是可以的。读中的"辩"，讨论中的"辩"，关于主题的"辩"，都很有意思。关于辩论，老师不能只靠提问。你刚才发言中连续问了四个问题，这是老师们最常犯的错误。

老师 12：我们这组就抓住一点——"辩"来谈一谈。

首先我们设计的是两个孩子之间的辩斗。孩子们在反复对话的时候，让他们用课文原文的内容进行辩斗。

第二，小组之间的辩斗。这个时候我们可以凭借孩子对课文的理解来进行辩斗，而不是用课文中的语言。在辩斗的过程中，孩子会质疑，这是他们对文本理解的进一步提升，可以促使他们在"辩"中对文章进行更深入的理解。

第三，我要说的是补白。除了"一儿曰"，后面还有一个"孔子不能决也"，这个地方我觉得可以加以补白。

最后，因为课文并不是那么难，所以可以在读的基础上进行写的练习。如：在这一篇课文中我们学的是"两小儿辩日"，那可不可以"辩"别的呢？这样会加深学生对文言文中个别字、词、句子的理解。

徐杰：刘老师的发言，我听到她前面一半的时候，在记录本上打了个五角星。再往下听，我把五角星删掉了，为什么？前面的发言品质很高，围绕"辩"，她设计了两个活动。如果你再往下走一走，把这个"辩"做得更丰富一点，就是很高明的做法。第一个是两小儿在课文内容中的"辩"，第二个是用自己的话再来"辩"，再往下能不能设计出"辩"了呢？完全可以。对两小儿的评价的"辩"，对孔子不能决的"辩"，等等，都可以。再往上走的话，可以由内容的"辩"走向主题层面的"辩"，甚至于把课文的语言拿出来进行辨析，究竟是用陈述句好还是用反问句好，或者说用哪个词好，对不对？

这样就可以把"辩"做得更丰富了。但是你由前面很好的"辩"的活动，牵扯到后面"写"的活动上去了。教学环节之间缺乏逻辑关联。希望你们这一小组继续往前走，把"辩"的活动做得更丰富、更深入。

老师13：大家好，我这堂课的设计是以写作为目的的。如果不对，希望大家批评指正。在学生对全文的内容、情感、道理等都把握的基础上，我们展开了"写"的活动设计。

如果我们要去体会文言文的内在逻辑，就需要去借助古人的台阶，去运用这篇文章的写作形式进行写作。学生可以用一些有趣的生活现象代替课文中一些相关的词语，通过这样的方式激发他们对古文学习的兴趣。比喻、反问等方法也可以运用。我想用这样的做法告诉同学们，其实古人的写作和我们现在的写作有异曲同工之妙。也就是说，我们现代文的写作是在前人的基础上一步一步走过来的。

徐杰：张老师提出了一个话题——阅读跟写作的关系。对此，我想说三句话。

第一句话，在阅读教学的课堂上可以有写的元素。

第二句话，阅读教学课堂上的写是为阅读服务的。我们不是在阅读课上训练写作。这篇课文不是训练写作的素材，而是用来精读的素材，是用来训练阅读能力的。如果你要安排写作活动，也应该是以写带读，用写来促进读。

第三句话，在阅读教学中提炼出来的写作方法，是必须要通过学生的写作实践来检验的。你觉得文中的反问句用得好，我们的确可以来写反问句。但如果我们把写的反问句，跟陈述句来对比一下表达效果的不同，是不是更有意义？反问句确实是好，但如果仅仅是为了训练学生写反问句，好吗？不是的。我们要让写作回到文本中来，反哺文本。

如果到了写作课堂上，那就是另外一回事了。写作教学中的阅读是为写作服务的，文本不宜引进太多，而要更多地看到写作的实践活动。这是另外的话题了。

老师 14：各位同仁，大家好，我来自济南，下面我把我们小组讨论的设计和大家交流一下。我们设计的着眼点是培养学生的能力。首先是质疑的能力，再一个是小组自主合作学习的能力。我先说一下学生的质疑能力，在上课的时候我们可以从题目《两小儿辩日》入手，问同学们看了这个题目有什么问题要问。我们从一年级开始就引导学生从题目开始质疑，千万不要小看学生的这种质疑，往往他们提出的问题就是文章的重点所在。

我们来预设一下。显而易见，从题目上看，两个小孩是围绕着太阳离人的远近来进行辩斗的。继而学生们会提出这样的问题：他们是怎么辩论的？辩论的结果如何？这两个问题贯穿整个文本的理解，这是重点所在，题目激起了学生的学习兴趣。下面的教学环节就要充分发挥学生小组之间自主合作学习的能力了。我们会让学生在充分预习之后，在小组内进行初读，同学和同学之间兵教兵，发现问题让他们及时解决，最后小组推选代表进行展示。老师还有其他小组的同学，在这一过程中主要是认真倾听，发现问题。

第一个环节，老师整理之后，集中解决字音上的问题。比如，"孰为汝多知乎"中的"为"，就是一个读音上的难点。老师在此要发挥主导作用，把正确的句读停顿展示给学生，为学生进一步阅读扫清文字障碍。

第二个环节是感受文本。课堂围绕着刚才质疑的问题——他们是怎么辩论的，引导学生小组讨论，学生充分讨论之后进行交流，继而达成共识。老师随机引导学生把他们辩论过程中感受到两小儿说话有根有据的地方找出来，从而发现他们善于观察生活。

第三个环节是"辩"。我们应该怎么去读？教师要引导学生把这些内容读出来，读完这些之后再去感受，在这个故事中，孔子是怎么样的态度。最终我想落实这篇文本编者的编写意图，让学生从中感悟人生的道理。这就是我们组的设计。

徐杰：罗老师，我想反问一下，你刚才说到有一个问题，"他们是怎么辩论的"，现在请你回答。

老师 14：他们是根据自己的生活细致观察，举了一个实例来进行辩论，一个是以太阳的大小来判断远近，一个是以感觉温度来判断远近。

徐杰：也就是说，这个问题是一问一答、一个来回的问题。现在我还想问一下，一问一答是不是对话？或者说一个问题问出来，学生马上用一句话就回答完了，乃至于一个短语就回答完了，这个分分钟能解决的问题，要不要小组讨论？我可能问得比较尖锐，但这正是我们平时教学中经常存在的问题。我们有些老师经常说，我问一个问题，学生就能答，一答就能对，这是不是对话？不是。所以，课堂上大家尽量少用一问一答式的对话。你实在要问，就去追问。

第二个我想说的是，要组织活动，小组讨论是可以的。但不要以为小组活动，讨论是万无一失的，比如他们是怎么辩论的，是没有办法合作的。你要重新组织很好的活动。如果让我来教的话，我会进行一个课文变形，把"一儿曰，我以日始出时去人近，而日中时远也"变成陈述句；第二种变形是，把"一儿以日初出远，而日中时近"变成直接的人物语言，不转述，把它变成加冒号和引号的直接引用。组织这种变形活动以后，课堂上就不是一问一答的简单对话了。

再比如说，我们可以把后面的反问句改成陈述句，把反问句中"远者小，近者大"变为"近者大，远者小"。再比如说，可以把"孔子不能决也"，变成孔子用一句话来回答。反复的变形活动才能够回答你刚才所说的他们是怎么辩论的。大家现在能不能理解问答和活动的区别了呢？

老师 15：我们小组在备课的时候着重关注学生的自主学习和小组合作意识的培养。

第一个环节是检查预习。第二个环节是借助注释，先让孩子自主去理解文意，再生生交流，老师指导。第三个环节是小组合作，深入探究。这个环节，我们的问题都来自孩子预习过程中自己提出的问题。这些问题可能有些比较幼稚，这样就需要老师把所有孩子提出的问题进行整合和梳理，把这些问题放进刚才我们在备课过程中提到的三个要求中去，即"讲了什么内容"，"怎样写"和"为什么这样写"。为此，我们小组设计了三个活动：第一个活动就是小组进行讨论，先把自己能解决的解决，然后班里交流。如果所有孩子都解决不了，老师就去讲解，体现老师的作用；第二个活动，我们可以通过小组之间的辩论活动去解决；第三个活动，继续创设情境，分析角色，在读中让学生去继续理解文意，理解重点的问题；第四个活动，是扩展延伸，让孩子去联系实际，谈谈自己的收获。也可以去续写一些小故事，譬如孔子回去之后，他是怎样把这件事讲给他的弟子听的，让孩子写一写。

最后我们可以推荐几个作业，其中一个是我们文中提到的，到底太阳是在早上时离人近还是正午时离人近。其实这个问题不是我们语文课需要解决的问题，它是科学问题，所以我们可以让孩子回家去网上查找一些科学知识，自己去解决。这是我们小组的一些想法，谢谢。

徐杰：吴老师，我比较欣赏你的发言。欣赏的理由有这样几个：第一个，活动清晰；第二个，活动的形式多样，有读的活动，有讨论的活动，有提问的活动，有补写的活动，还有探究的活动。第三个，我尤其欣赏的，就是在语文课上培养孩子的科学精神。从开始发言到现在，他是唯一提到科学精神的老师。"孔子不能决"，我们语文老师要不要"决"？这虽然不是一个语文问题，但是科学素养和文学素养都是学生很重要的核心素养。感谢胡老师。

老师 16：我来自山东潍坊，现在我代表我们组发言。我们小组和前面几个小组说的一样，就是以"读"来贯穿全文。我们想设计这几个活动：首先是预读，预读就是让孩子们在课前自己预习，在课堂上先自读，再朗读，然后是齐读，齐读就是在小组之内交流、点评、展示，在这个环节之后是老师的范读，甚至于领读。因为孩子小，他们对文言文的断句还是不够清晰的，所以我们推荐老师的范读和领读。在孩子们读通读顺之后，要让他们读出文章的意思，我觉得这个地方可以结合课后的练习二，安排译读，对照句子说说每句话的意思。理解完意思之后，我们设计的一个环节是演读。演读分两个层次，一个是分角色朗读，再一个是让孩子来演一下课本剧，帮助他理解文章的意思以及作者的本意。最后还有一个悟读，老师引导了解文章的意义。课后的练习四中说，要联系生活实际，说说从这个文本中悟出什么道理。道理可以分三个层次，从多角度来解读文本的含义。这是我们组的设计。谢谢。

徐杰：郝老师的发言其实是对韩跃老师（老师 10）发言的补充和细化，尤其是前面几点，补充得很好。但是我要追问一下，你的悟读部分设计了什么样的活动？我的意思是，悟读能不能不要只提问题。提问题是有风险的，我们要把问题变成活动。我们一线的语文老师一定要注意的是，尽量不要用一问一答的形式，因为这些都是没有过程的。你要让学生悟出来道理，就要组织活动。

老师 18：大家好，我是山东威海文山第二中学的田燕华，我代表我们组把我们的意见说一下。这篇文章的题目是《两小儿辩日》，所以我们就想抓住文眼"辩"字来进行教学设计。我们要教学的内容是对文中两处对话设计不同的阅读形式，用品读的方式来感受辩论的艺术，感受语言的魅力，并且收获自己的感悟。

第一，在第一处对话的处理上，我们将采用自读译读的方式。首先明确两个小孩到底辩论了什么内容，"辩"的观点要明确。当学生明确两个孩子的观点后，要找到支持他们观点的证据和根据。我们可以采用比较阅读法，把文中的反问句改为陈述句后进行对比，或者把文中的比喻句"大如车盖""如盘盂"去掉以后进行对比，通过这种文本比较的方式来品读不同的表达效果，从而让学生感受文本中运用反问句式和比喻句式的表达效果。

第二，可以在"说"的前面添加修饰词。如"一儿曰"，这个"曰"字前面没有任何的修饰词，我们可以给学生创设一个情境，让他们在"曰"字前面加上一些词语，如"胸有成竹地说""振振有词地说"，或者"针锋相对地说""有理有据地说""不依不饶地说"等，再让他们谈一谈为什么要用这样的词。最后让学生根据自己添加的词语进行朗读，把这种针锋相对的辩论的"激烈感"读出来。

第三，我们想用的方式是创意辩论。这毕竟是文言文，离孩子的生活有距离，我们可以把这样的"读"变成我们的白话文。如果我们在生活中遇到这样的事儿，用现代汉语可以怎么样去辩论呢？学生可以在文本的基础上加上自己的再创造，进行一场辩论。

最后，我们要探究写"辩论"的目的。在两小儿这样一场辩论之后，学生应该要思考辩论的结果是怎么样的，是不分胜负的，还是公说公有理、婆说婆有理的？为什么要这样写《两小儿辩日》，从这场辩论中你得到的收获是什么？学生在这样的思想碰撞中，会有自己个性的想法，这时我们就顺势引导学生，逐渐把握文章的主旨。比如说，要细致观察生活；比如说，仁者见仁智者见智，要学会从不同的角度观察问题等。

通过这些方法，我们就基本达成了我们的目标。那就是，学生要能够感受辩论需要有根据地来阐明观点，要通过添加修饰词来还原故事的情境，要学会用现代汉语再创造，要能够在辩论中得到自己的一些收获……这就是我们组的设计。

徐杰：老师们，关于"读"我们刚才讨论得差不多了。我觉得其中比读是最值得我们关注的。如果要对一个学生的思维产生积极影响，比较阅读是一种非常好的方法。我建议你们这一小组可以继续讨论这个话题，看能不能把比读这个小环节做得更丰富、更有层次、更有步骤，这很好玩。我一边听一边就在想，如果我来设计比读，会怎么做呢？原文是"一儿曰，一儿曰"，我们读下来感觉有点搞不清这两个小孩子了，为什么不取个名字给他们区别一下呢？然后，把不取名字和取名字的做法来比较一下。这个可以作为比读中最高的一层，以此引起学生对作者态度的认知。这其实是我们认识问题的两面，就像有一篇小说《窗》，里面提到"一个病人，另外一个病人"，作者是绝对不会给他取名字的，因为这是一个人人性的两面。建议你们这一组能把比读做得再丰富一点。

《散步》

集体备课实录

> - 备课形态：现场集体备课
> - 备课组成员：南菁实验学校 2010 级初一语文备课组 5 人，特邀蔡成德老师
> - 课题：七年级上《散步》
> - 课型：教读课

徐杰：今天我们备课的课题是《散步》。请郁乐伟老师把她在文本研读中的体验和我们分享一下。

郁乐伟：这篇文章在解读的时候，我发现有许多的美点。对于这些美点，我进行了以下的归纳。

从事件的角度，我们可以读出一种人情之美。这里的人情体现在一家四口散步的件件琐事中所表现出来的母子之情。既包括"我"和母亲之间的，也包括妻子和儿子之间的情感。同时，还体现了祖孙之情，就是"我"的母亲和"我"的儿子之间的情感。总的来说能够感受到这一家人之间相处的温馨。

从人物的角度，在"我"的身上能够感受到的一种人性之美。这种人性之美首先就是作为中年人的强烈的责任感，承前启后，有对老一代人的关爱，

以及对下一代人的呵护。其次还能够体现"我"对生命的一种热爱。人性之美中还有"我"对于自己家人的关爱。

从形式的角度，这篇文章的语言特别美。语言美的第一点，这篇文章的一些动词用得非常美。譬如说第3小节中"我的母亲又熬过了一个酷冬"，一个"熬"字；第七节当中的"母亲摸摸孙儿的小脑瓜"，一个"摸"字，第八节当中"我蹲下来"的"蹲"，"背起了母亲"的"背"，"妻子也蹲下来"的"蹲"，"背起了儿子"的"背"，这里面的动词有着深刻解读的必要性。语言之美中能够感受到的还有文章的一些形容词非常美。第三节中的"太迟了"，第四节中的"咕咕的"，以及在第八节中的"慢慢的、稳稳的"等形容词，这些词语很美。比如说，"慢慢的、稳稳的"这些叠词，能够表现"我"和妻子对于家人关爱的样态，以及身上的责任之重的状态。

语言之美中，我感受最强烈的应该是文中的句子，形式上来看，它的句子很具对称之美。我在文中一共找到了八处：第1小节中"她现在很听我的话，就像我小时候很听她的话一样。"第5小节中"我和母亲走在前面，我的妻子和儿子走在后面。"第三处是第5小节中"前面也是妈妈和儿子，后面也是妈妈和儿子。"第6小节中"我的母亲老了，她早已习惯听从她强壮的儿子，我的儿子还小，他还习惯听从他高大的父亲。"以及第六小节中"我想一个两全的办法，找不出；我想拆散一家人，分成两路，各得其所，终不愿意。"还有最后一小节中"我蹲下来背起了母亲，妻子也蹲下来背起了儿子。"文章中第6小节还有"母亲要走大路，大路平顺；我的儿子要走小路，小路有意思。"以及第8小节中"我的母亲虽然高大，然而很瘦，自然不算重；儿子虽然很胖，毕竟幼小，自然也轻。"在这一系列的对称之美中，它还可以进行一些分类。有六处，前后句子是一种并列关系，还有两处是人物内心前后抑制的矛盾关系。在这个地方可以让学生说，我们自己也可以对它们进行一些分类。

徐杰：下面我们对郁乐伟的文本研读进行补充、完善，大家各自谈谈自己的体会。志文，你先来。

许志文：郁乐伟老师讲了三个美点——人情之美、人性之美和语言之美，应该说对这篇文章的解读还是比较深的，而且有自己独到的见解。接下来我谈一下我的粗略的感受。

我觉得这篇文章最让我感动的，是它给我一种温馨感。

这种温馨感，来自两个方面。一方面来自责任感。就像郁老师讲的，中年人承前启后，要支撑起整个家庭，要承担起家庭的责任，这在文中有很多处体现。如：母亲老了，身体不好，可能出来散步不太方便，"我"劝母亲正因为如此才应该多走走。尽管自己可能会麻烦一点，但是"我"希望通过走，能够让母亲看到外面美丽的风光，能够让母亲身体好一点。在发生分歧的时候，"我"既要照顾到母亲，又要考虑到自己的儿子，那么最终还是决定委屈儿子，"我"觉得自己这个时候最重大的责任可能还是要陪伴母亲，因为母亲的时日并不长。最后鱼塘边背起母亲的时候，"我"再次强调了自己的责任，慢慢的、稳稳的；好像背上的同妻子背上的加起来就是整个世界，当然这是"我"的责任。其实在文中母亲她也有责任感，母亲她知道自己老了，身体不好，可能出来会给自己的孩子带来麻烦，所以她本不愿出来。妻子她也有一种责任感，妻子在外面总是听"我"的，今天出来散步也是听"我"的，并且和"我"一起作为中年人承担起这样一个承上启下的责任。

温馨感的另一方面来自信任感。母亲非常信任自己的儿子，本不愿意出来的时候，在儿子劝说之后，母亲信服地点点头，就像小时候"我"听她的话一样，这是一种信任感。再一个就是发生分歧的时候，"我"的母亲早已习惯听从她强壮的儿子，这是母亲的信任感，包括到后面让自己的儿子背起自己的时候也是一种信任感。还有就是妻子对丈夫的信任感，儿子对"我"的一种信任感。我想，之所以母亲能够熬过严冬，能够看到南方初生的田野这样一种充满生机的画面，跟家庭温馨的氛围是分不开的。

第二点，我想从郁乐伟老师讲的语言之美这个角度来讲，郁老师找了生动的动词，形容词和句子的对称，我觉得这篇文章的语言的确是非常富有特色。一方面，它不华美，比较平易朴实，但是很有情趣，很有内涵。从情趣盎然的角度讲，这里面很有意思，比如说"她现在很听我的话，就像小时候我很听她的话一样"，这里面其实就是一种家庭和谐融洽的氛围。下面儿子说的一句话，"前面也是妈妈和儿子，后面也是妈妈和儿子"，虽然儿子还是一个不太懂事的小孩子，但是他说这句话就能让我们感觉他和初生的田野一样充满着活力，是一种活泼的美感。另一方面，它的语言很有一些耐人寻味的含义。"母亲本不愿出来"的"本"，这里面有母亲内心深处不愿意去麻烦孩子的意思。"又熬过了一个严冬"的"熬"，说明母亲晚年身体不太好，要熬过严冬很不容易，能够走到一个初春的田野上去散步，更不容易。下面的一个小节，"妻子在外面总是听我的"，这里面也能看出妻子总是能够给丈夫支持。以及最后的"我背上的和她背上的加起来就是整个世界"都有丰富的内涵。

第三个小点我想的是，它的语言有一些意在言外的东西，比如第 4 小节和第 7 小节两处的景物描写，它不仅是在给我们展现一个充满生机的春天的田野，它其实也是说母亲原来是身体不好，但是今天能够走到田野上去，并且母亲一开始认为自己走远一点就会觉得很累，但事实上母亲陪着我们走得很远，并且还走了小路，说明母亲在这样的环境当中也充满了活力。我主要谈的就是这些。

徐杰：志文通过责任感和信任感来解读文本，特别是能贴着具体的语言文字来对信任感进行解读，我觉得就比较深入细致。

韩蓉：刚刚听了郁老师和许老师的发言，现在我来说一下我在读书的过程当中自己的想法。在读这篇文章的时候，我感觉从许多层面上来讲，它是一个非常典型的以小见大的写法，所以我在读的时候抓住了一个"小"和"大"。

第一个是散步这件事情虽小，但是它所包含的情意很大，这里面也和刚刚两位老师讲的一样，包含了家庭成员之间的人情之美，包括人性之美、信任感、责任感，所以说是情意之大。

第二个我觉得是分歧小。具体是第 6 小节当中写到的母亲要走大路，儿子要走小路的分歧。分歧虽小，但是它凸显出来的是责任之大。文章几个小节本身也就是在分歧当中重点来表现，在这样一种矛盾当中"我"是如何做出抉择的，展现了当时"我"处于两难境地，既想两全其美而又不可得的这种情况之下，一种家庭责任的重大。

第三个上面也提到的，走的是小路，但是意义很大。最终母亲决定和我们一起走小路，第8小节主要写到了他们在走小路过程当中所反映出来的一种家庭成员之间的和谐。包括最后一句话当中，当"我"和妻子分别背起自己的母亲和自己儿子的时候，内心的那种深刻的感受。所以我在读这篇文章的时候，更多地从"小"和"大"这两方面去理解。

我自己在解读的时候，更多的是放在第6小节，如何来体现出"我"的责任之大，因为在这一小节当中关于责任之大，事实上他是通过层层铺垫来写的。

第6小节第二行就强调了，无论是走大路还是走小路，这是母亲和儿子的个人意愿，但最终拥有决定权的是"我"，凸显出了"我"在家庭中的地位。这就解答了第1小节我们所提到的，我们在田野散步，为什么把"我"放在了首位，而不是按照我们传统把母亲、妻子、儿子放在前面，把"我"放在最后。这凸显出了"我"在家庭中重要的地位和做任何重要决定的时候，"我"的关键性作用。这里面强调一切都取决于"我"，说明"我"在家庭生活当中是起主导作用的，作者围绕"一切都取决于我"，说明取决于"我"的原因。从几个层面上来讲，一个就是"我"的母亲，她已经习惯于听从儿子；一个是儿子，习惯于听从他的父亲；还有一个是妻子，总是支持"我"；最后是"我"需要承担相应的责任，直接写出"我"感受到的责任重大，这就为下面的矛盾，包括"我"如何来做出抉择，进行了有效的铺垫。

在这篇散文当中并没有写"我"是怎么想的，对于"我"内心的感受其实用了两句话，"我想一个两全的办法，找不出。""我想拆散一家人，分成两路，各得其所，终不愿意。"如果从通常写作层面出发，这一段是人物心理最矛盾、最纠结的地方，可能适当的会多花一些笔墨，但是作者两三句话就把这个问题解决了。如果把它扩展开来，再和原文进行比较，就能显现出这种言简而意丰，虽言在此而意在外的语言之美。

关于语言方面，刚刚两位老师也讲到了语言之美的几个具有代表性的地方：动词、形容词，包括句式之美。还有一些副词也用得比较好，像"母亲本不愿意"的"本"，包括后面提到的一些副词。总体来讲，我觉得这篇文章的语言给我的感觉虽然非常简约，也非常朴实，但是如果我们细细去琢磨的话，里面有很多词语，它包含的意义可能不止字面意思那么浅，可能有好几层深度。

徐杰：以小见大这种手法，作为散文的写作手法，我觉得在课文当中可能是需要的。韩蓉对于小和大的理解，我觉得从三个层面上去分析还是蛮好的。事件小，情意大；分歧小，责任大；道路小，意义大。这样有点有面的解读，就很细腻。

蒋守胜：我来谈谈我对这篇文章的理解。这篇文章使我深深感受到一个关键词：生命。初读的时候，我觉得学生可能读到那种自然美景和人间的情谊，可能通过文本了解到温情、关爱、和谐。如果再读的话，我觉得根据我们刚才看的文章的第 4 小节中，他们也能读到一个关键词叫生命，包括刚才三位老师提到的，那就是敬畏平凡的生命。如何敬畏的，文章写作当中最后一部分不仅有以小见大，而且以轻衬重，突出生命。

蔡成德：好的散文，不能没有美读。例如，我会带着大家一起慢慢地读："天气很好。"这四个字，可以读得缓慢而平淡，不要太刻意。因为这是一种日常生活的"很好"。想一想，天气很好，后面带来了什么？景色很好，心情很好，什么都很好。它带给我们的整体感觉就是"很好"，感情基调定在这里，实际上他所有的情感经验已经进到里面去了，大家所说的"美"，也就是融入在这"很好"之中。

徐杰：朴实的语言当中不仅有深厚的情感，还有很深层的意蕴，这就是这篇散文它在语言教学当中最有价值的一个点。

第一步咱们是在各自陌生化阅读的状态下，每个人把这个花瓶打碎，打碎的这一步，我觉得我们现在基本上做得还是可以的。打碎以后，下面就要考虑怎么把它再拼起来。也就是说，我们先解构文本，解构完了以后我们还要再建构文本。在拼起来的时候，我们要注意，有哪一些东西是我这堂课上面要做的，也就是教学内容的确定。而有一些东西虽然它也很美，虽然它也很独到，虽然它也很重要，但是与我这堂课要解决的问题关系不大，我们就要舍弃，这是我们首先要确定的。

刚才大家这样的一种解读以后，有什么是这堂课当中我们要着力解决的东西？它的主旨首先是亲情，这个毫无疑问。就文本语言来讲，它是比较浅显的，学生没有什么句子读不懂，而且这个亲情的主题，我觉得学生也能够感受得到。再深层次的，刚才读到的这种人情之美，人性之美，其实都可以融在亲情当中。志文说的信任感，后面的责任感等，这些使亲情主题显得丰厚的内容，我们完全可以从文本语言的阅读当中把它提取出来。这样一来，这个主题它就不是空洞的"亲情"这两个字。

比如说我们可以这样把它串起来，整合一下。母亲她是本不愿出来，但是当儿子建议她说应该多走走，母亲马上信服地点点头，便去拿外套。这里母亲对儿子的亲情当中有一份理解。她理解儿子让她出去走走，是儿子的一份孝心，让儿子有一次行孝的表达机会。再比如说，在第 5 小节"小家伙突然叫起来"，这是亲情当中的童趣。第 6 小节我们再来看，有了分歧以后说"母亲早已习惯听从她强壮的儿子"，在这里面听从儿子的习惯就是志文刚才所说的亲情中的一种信任。"妻子在外面总是听我的"，我读出来其实是一种尊重，体贴。现在有些人家的妻子在外面像悍妇一样，哪有老公说话的份，是吧？她在外面总是听"我"的，在家里不知道，但是这个就是一种尊重，也就是家庭温馨。再往下面，"我决定委屈儿子"，这个决定当中有亲情中的谦让。再往下看，"母亲摸摸孙子的小脑瓜变了主意"，那么这里面就有亲情中的疼爱。第 8 小节还有，"我蹲下来背起了母亲，妻子也蹲下来背起了儿子"，我觉得这个里面就有一种协调、和谐，或者说叫一致或者认同。用亲情中的"默契"来概括更好，这样到最后就是"我背上的和她背上的加起来就是整个世界"，这里面谈整个世界怎么理解，可以放到语境当中去看，前面是说母亲虽然高大，然而很瘦，自然不算重，这里还是写她的轻。儿子虽然很胖毕竟幼小，自然也轻，前者言其轻，后者言其重，其实责任的重大在这里。这样一来，我们就觉得学生在文本当中、在语言当中的了解，通过亲情这条线，把这些亲情的丰富内涵串起来了。那就不是很简单的那么一句话——表现了一家人亲情。是不是可以这样？韩蓉刚才的建议，"以小见大"就把它作为一个板块来讲，你们要注意到，按照这个来做手法。丰厚的亲情就通过散步这件小事来讲，这样把它整合一下。

第二个我的理解，这是一篇美文。我听过很多人上这个课，做的语句的赏析都是散的，不知道大家有没有这个感觉。散文教学当中经常容易犯的一个错误就是散，东一榔头西一棒槌的，打到哪儿算哪儿，一会儿是这个词好，一会儿是这个句子好，一会儿是修辞好，我就在想，我们能不能把这篇文章当中独具个性的东西串起来，整合语言上很独特的东西。

很多散文当中副词、动词、形容词，大家都在做这个，我觉得用这篇文章来讲它们，固然是重要的，但是如果我们也这样去做，就没有体现出这篇文章的特质，那种个性化的东西。这篇文章语言上面的个性是什么？上次我跟郁乐伟说，用什么东西把它串起来？其实我就觉得，这八个字可以来串：淡而有味，平中见奇。淡而有味是针对刚才散步的平凡小事，写得那么有滋有味，那是对前面说的。下面就是看平中见奇，我们抓住的是"平"和"奇"，尤其是"奇"。

我来串的话，我首先思考哪些是很奇的。

第一个，人称代词使用之奇。这个里面，把它全部梳理一下，做几个"我，我的，我们"。这三个词在文中出现的频率很高，我们可以把这些词拿出来。特别重要的有"我的"。你看他不说母亲，说"我的"母亲，不说妻子，说"我的"妻子，不说儿子，是"我的"儿子，全文当中，这样的人称代词非常多，十几次。那么，为什么要重点凸显"我的"？后来还出现了很多"我们"，还有"我"。就从这三个人称代词的大量的、频繁的使用，我觉得是可以得到很多东西的。和谐的、责任感、温馨的……他为什么强调"我的"母亲？他的这种主体的责任意识，对母亲的孝顺和爱，用"我的"是不一样的。这一"奇"

是第二次来领会文章的主题。

第二个奇，环境描写之奇。我们都关注到教这篇文章，没有谁会绕过环境，但是我看了很多的课例，对环境的欣赏活动做得是不够的。我们注意到的环境有第4小节、第7小节，其实第8小节还有。阳光下，菜花、桑树、鱼塘，是吧？这样一来就很有意思了，这些环境描写究竟在文章中起到怎样的作用？如果我们来研究一下，就会发现，你比如说第4小节的环境描写，它其实表现的是一种对生命的赞美。而第7小节当中，"她的眼睛随小路望去"，这是母亲眼里的环境，母亲眼里的生命，我就觉得母亲也是热爱生活的。再反过来看，我感觉到的还有什么？一家人去散步，是在初春的田野上散步，你看，它是"浓的淡的新绿，绿芽也密了，冬水咕咕的起着水泡"，是不是也渲染着一种很美的、很美好的散步的氛围。第7小节母亲眼里望到的小路，那么小镜头的美，不仅仅是母亲对生活的热爱，也说明母亲认同了走小路。从情节的角度上来讲，它是一个推进的情节。第8小节当中，"在阳光下，向着菜花、桑树、鱼塘……"，也是渲染氛围。一家人达成了一致，向着很美好的境界走过去。经过这样细致分析它的方法，我觉得在这里可以作为散文阅读的考点来教，或者说叫应试能力的培养，这可以渗透在语言的赏析中。在散文中，景物描写就是这些作用，推进情节、交代背景、渲染氛围、抒发情感。抒发情感中有赞美生命的，有热爱生活的。很多时候，学生读散文中的景物描写，分析不到它究竟有什么作用，我们就可以结合这里的环境描写在本文当中的作用来看。最后总结提炼一下散文中环境描写的作用。

第三奇是对称句子使用之奇。

郁乐伟：我不知道怎么把它用起来。好像欠缺了一个让它亮起来的东西。

徐杰：你说得很对。对称句子使用之前，要分两步走。第一步：读一读，说一说，感受一下它怎么样？学生应该能说到的，对称句子的使用是语言的雅致啊，精炼啊，和谐流畅啊，学生读一读就能出来了。到现在为止，如果在教学设计层面去考虑的话，还没有考虑到学生的齐声朗读。前面有自由地去说读，真正的朗读就安排在这个环节。

郁乐伟：我觉得这个读是最有必要的。刚才蔡主任说到"慢慢的，一读感觉就对了"。

徐杰：我觉得把齐读放在这个环节。对称句从语义表达上讲，增强了思想的内涵，能引人注意，耐人寻味，本来就有读的必要。更何况，从语音美感的角度说，对称句，句式整齐，富有对称之美，读起来有一种音韵之美，适宜我们好好地读。读完以后，理解对称句子的作用其实就出来了。这是第一步。第二步，你说怎么用起来？是不是能够再回到课文中去，把课文中某一处的句子试着改成对称句，这其实就是对学生进行仿句的训练。

郁乐伟：我昨天是想到仿句练习，但是我一直在想，要把以前学过的课文拿来进行仿句，我又觉得不好，因为它离开了这个语境。我就还是想把它放在亲情的语境当中进行仿句的训练。

徐杰：这样子就非常好，这就是从文本中来到文本中去。你如果另外拿个句子来练，我感觉没意思。这个时候延伸拓展又回扣了文本。具体地仿写哪一句？读来读去，我觉得在第 6 小节的结尾："我决定委屈儿子，因为我伴同他的时日还长。"它其实还有一个隐含的角色。"我决定顺从母亲，因为我伴同她的时日不多。"然后再告诉学生这里为什么不这样说，"时日无多"是不能说的，对称句也要尊重表达情感的需要，对吧？当然我还没考虑成熟，也就是说需要用一用，如果不在这里用，可以在其他地方来用。

蔡成德：也就是说，把这句话本来它应该存在的意思通过仿写还原出来，作为语言品析的比较对象，在引导学生去分析作者为什么不这么说，这样我们就能更好地走进作者的内心世界。有些话不能说，是因为情感层面不能说。

徐杰：在这里面我觉得是一箭双雕。既训练了写句子，同时又对对称句使用的注意点轻轻地勾连了一下。

第四个奇是结尾的奇。"我和妻子都是慢慢地，稳稳地，走得很仔细，好像我背上的同她背上的加起来，就是整个世界。"文章的最后言已尽而意无穷，就好像这一家人的背影在我的视野里慢慢地远去了，但是留下的是很重的，很值得思考和品味，或者说余味顺畅的，给读者留下了广阔的想象空间的。

蔡成德：有点类似于"孤帆远影碧空尽"。

徐杰：四个层面"词语的使用，描写的方法，句式的特点，结尾的手法"其实是层次感非常强的四个层次。四个层次当中都抓住"奇"，都是很平淡的语言所营造的奇，这样一来就把它串起来了。我们一定要整合，至于其他的形容词、动词，学生如果说到有一些句子的时候，也可以结合，最后收到你的"奇"。他不管说什么，你最终都收到你的这个"奇"。四个层次的奇，我觉得要递进式做下去，然后我们把它做足。

郁乐伟：根据刚才大家的想法，我总结了一下。

第一，在整体感悟当中感悟亲情，亲情要把它读厚重。它不仅仅是一种家庭的温馨感，它里面还涉及的一种尊老爱幼，还有作为中年人的厚重的责任感等，其中包含的东西，蕴含的内容还是比较多的。

第二板块就是语言教学当中我们一直强调的，培养学生的语言感悟能力。感悟能力就按照刚才讲的四点奇来入手。第一个是人称代词的使用之奇，第二个是环境描写之奇，第三个就是句式的对称之奇，最后一个是结尾之奇。这是层层递进的，最后一个结尾之奇就是一种升华。在这样的过程当中，重点感悟"我"的内心情感变化。

从操作的角度，第一个是概括文章内容，第二个是一种提炼式地读，有重点地去读，最后一个是四个层次的语言品味。我感觉我之前的设计没有一个线穿在里面，就没有一种建构，没串起来。现在这样子上的话，我觉得它还是能够串起来的。

最后用一句话可以串：一个是淡而有味，一个是平中见奇。

《纪念白求恩》

集体备课实录

- 备课形态：现场集体备课
- 备课组成员：江阴市初一年级语文备课组长 42 人
- 课题：七年级上《纪念白求恩》
- 课型：教读课

徐杰：我们本学期教研和备课活动的核心是："课堂活动的组织"，因此我们把第一次全市教研活动定位为初一年级备课组长教研活动。这样做有两个用意：一是让每一位组长切身感受集体备课的整个流程，明确备课的要求；二是希望这样的教研活动，能对我们每位备课组长个人备课、业务能力的提升产生一点积极的影响。

今天的集体备课活动，我们分三块内容。第一块内容是文本解读，首先是每位备课组长个人的文本解读，然后分组讨论交流，上台汇报，我进行点评；第二块内容是讨论教学内容的选择；第三块内容是进行现场教学设计。每位组长把自己当成备课组的组员，我是备课组的组长，我们现场操练一下集体备课的理念、流程、策略、路径。

一、文本解读

徐杰： 现在我先说一下文本解读。文本解读是我们集体备课的前提和基础，是一个备课组集体备课的第一环节。什么叫文本解读？形象化的说法，就是把文本打碎了，打得越碎越好。用专业术语来说的话，就是对文本进行微观分析。对文本进行微观分析，一般来讲有三个主要的角度：第一，写了什么；第二，为什么写；第三，是怎样写的。"写了什么"是内容层面的理解，"为什么写"是主题、写作目的，"怎样写"就涉及这篇文章的语言形式和篇章结构。我们今天研读的《纪念白求恩》，就是一篇议论性的文章。文本解读跟文体特征紧密相关，"怎么写"最难，你要分析每一篇文本独有的个性化的语言密码。

接下来有 15 分钟的时间留给老师们进行解读文本。不要面面俱到，每个老师只需要选一个角度加以分析即可。我举个例子，标题《纪念白求恩》中的"纪念"这个词在文章中是怎样体现的？它有怎样的内涵？有哪些不同层次的理解？你就选这个角度来做文章，分析透彻就好。

（15 分钟后）

徐杰： 请敬山湾实验学校的卢忠青老师先来分享自己的解读。

卢忠青： 徐老师好，各位老师好！这篇课文我上一轮还没教过，读了文本后，我脑海里首先浮出的一个问题，就是如何让这个文本和我们所熟悉的写人记事类的文章区分开来，所以我第一个关注的点就是——白求恩是谁？他有哪些事？这可能是我们的学生急需要知道的，所以我就把文本里涉及白求恩的事情找了出来。第一处是第 1 小节的开头，写得比较长，可以简单概括为"白求恩是受加美共产党派遣到中国来帮忙的，后来在五台山以身殉职"。第二处是在第 2 小节，"晋察冀边区的军民，凡亲身受过白求恩医生治疗和亲眼看过白求恩医生工作的无不为之感动"。第三处在第 3 小节，"他对医疗的精益求精"。第四处是最后一小节，毛泽东和白求恩的通信，突出一句话，"后来他给我来过许多信"。这四处正好也是每一段一个句子，我准备做这样的几个层次的安排。第一，这四个句子拿出来后，我们可以明白它和我们常规的写人记事文章的区别——区别就在于它的简练，它是为观点来服务的。这是第一个问题，区别文体的特点。第二，它为什么不放在一起讲，而要分散在各个段落。第一处，它是为了突出国际主义精神，这里就涉及加拿大共产党、美国共产党，特别突出"不远万里"，这就可以做第一个活动。第二处，它是从旁人的角度，晋察冀边区军民的角度来看白求恩那种毫不利己专门利人的精神。第三处，是从他本身的职业特点来讲，对技术的精益求精。第四处，看似跟白求恩的精神好像毫无关联，实则写毛泽东对白求恩的纪念之情，这一处可以做一个比较充分的活动。

徐杰：我们现在先不谈教学设计，第一步先解读文本。

卢忠青：好，第四处把白求恩的赞美和纪念之情表现得清清楚楚。

徐杰：感谢卢老师。他的文本解读切入是关注议论性文本中的记叙性文字，他谈了文中记叙的内容和这些记叙文字的作用。选点很准，分析也很透彻，这是一个非常典型的文本解读片段。

曹蕾：各位老师，我是长泾二中的曹蕾。在解读这篇课文时，我选择的点是"对比手法"。我们在读这篇文章的时候，很明显能感觉到对比在这篇文章中占的比重较多。我发现文章中有这样几类对比：第一是他人和白求恩的对比，比如说在对待工作的时候，不少人是不负责，拈轻怕重，漠不关心的，但是白求恩对待工作是极度认真极端负责的；对于技术，有些人是见异思迁的，是鄙薄技术的，但白求恩对待医术是精益求精的。这是他人和白求恩的对比。

第二个对比是白求恩自身的对比，在文章第一段中交代了白求恩已经五十多岁了，而且是不远万里来到中国，开始在延安，后来又到了五台山工作，他自身是年老的，是繁忙的，但是在后面的几段中我们能发现，他对待工作是极度认真的，是极端热忱的。我觉得这里他的处境和他的态度形成了对比。

第三个对比是作者和白求恩的对比。主要出现在刚刚卢老师提到的第4

小节中，白求恩同志给"我"来过很多信，他对事业是非常热情、非常热爱的。但"我和白求恩同志只见过一次面"，这个"只"，以及仅回过他一封信的"仅"，还有"还不知道他收到没有"，我觉得也是一种对比，表现了毛泽东的愧疚，没有及时回应的惋惜。

同时，在描写白求恩时，作者用了很多量词，都是"一个"。比如说"一个外国人""一个人能力有大小""一个高尚的人，一个纯粹的人，一个有道德的人，一个脱离了低级趣味的人，一个有益于人民的人"。但是在形容他的影响力的时候，他说的是"没有一个不佩服，没有一个不为他的精神感动"，以及"每一个共产党人都要去学习他的精神"。虽然他的个体是微小的，但是他的精神是伟大的。所以，我觉得在量词的运用上也形成了一种对比。

另外，这篇课文虽说是议论性质的文章，但是我们也读出了其中蕴含的情感。纪念白求恩肯定有对白求恩的赞美，我重点关注了第 4 小节，文章的最后一部分，前 3 小节都是在赞扬白求恩的精神。而在第四节，情感得到了升华，不仅仅体现在赞美。第一，是对他去世的悲痛；第二，是对于未能及时回应他，辜负了他热情的愧疚；第三，是对他精神影响之深的赞美；最后，还有对于未来人们的期待。议论文不是死板的说理，也有情感的融入。谢谢大家。

徐杰：曹老师的分享有两部分。前一部分是对对比这种手法在文章中的呈现，她读出了四处，很不容易。她在发言说到前三处的时候，我当时想，等会我要补充第四处，后来她自己发现了，真不错。这就是对文本细微处的关注，这很重要。她的第一点是从语言形式的角度来分析的。她的第二点是从纪念文的情感角度来分析的。"纪念"有哪些内涵？有哪些呈现形式？曹蕾老师仅仅举了第四段，其实"纪念"的内涵在文章中的每一小节都有很好的呈现。纪念中有没有愧疚？纪念中有没有批评？纪念中有没有建议？这样一读，我们就关注到它是有血有肉的议论性文章，这样就真正地读出了文本的特征。好，接下来哪位老师来发言？

潘颖：我延续刚才徐老师的话题。我觉得"纪念"的重心是为了学习。

本文除了叙事还有抒情。直接抒情的比重很小，说理的成分占比较大。所以，"学习白求恩"是这篇文章的主线。这是给全党同志看的一篇文章，是为了教育全体党员，让他们来学习白求恩。所以这篇文章中，既评述了白求恩，又批评了党内的一些不良倾向。

说一下我对最后一个排比句的理解。它有很多关键词，比如"高尚、纯粹、有道德、脱离低级趣味、有益于人民"。我们可以解读得更细一点，比如说，高尚的人格、纯粹的品质、道德修养、有志趣、有益于人民，这就是我们追求的人生的意义。整个排比句，句子由短到长，在朗读的时候，情感上由浅到深，最后达到了高潮。

徐杰：潘老师的补充特别有价值，尤其是她对"学习"的补充和强调。刚才我们分析了"纪念"的诸多内涵，恰恰漏掉了"学习"。大家看一看"学习"这个词，它是出现频率比较高的词。在第 1 小节中有"每一个中国共产党员都要学习这种精神"，第 2 小节中有"每个共产党员都要学习他"，第 2 小节最后有"每一个共产党员一定要学习白求恩同志的这种真正共产主义者的精神"，第 4 小节还有"我们大家都要学习他毫无自私自利之心的精神"。她又补充说到了第四节的排比句，从语言的亮点来讲，这个排比句是全文的眼睛。如果我们把排比句拿来进行分析，它是有一定逻辑顺序的。是什么顺序呢？大家可以继续再读，再思考。

吴艳萍：我接着刚才的"纪念"来说。这篇文章为什么要叫"纪念白求恩"，而不叫"怀念白求恩"？因为"怀念"落在我们的心里，而"纪念"则要落在行动上。毛泽东要的就是全党全民在行动上去做到，所以才会在文章里反复出现"学习"这个词。

单元阅读提示说，学习本单元课文，要感受人格的力量。阅读本文，是要让学生感受白求恩的人格力量。所以我关注到毛泽东在写这篇文章时，首先是从人物以身殉职的结局写起，奠定了感情基调；接着，作者又分别从人物的具体行为来让读者感受这种人格力量，把中国人民的事业当作他自己的事业，对工作极端负责，对同志极端热忱，对技术精益求精；第三，这篇文章中有许多反复的肯定和赞美之词，而且还是作为段落里的总结性句子出现的，也能够让人感受到这种人格力量；第四，是行文中多次的对比，在对比中更见白求恩同志的人格伟大；第五，从行文过程中我也能感受到情感的强度。刚刚徐老师提到的三个句子——"每一个中国共产党员都要学习""每一个共产党员一定要学习""我们大家要学习他"，它们在情感的程度上是逐层推进的。作者就是通过这五个方面，反复地来让我们读者感受到白求恩人格的伟大。

徐杰：感谢吴老师，她关注了单元的阅读提示。我们在备课的时候确确实实要读单元的阅读提示。一般来讲，单元阅读提示分两小节，前1小节是对本单元文本的一个总体评价，第2小节是对本单元的学习方法进行提示。吴老师关注到对人物美好品行的礼赞，这个很重要。同时，她还关注了文本的结构和层次。我们一起再来捋一捋。

第2小节，是白求恩对工作对同志对人民的态度；第3小节，是白求恩对技术的态度；而第1小节，是对万里之遥的中国人民的解放事业的态度。所以1、2、3小节它是由重到轻的，国际主义精神，共产主义精神，对技术精益求精的精神。第4小节相当于是对前面三个内容的总结和提升，这是从全文的角度来看。

现在请大家关注一下"思考探究"第三题，将课文第四段划分为两个层次。请老师们说说你是怎么划分层次的，自由发言。

（5分钟后）

老师1：我来回答课后第三题。书上说包括两个层次，我觉得可以划分为三个层次。第一层到"还不知道他收到没有"这一句，从表达方式上来看，它是在记叙和白求恩的交往；第二层到"对于他的死……可见他的精神感人之深"，我觉得这是在写毛泽东对白求恩去世的悲痛心情以及对他精神的高度评价；剩下的是最后一层，点出了学习的意义。

徐杰：有不同意见吗？

老师2：我分两层，我觉得第一层可以分到"我们大家要学习他毫无自私自利之心的精神。"因为到这里，整个前面一层的重点主要是这句话。毛主席在倡导要学习白求恩的精神，后面一层是写倡导学习这种精神的意义。

徐杰：有没有第三种意见？

老师3：我觉得应该放在前面。"我们大家要学习……"的话应该只是提出的论点，前面是记叙。后面的议论应该很明确。

徐杰：也就是说，你的意思是到"可见他的精神感人之深"。

老师3：对，前面都是叙，后面是议。

徐杰：有没有其他的补充？

老师4：我认为第一句到"我很悲痛"，是第一层；后面的议论是第二层。补充一下，从文章的写作背景来看，它叙事后面的内容，是纪念的价值和意义。

徐杰：好的，现在大家有没有发现我们的分歧在哪里？表达方式。这篇文章是我们初一年级学生第一次接触议论文，所以要让大家明确，"现在大家纪念他，可见他的精神感人之深"是记叙还是议论？是议论，因为它是一个明确的观点。"对于他的死，我很悲痛"，是记叙，是在客观陈述一个事实。所以，如果要从记叙和议论的角度来划分层次，应该是——"从这点出发"往后面分，前面是"这一点"，后面是"从这一点出发"，由我们一个人学习他，到所有人都去学习他。

你看，一小节的内部分层，细细推敲也很有意思。如果我们选1、2、3小节来划分段落的内部层次，也很有意思。比如第2小节。

老师5：第2小节，我分成四层：第一层到"极端的热忱"，是正面写白求恩，而且是对白求恩的高度评价；第二层从"每个共产党员"到"至少不能算一个纯粹的共产党员。"这里是从反面来写党内的一些人，把他们跟白求恩进行对比；第三层是从"前线"一直到"无不为之感动"，是从侧面表现白求恩的品质；最后一层就是本小节最后一句，发出号召，号召全党要学习白求恩这种真正的共产主义精神。

徐杰：有不同意见吗？

老师6：第2小节我是这样分的：第一层到"每个共产党员都要学习他"；

第二层从"不少的人对工作不负责任"一直到"无不为之感动",这个应该放在同一层,因为它里面有正面写他毫不利己专门利人的精神,也有从侧面来写他的;最后一句话应该是最后一层,号召大家学习他的这种精神。

徐杰: 好的,有没有其他老师补充?

老师 7: 我分三层,第一层也是到"每个共产党员都要学习他",我认为这是从正面的角度来说的;第二层从"不少的人对工作不负责任"到"至少不能算一个纯粹的共产党员",这一部分内容其实是从反面来说的;"从前线回来的人说到他……"一直到最后,是第三层。我这样分的依据是正——反——正。

徐杰: 好的,谢谢。内部分层,有的时候是没有标准答案的,看你从哪个角度去思考,言之成理都对。

假如我来分,我就分三层。开头到"每个共产党员都要学习他",是第一层;第三层是最后一句,"每个共产党员一定要学习他",这不是前后呼应吗?开头提出观点,中间论证观点,结尾是总结强调观点。这就很利索。在论证观点的过程中,正反两方面,就是二次分层。文本解读,有时候就需要我们对每一个小节进行这样的切分。

好了,第一个环节"文本解读"就到这里,我们一共花了一个小时。这在备课过程中,是很值得的,也是很有必要的。感谢大家的积极参与,我们思想的碰撞特别好。

下面休息 10 分钟,我们来进行集备的第二个环节:教学内容的选择。

二、教学内容的选择

(10 分钟后)

徐杰: 学校安排的集备一般是两小时,我建议要有一小时做文本解读。文本读透,后面的事情都好办,文本读得不熟,读得不透,后面的事情就没办法做。

接下来我们讨论教学内容的选择。刚才大家把文本打碎了，进行了微观的分析，现在我们就需要捡拾碎片。哪些碎片要捡起来加工重组？初一年级、教读课、一课时，在这样的背景下，哪些内容必须要教？首先请要塞中学顾玲君老师发言。

顾玲君：这个问题我在之前可能考虑得不多。我会选一些评价性的语言进行教学。我翻了一下目录，这篇文章是侧重于议论的。作为初一的学生，首次接触议论性文章，要教表达方式——议论。首先我会选择能够直接评价白求恩的一些字词句，这也跟我们单元导读中提到"抓关键词句"的学习方法是一致的。我看了一下，有 15 个左右的词语。这 15 个左右的词语，我们还可以再进行细分，看看哪些词语或者哪些评价是最核心的。

刚才徐老师让我们思考最后 1 小节的排比句，就是"高尚的人，纯粹的人……一个有益于人民的人"，这中间是否存在着逻辑的先后主次。我感觉"高尚的人"和"纯粹的人"确实应该要排在前面的，为什么呢？白求恩作为一名医生，跨越国界，就像藤野先生一样，没有狭隘的民族主义和爱国主义，这一点很难得，所以要放在最前面。这是课堂中要重点探讨的，也是评价白求恩同志的词句中正面评价的。接着在评价词语中再找与之相对的评价性词语，我们可以找反义词，构成对比。反义词主要集中在第 2 小节和第 3 小节中。可能我思考得还不成熟。刚才我听到有老师提到，可以比对一下叙事类文章和这篇悼念性质的文章，看它们的叙和议有什么区别，我感觉可以在这一块上再加强一点。最后回到评价性词语，由这么多精神品质，回到主题——为什么要纪念，以及纪念中蕴含的情感。

徐杰：顾老师的发言是我指定的。为什么要指定她？因为我在巡视时发现，她已经先把教学设计理好了。我就跟她说，教学内容的选择更重要。"怎么教"和"教什么"，你说哪个更重要？"吃什么"和"怎么吃"哪个更重要？请顾老师先发言，我其实也在纠正她对这个问题的认识。如果我们对"教什么"没有很好的研讨，就会影响后续的教学设计。各位备课组长，你们在组织集体备课时，一定要重视"教什么"这个环节。

从顾老师刚才的发言来看，她教学内容的选择是对的。她选择了：（1）教议论。文体就在那，如果我们不教与议论相关的东西，教什么呢？（2）教纪念。情感态度价值观是要教的，对白求恩的态度，对一般同志的态度，对全体党员的态度，对那些见异思迁者的态度……都在里面。（3）教词语。词语教学在每一节课中都会遇到，有些老师以为到了初中就不要教词语了，这是错误的认识。词语一定要教，顾老师在选择词语教学时，把它跟"对比"结合在一起来教，这是一举两得。（4）教句子。顾老师选择了教排比句。其他老师有没有补充？

谈科：如果要补充的话，可能论证观点的方式也是要教的。比如正反的对比啊，举例啊，纯粹的说理分析啊……还有就是在一些副词的使用上，也要跟学生明确，如"没有一个不"等这些副词的运用，也是为了增强说服力。

徐杰：谈老师补充得非常好。还有其他老师补充吗？如果没有，我们要教的内容就选好了，大家可以捋一捋。

（老师们自己捋）

三、教学活动的设计

徐杰：有不少老师，是直接把教学内容化作课堂提问的。提一个问题，找个答案；再提个问题，再找个答案。如此，语文课就成了做阅读理解题。如：本文作者的观点是什么？作者论证观点的方法是什么？毛泽东提倡要纪念白求恩，你觉得纪念的内涵是什么？这样的课，不是好课。所以我就强调我们本学期全市的教研活动都要围绕"课堂活动的组织"来进行。

接下来给老师们15分钟时间，做某一个环节的课堂活动设计。这个环节可以是整体感知活动，可以是语言欣赏活动，可以是主题理解活动，可以是论证方法的学习活动……总之，是一个10分钟到15分钟的课堂学习活动。请你来设计，要注意活动的层次和步骤。第一步、第二步、第三步……一般来讲，10—15分钟的活动，要分步实施，"一步一步向上走"，明白了吗？

（15分钟以后）

高萍：我就刚才想到的两点跟大家一起分享。有老师在文本解读时提到了题目，我想就从题目入手——理解"纪念"这一词的含义。先跟同学们交流什么叫"纪念"，它跟"怀念"之间的区别在哪里。"纪念"其实就是用事物或者行动对人或者事物表示怀念，它是有实际行动的。"纪念"的目的最终是为了"学习"，所以我首先要做一个活动，理解标题中的"纪念"这一词的含义，然后引到"学习"这一词上。我们是为了学习白求恩的精神，那么要学习他什么样的精神，就要求同学们去读前三段的核心的议论句，让他们自由朗读，可以给他们一个表述的模式。这是第一个环节，学会概括。

怎么教对比？我想设计这样一个环节——这篇课文除了写白求恩，作者还写到了其他哪些人？学生肯定很快能够找到第二自然段中的"不少的人"，他们和白求恩之间是怎么对比的？我想抓几个词语，就是四字词语或者说一些成语，如"拈轻怕重""漠不关心""不负责任""麻木不仁"，喜欢自吹，让学生去找一找，然后说一说这些词语写的是哪一类人。说白求恩的时候，作者用了哪些词语？两个"极端"，以及后面的"好""没有一个不佩服"……就是进行词语的对比，我就讲这些。

徐杰：高老师的设计，跟我们很多老师平时的做法很切近。她说从题目"纪念白求恩"入手，然后把它迁到"学习"白求恩。这个"迁"恰恰就是她没有说清楚的地方，究竟应该怎么"迁"？她没有设计活动。老师能否直接说："同学们，毛泽东写纪念白求恩的文章，目的就是让我们要学习白求恩的精神。"你直接告诉他结论，就没有了学生广泛参与的"课堂活动"。还有的老师，会貌似不断"启发"：你们觉得"纪念"最好的形式是什么啊？毛泽东纪念白求恩，是希望全党同志做什么啊？到课文第2小节找一找关键词啊。老师希望学生说到"学习"二字，只要学生说到了，老师就眉开眼笑；要是学生没说到，老师就不断"启发"——其实这就是在"挖坑"。

我们所谓的启发和引导，绝不是老师事先挖个坑，然后引着学生往里跳，这不叫课堂活动。我就高老师的话题，举个简单的例子。如何解题"纪念白求恩"？先板书，在"纪念"下面画条横线，问："同学们，如果要用一个词替换'纪念'，你觉得哪个词更合适？"如果本班的学情基础比较差，怎么办？可以这样问：老师想到了有三个词语可以替换"纪念"，你觉得用哪个词替换更合适？然后给出三个词供辨析："怀念""颂扬""学习"。这就降低了活动的难度。学生活动聚焦到"学习"白求恩，再跟进活动：请你读课文，把与"学习"有关的句子画下来。这就自然跳到了高老师刚才所说的"概括"，这就是活动。

关于"概括"，也是需要设计活动的。比如：把与"学习"有关的句子画下来，然后把这些句子连起来读一读，再与开头的记叙部分文字对比读一读，感受"议论"的表达特点，这是第一步；再回到课文中去，发现1、2、4小节里面都有"学习"，第3小节没有"学习"，请你在第3小节中加一句话，把"学习"的观点加进去，应该加在哪个地方，怎么加？这就有意思了。我们要在活动中让学生去感受语言，学习使用语言。

好，哪位老师愿意继续来分享？

王莉娜： 我这节课的教学内容选择的是对比手法的运用及其作用。我是以第二段作为精读段落，研读第二段，然后让学生再去自主学习其他段落里面的对比。

我的第一个环节是将第二段投屏，用三种底色。因为这段可以分成三个层次，让学生先进行"读"的环节，男生读、女生读、齐读。然后让学生说说老师为什么要这样分，体会一下用意，这就回到刚才说的叙述和议论的层次的不同，还有正面、反面、侧面等角度的不同。接着，我再将文章的第二个层次换成白求恩的事例，把一些能体现白求恩毫不利己、专门利人精神的相关事迹放进去，让第二段成为两大层次。先提出观点，再用白求恩的事例来论证。出示事例后，我让学生体会一下，这样改好不好，说明理由，然后引导到对比的作用上去。我是这样设计的。

徐杰： 好，王老师选段精读，在选段精读中又抓住了对比，这个教学的选点很好。感知一篇、精读一段，是非常简便有效的教学策略。

若选第二段来精读，可以设计三个环节的活动。第一个环节是分层感知，提取主句，画出议论性的句子。第二个环节是研读对比。有的老师会出示一个表格，课文后面"思考探究"就有一个表格，让学生填一填，这是常规做法。有没有更轻巧的做法？课堂上我不太主张出现一个表格，里面有七八个空格，一看就觉得头大。我们能不能结合刚才顾老师关注到的词语来设计活动？比如：请大家先把这段话读一读，然后合上课文，听写词语。"漠不关心，麻木不仁，精益求精……"等词语听写完成后，学生自主订正，再让他们把这些词语填到课文后面的表格中去。归类填词，既是对课文内容的理解，又可以在此处顺带讲一讲语文知识。第69页有"词语的感情色彩"专题，编者放在这里是有用意的。这时你就可以讲一讲什么叫褒义，什么叫贬义。

关于"对比"，如何设计活动？我们可以玩一玩语言的变形。有些句子，你就用对比的方式来变。比如说："有些人对同志对人民不是满腔热忱，而是冷冷清清、漠不关心、麻木不仁。"假如把这个句子的主语换成"白求恩同志"，后面的内容怎么改？这样，"对比"的味道就感受出来了。

基础好的班级，还可以进行句子辨析。本段中"每一个共产党员都要学习他，但是……"与后面"每一个共产党员，一定要学习白求恩同志的这种真正共产主义者的精神"，都是强调要学习白求恩，这两个句子能不能互换呢？

我举此例的意思就是既然选段精读，就要分步走。我的活动设计是三个步骤，老师们有没有发现这三个步骤都必须指向什么？指向语言的学习，语言的使用，这是我们语文课最根本的东西。这篇课文，语言的学习和使用又聚焦在哪里？议论。

再找一位老师发言，有主动要求发言的老师吗？

丁莉群：根据本单元的要求"默读，在课本上勾画和圈点"，我会这样设计活动。还是用刚才第一位老师从标题入手的方法，只不过我不是在"纪念"下面画横线，而是在课题后面画横线。活动可以这样设计——作者想纪念白求恩的什么，或者说白求恩身上有哪些精神值得纪念？请同学读课文，初步感知，圈点勾画出文章中直接表现白求恩精神的词或句，大概3—5分钟，这个过程就能够把每一段的中心句（体现精神品质的句子）圈画出来。

第二个环节，给这些词句自主分类。可以是两类，包括白求恩的德和技。"德"可以分三类：第一个是公德，共产主义精神，国际主义精神；第二个是私德；第三个是对技术的精益求精。也可以根据徐老师刚才所说，如果有些同学分类有困难的话，给他们一个支架，"对……的精神"，第 1 小节是对万里之遥的中国，第 2 小节是对工作对同志对人民，第 3 小节是对技术，第 4 小节是一个总结性段落。

到这里我觉得还不够，想要做第三件事情。就是这篇文章通过这些句子，已经达到了纪念白求恩精神的目的，为什么还要写其他句子？这些句子能否删去？大问题抛出以后，请同学任选一处或者任选一段，分组讨论。可以分四组，一人一段，说出你的理由，这里就打包了很多的问题。像引用列宁主义的论述，像第二段的正反对比，第三段的对比，第四段的情感。

徐杰：丁老师设计的活动，我觉得第一个环节比较好。因为她 15 分钟的活动其实是对文本的整体感知。我们应该知道的，这是一个对文本整体感知的 10 分钟的课堂活动，是一个帮助学生把文本读懂的环节。在课文标题后面加横线，把纪念的对象具体所指填出来。这里就可以让学生去读书，圈画 5 分钟，画出白求恩的共产主义精神，国际主义精神，毫不利己专门利人的精神，对技术精益求精的精神以及绝无自私自利的精神。

第二个活动，我觉得有点无厘头。她说为什么要写其他的句子？这个问题如果问出来，学生是没有办法去活动的。"其他的句子"，说法太宽泛。为什么要写其他的句子？这样的提问，无从下口。即使可以选某句进行针对性分析，也都是"零散"的，放得出去，收不回来。

我们不妨优化一下。每一段在作者提出议论的时候，都有与之相关的记叙性的文字。去掉这些记叙的文字，与原文进行比读，分析哪种表达更好。

刚才丁老师在第三个环节中，还要对白求恩的"德"来进行分层。这个"德"怎么分？她说得很牵强，第 1 小节是公德，第 2 小节是私德。我现在问你，"毫不利己、专门利人"仅仅是私德吗？"全心全意为人民服务"是私德吗？到第 3 小节，她就没有办法分公德和私德了。所以这个划分很牵强，经不住追问。而且，你跟初一的学生来谈"德"的分层，多难啊。

如果我们已经做了整体感知白求恩精神的内涵，厘清了课文中白求恩精神的几个层次，也分析了课文的结构，还想有一个活动的话，你们觉得可以怎样设计呢？很多老师在课堂教学设计时，追求"看花"的效果，要看奇的、怪的、美的、险的，常规手法往往被忽略了。这里可以让学生把第 4 小节现场背一背默一默，然后回读课文，从课文里抽取若干修饰语，续写"一个……的人"。

今天我们进行的是一次流程相对完整的集体备课。我希望回到学校后，在座的备课组长能像我今天这样，对你组员的备课发言进行点评与引导，发挥好备课组长的作用。

我们今天的集备就到这里，感谢各位备课组长的参与。

《在长江源头各拉丹冬》

集体备课实录

- 备课形态：现场集体备课
- 备课组成员：江阴市初二年级语文备课组长 42 人
- 课题：八年级下《在长江源头各拉丹冬》
- 课型：教读课

一、黄佳威老师说课

徐杰：今天的集体备课活动，我们分两个环节进行。第一个环节：由两位老师对《在长江源头各拉丹冬》这篇文章进行说课。第二个环节：老师们根据说课内容展开讨论。讨论围绕两部分内容展开：一是讨论说课老师教学设计中哪个环节好，说说好的理由；二是讨论说课老师教学设计中哪个环节需要优化，说说具体的优化建议。现在我们就有请今天第一位说课老师——黄佳威老师。

黄佳威（江阴市璜土中学）：作者多次提到了自己的身体状况和与此密切相关的内心体验，在描写眼前之景的同时，多次展开想象和联想，在时间上进行延展。文中多处出现"仿佛自地球形成以来，它就在这里川流不息""想象着在漫长的时光里""千万年来""年轮"等词句，这些表达增加了文章的厚度，也引发了读者的遐想，所以我将这部分的教学目标定为"体会本文把景物描写和自己的身体状况、内心的体验、邈远的思绪融为一体的独特写法"。然后我将上课内容定为三个部分，分别是"身之所至""目之所见""心之所感"。为保证环节之间能够自然过渡，我关注到标题"在长江源头各拉丹冬"仅是一个状语，可以通过对标题进行删减、补充、扩句等方法串起整篇文章。

下面我简要介绍一下我的教学流程。第一部分"身之所至"，首先让学生朗读课文，提问题目包含的信息，预设学生会回答"地点"，借此引导学生找出作者具体的行程。活动操作是"快速浏览课文，按顺序圈出他们的游历地点"。此过程不仅可以梳理出游踪，还可以理清写作顺序：地点的变化是空间顺序，同一个冰塔林先后出现两次是时间顺序。然后通过删减题目中的"在"字，引导学生明确"在"说明作者是置身其中的，是观景的主体，顺势让学生补出主语就是"我"，引导学生关注游记比较强调的是个人的感受。既然游记是强调个人感受，而想要亲近长江的源头——各拉丹冬，就并非易事，作者就经历了一系列的苦难。接着让学生去文中找到描写作者身体状况的语句，重新去文本中提取关键信息，梳理作者的苦难，引导学生发现作者的身体是渐趋恶化的。第9小节的"'我要死了。'我少气无力地说"，学生容易把"少气无力"读成"有气无力"，区别一下这两个词语，我们会发现作者的表达虽然口语化，但在用词方面是非常准确的。梳理完苦难之后，老师提问"在这样的苦难中作者是否放弃了"，显而易见是"没有"。

【PPT】

"我始终认为缺乏苦难，人生将剥落全部光彩，幸福更无从谈起，要是有100次机会让我选择，我101次仍然选择苦难。"——马丽华

提问学生：她为什么要101次地选择苦难，这是否值得？在文章的第4小节，"但愿它不要影响我的心态，各拉丹冬值得你历尽艰辛去走上一遭。"在身体每况愈下时，作者依然觉得各拉丹冬值得历经艰辛去走上一遭，通过分析"值得""历尽"可以看出作者乐观积极的人生态度。那么各拉丹冬到底

有怎样的魅力能让一个人不顾生命的安危去感受它的美，然后就引导学生去关注第二部分：聚焦文章中描写冰塔林的段落，寻找作者觉得"值得"的文字，并且批注。给三分钟让学生写，然后同桌之间分享交流。通过这个活动，引导学生重点关注文章的第5小节和第11小节，并概括出景物的特征。如第5小节的"统领"，运用拟人修辞，写出山的威严；"眩晕"是眼前美景让人美不暇接，"卖弄"是贬义褒用。在析景的同时，老师指导学生朗读，读出作者对大自然的赞叹和敬畏之情。朗读指导的方式主要是由学生初读，同学评价，学生再读，体会其中情感。

第11小节抓住"变成自然力所能刻画成的最漂亮的这番模样：挺拔的，敦实的，奇形怪状的，蜿蜒而立的。那些冰塔、冰柱、冰洞、冰廊、冰壁上徐徐垂挂冰的流苏，像长发披肩"这一句，体现了各拉丹冬的美。聚焦这些语段，可以在赏析过程中做一点活动。如继续追问学生能否改变句式，引导学生关注短句的妙处；提问能否将前面的一系列修饰词替换为"各种模样"和"各种冰体"，关注短句的表达效果。让学生在朗读中体会作者看到这幅美景的震撼，让其知道这一系列是源于作者非常细致的观察，提示学生注意作者的观景状态。由第11小节中"蜷卧""端详"等词，引导学生找出刚开始作者的视角。刚开始是远观，到逐渐地端详、蜷卧，视角不同，作者看到的景色也不同。从一开始的"壮美"到后来的"奇美"和"仙境"或者是"琼瑶仙境"，这些词语都蕴含了作者个人的情感，语言细腻。学生容易忽略的几句话在课件上呈现。

【PPT】

（1）风声**一刻不停地**呼啸，辨不清风何来何往，**仿佛自地球形成以来它就在这里川流不息**，把冰河上的雪粒纷纷扬扬地扫荡着。

（2）**永恒**的阳光和风的刻刀，**千万年来**漫不经心地切割着，雕凿着，缓慢而从不懈怠。

（3）端详着冰山上纵横的裂纹，环绕冰山的波状皱褶想象着**在漫长的时光里**冰川的前进和后退，冰山的高低消长，这波纹是否就是**年轮**。

用其中加粗的字引导学生不仅要关注虚实结合的手法，更要领会到这一段话是作者由眼前的景物出发，在时间维度上做延展，增加了内容的厚度，能够引发读者的遐想，给人一种无尽的时空感。这是语言活动的第二部分"目之所见"。

第三部分是"心之所感"。作者给我们呈现了如此美妙的仙境，提问学生"这种仙境中是否有生命的存在"，关注文章最后一小节。

【PPT】

"不见自然生物的痕迹，但今天的确有人活在各拉丹冬的近旁。"

赏析这句话时学生能够关注到"活"字，他们很容易能想到第 1 小节提到了很多探险者的牺牲，"活"字是建立在探险者牺牲的基础上。顺势引导学生聚焦文章中作者这一行人的"活"，关注他们的行为。在这样不适宜人活的地方，他们的行动都是非常困难的，比如说"挪""爬行"，有坡度的地方甚至用"滚"。作者已经"半卧"了，还"不甘心挣扎着去了砾石堆"等。在这个过程中，老师可以让学生感受到作者一行人是用坚强的意志克服着种种的困难，在人类努力探索的路途上不怕牺牲、前赴后继，才留下今天人类"活"的痕迹，"活"字能够体现人类的伟大。还可以关注"近旁"，追问为什么是"近旁"而不是"上方"或是各拉丹冬的"下方"。这个活动学生理解起来是有点困难，我们可以引导学生把"各拉丹冬"理解为人，活在他的"近旁"，有一种互相尊重、和谐共处的感觉。而"上方"感觉是人类征服了他，"下方"就是人类臣服于各拉丹冬。但文章传达的是人与自然能够和平共处，所以用"近旁"最为恰当。

此外，句子还蕴含了作者的生命感悟。我觉得在马丽华的眼里，各拉丹冬就是一个巨人，他有着自然的伟力，值得人去敬畏，但是人类同时也是有尊严的，用渺小的身躯去探求，去渴望着活下去，同样也值得敬畏。还可以关注副词"的确"的强调作用，作者想要强调人类活在各拉丹冬，凸显出人类的伟大，人类探索自然的决心。所以我就继续追问"应该读出一种怎样的感觉"，学生回答是"自豪的、骄傲的"。再回到标题，还可以加一个成分进去，就是"我怎样地活在长江源头各拉丹冬"。通过之前一系列的引导，学生基本上可以归纳出"我自豪地活在各拉丹冬"和"我充满敬意地活在各拉丹冬"，在这个过程中可以再进一步升华，告诉学生主语其实也可以进行替换，可以把"我"替换成"我们"，进一步感受到作者骄傲自豪的心情。如果还有时间的话，就可以结合板书，让学生归纳出游记应该包含的内容"所至、所见、所感"，并总结游记常用的手法"移步换景"。好，这就是我这节课简要的教学思路，如有不正之处还请批评指正。

徐杰：给大家5分钟的时间消化一下，准备自由发言进行评课，可以讨论。

（5分钟讨论）

二、评课优化

徐杰：大家讨论得很热烈，哪位老师先来评课？

钱梦霞：我有点粗浅的意见。总体来说，我觉得黄佳威老师的整体设计让我眼前一亮，由"身之所至""目之所见"到"心之所感"，这种设计让我觉得思路非常清晰，学生的思路也应当是非常清晰的。第二，他对文章的语言字词的揣摩是非常到位的。比如说对景物的赏析，以及个别字词的理解，会让学生通过批注、朗读、变换句式等各种方式来感受到字词的美，以及从中揣摩到景物的壮美和人的情感。我有一个小小的疑惑，"目之所见"讲的应当是美景，但他从第一部分"身之所至"过渡到"目之所见"的时候，中间提到了"我"的身体状况，要求学生找出苦难的语句来感受到作者积极乐观的态度。我觉得这个更多的是"心之所感"中的内容，是不是可以把这个部分的内容融到后面的"心之所感"里面去？还有，一节课大概只有45分钟的时间，这三个部分的内容我觉得是非常充实的。45分钟的时间能不能真的全都上完，我觉得挺有疑惑的。我来上的话，可能会着重突出其中的某一个部分，不会把所有的内容安排得这么满。我暂时想到这么多，谢谢。

徐杰：钱老师刚才所说的这个问题，我可以代为回答。黄佳威老师的这节课是在实验中学上的比赛课，教学新秀的课堂环节。之所以给大家环节比较多的印象，是因为黄佳威老师说课的时候把内容都一一呈现了，其实上课时有些环节他是弱化处理的。比如说，第一个环节梳理圈画出游历的地点，其实是一个很快就过去的环节。他的这几个板块不是平均用力的。钱梦霞老师说重点突出，重点肯定是在情感上。这篇文章需要重锤敲打的肯定是情感，其他需要弱处理。

他的课堂板块划分是清晰的，但你们觉得这样分有没有不大妥当的地方？"目之所及"，本来是写景的，但这里的景、很多地方的景和情是没有办法很明确地分开来的，这就是板块教学的劣势。有时候老师为了实现某个块状的学习，就不得不割裂掉一点阅读中原有的内在逻辑的东西。这个时候就需要上课老师巧妙地来处理了。如果学生在读到景物的时候，就把情感拉进来了，你怎么处理？我觉得，从我们的课堂实践上来讲，我们可以侧重于学习景物的某一个方面。比如我设计一个活动，可以在 PPT 上打出若干景物，请同学们迅速地读课文，在景物之前加上合适的修饰语，有的是现成的，有的是需要自己去提炼和概括的。这么一来，同样的景，你把这个景指向于景物的特征，而景物中的情，就可以有效地剥离到下一个阶段去了。好，继续。接下来请江阴初中朱丽霞老师。

朱丽霞：刚才听完黄老师的说课之后，我感觉有一点和我之前的想法很相似。因为昨天晚上读这篇文章的时候，我自己的落脚点就是在最后一句话上。刚才他讲到"心之所感"的时候，我就觉得我跟他想法类似，但是我想得没有他全面，所以我非常欣赏他的第三点"心之所感"。他抓住"活在"这个词让学生到文本中去找一些词来映照，同时又走出文本，读出我们人类的伟大。所以，我觉得"情"这一块内容他做得很好。

但是我有一个小小的建议：在第一部分他提到了"她为什么要选择苦难，这值得吗？"这个其实是一个很重要的点，因为"值不值得"就涉及个人的情感经历这方面了，很多时候我们游历时看到的仅仅是风景，收获的还有更重要更有价值的东西。在第 10 小节有一句话，"我拍了一张反转片，一部分精神和生命就寄存在这变了形的仙境中了"，我感觉这句话也挺有价值的。我们的精神、生命与自然风景仿佛融为了一体，这也是一种"值得"。美景是"值得"的，我的感受也是"值得"的。黄老师在教学设计过程中，最后能不能再加一加，就是回到你开始的"值得"上面，用"值得"来收一收你的情感，有对美景的赞叹，有对人类与自然和谐共生的感叹，最后升华到人对自然的敬畏。生活中感受到的苦难，对我们人类来说也是一种伟大的经历。谢谢。

徐杰：好的。朱丽霞老师提的优化建议，我感觉挺有意思的。"值得"应该是要有多角度来理解的。黄老师从"值得"切入进来，然后围绕"值得"在文本中找寻"值得"的内涵，这个"值得"更多的是在于景物的壮美。朱丽霞老师觉得人在这样的景物中有独特的生命体验，这是第二层"值得"，最后还可以用"值得"来回扣和总结课文。这样一来，整个的景和情都收起来了，我感觉这个优化的建议挺好。下面请江阴实验中学的黄煦老师。

黄煦：黄老师上课就是在我班里上的，所以我去听了他的这节课。他那节课是上完了的。刚才他在说课的时候，我又把他的流程大致记了一下。在第二个环节"目之所见"，他讲到了寻找"值得"的文字。我觉得当时他这个环节是为了寻找语言中值得赏析的地方，不完全是为了去讲景物，他是把两者糅合在一起的。文章里写景物的地方，写得很美，而语言的美也是糅合在里面的。各拉丹冬有两种美：壮美和秀美。比如说第11小节讲到了一些"流苏"，"像长发披肩"等，就体现了它的秀美。我觉得在"目之所见"这个环节，老师可以把这种美再点一点，就是寻找"值得"的这种美到底是一种怎样的美，然后由这种美讲到内心的感触。

文章里很多句子都是有"感"的。像第4小节"去跪拜大礼——虔诚而愚蠢"，这里提到的其实也是作者的"感恩"。文章里的"感恩"是很多的。我觉得"目之所见"这个环节确实在做的时候有点困难，它到底是要侧重在哪一方面，还是把两者融合起来呢？我当时在听课的时候，觉得有点似是而非，既想抓景色，又想去抓语言，两个方面并没有太好地融合在一起。其他的没有什么问题，当时听下来我感觉比较流畅。就是在这个环节，学生上完之后跟我讲，上得有点沉闷。好吧，就这样。

徐杰：好，感谢黄煦老师。她谈了课堂现场直观的感受。现在我们再回顾一下黄佳威老师刚才的说课，大的板块是"目之所及"，很显然这个板块的活动指向哪里？是写景而不是指语言，但是写景也要靠语言来表达。黄旭老师刚才说了，两者能不能糅合？可以，因为景物本身就是要靠语言作为载体的。但是关注点在哪里？应该是在各拉丹冬的冰雪山峰，包括风、水等这些景物。它跟我们江南丘陵的特点，跟济南冬天的山的特点是不同的。它就是彼时彼地的那个景物的特点。如果是这样的话，你既要让学生能感受到景物的独特特点，又要关注表现这些独特特征景物的语言，我们怎么来组织活动？有没有哪位老师有比较好的建议？

我们可以把景物特质跟语言运用结合在一起，比如说在"目之所及"这一板块中，刚才我已经说了可以在景物前面加修饰语。还可以用什么方法？可以请学生把有表现力的词语画下来进行分类，一类是形容词，一类是动词。其实学生也关注到了其他一些词语和句子，但我们可以引导学生去关注动词的表现力。比如"呼啸""扫荡""切割""雕凿"……把这些动词找出来以后，对它们进行适当的连缀，再以《这就是各拉丹冬》为题目，写一首小小的诗歌，这就是课文变形。比如说，这里的风扫荡着（……），雕琢着（……），切割着（……）。把这些特别有表现力的动词拎出来以后，重新组合进行朗读，就可以表现各拉丹冬的壮美，或者说严酷和壮美。这样就把景物特点跟语言的特色结合起来了。

三、张丽花老师课例分享

徐杰：接下来请张丽花老师来说课。

张丽花（夏港中学）：各位同仁下午好，下面我讲一下我对这篇游记的文本解读和教学设计。

说教材。在关注单元教学目标的时候，我发现这样一句话——"阅读游记要读出作者的感受与思想，要从外部世界中读出关键主体内部的精神世界。"《在长江源头各拉丹冬》这篇游记在写景上比较独特，文中对景物的形的描写并不多，也不集中，往往只是简笔勾勒，重在捕捉所写景物的神韵。文中无论是简笔勾勒，大笔涂抹，还是详细描写，都重在写神，而非绘形。本文在写法上比较鲜明的是，作者用较多笔墨真实地展现自己来到生命极限处，置身于这些难得一见的景物之中，自己的身体状况以及与此密切相关的内心体验。观景主体的存在感非常强，文中景物带有很强的主观性、抒情性。在写景中融入自己的思绪，使得文章在写实的同时又带有一种超越眼前所见景的诗意。这种独特的写法是教学的重点和难点，在教学中要引导学生多体会多赏析，理解作者对于自然的感悟与思考，体会作者细腻丰富的情感。本文的语言看起来是"实话实说"，如话家常，实际上精心锤炼、准确传神，文章中精彩的描写句、精炼的哲思句、幽默的点染句比比皆是，有着与雪域高原景物相称的庄严感，要引导学生在阅读中品味语言。

说学情。游记是一种比较常见的文学体裁，学生在小学已经学习过。但在初中语文教材里面游记数量很少，从七年级到八年级能算得上是游记的课文寥寥可数，且大都是文言文，如《小石潭记》。所以学生在学本课之前，对游记的了解基本停留在小学时掌握的知识。本单元的四篇游记，风格、写法都各异，有助于学生通过集中学习来把握游记的基本要素。《在长江源头各拉丹冬》这篇游记，它所写的景物非常人所能见，所以能够激发学生求知和探索的欲望。但是因为"所至"之奇，所以"所见""所感"也尤显奇特。文中一些重要的句子，表达的是作者非常独特的体验与感受，这些阅读难点就需要让学生展开想象，尽量能够贴近作者的心灵，与其共情，慢慢理解作者写的是什么，为什么这样写，何以在观"此景"时有"此感"。

说教法。在教学中我主要设计了读游记、选拍照片的课堂活动，分成两个板块:(1)各拉丹冬——山景，感受各拉丹冬雄伟瑰奇的壮美景色;(2)各拉丹冬——人景，理解作者要表达的情感与精神品质。在活动中运用了朗读法和品味点拨法。

接下来我就结合课件具体讲讲我的教学过程。首先是导入,齐读课题。读完课题之后,提问各拉丹冬在哪里,在读课文之前别说去游玩过,连听都没有听过,所以和大家一起先来了解一下各拉丹冬。通过屏幕上资料的引入,我们了解了各拉丹冬的地点以及它在藏语中的意思:"高高尖尖的山峰",它是长江源头之一。神秘的雪域高原令人向往,在1987年作者马丽华随电影摄制组到各拉丹冬拍摄纪录片,用相机和文字为世人揭开了各拉丹冬的神秘面纱,今天我们跟随作者走进这个神秘的地方。接下来我是这样激趣的:现在出去游玩,大部分人都会在旅途中用手机拍照,在微信上发朋友圈来记录和展示。假想,如果当年马丽华也有智能手机,她会在行程里面选择哪些照片来发朋友圈,让大家一睹为快呢?请大家读课文,找出描写各拉丹冬景色的句子,为作者发一些精彩的朋友圈。接下来老师先做一个示范:

我读了文章第2小节,首先要给大家晒这样一张图片:

【PPT】

欣赏摄影师马丽华的美照。

"在风云变化的季节里形如金字塔的各拉丹冬的主峰,难得在云遮雾障中一现尊容。"(图片)

这张照片非常难得,所以说一定要让大家先睹为快。接下来同学们在选取照片的时候,可以配一些文字。先找出写景的语段,然后拍摄照片的时候可以构思一些文字,可以用文中精彩的语句,如老师一样,也可以自己拟写小标题,譬如说"主峰尊容图",接下来请同学们自己在文章中圈点勾画。交流的时候,同学们找到了很多图片,基本都能说一说照片上要表现的是各拉丹冬的什么特点。比如说在第1小节可以仰视远景,拍到一张"阳坡巨人图",也可用第1小节里面的那段文字来给它配图。第5小节在砾石堆上有这样一张全景拍摄图:冰峰、冰河、冰天雪地。而且同学们当时还选了本段的一些文字,比如说"远方白色金字塔的各拉丹冬统领着冰雪劲旅,天地间浩浩苍苍。这一派奇美令人眩晕,造物主在这里尽情卖弄着它的无所不能的创造力。"选这一段文字来配图的时候,除了要表现各拉丹冬的壮美,还要具体说说文字的精彩之处，这样就同时赏析了"卖弄""统领"这些词。在第6小节有一张靠近冰山时候的"冰山屏风图"，在第10小节置身冰窟时有特写镜头，如"琼瑶仙境图"，有各种冰塔、冰柱、冰洞、冰廊、冰壁等多个特写镜头。在冰河砾石堆上还有一个俯视的近景——"坚冰苏醒图"。同学们晒照片并说了照片上要展现的各拉丹冬的特点后，总结：通过以上晒在朋友圈的说说，看到了各拉丹冬的圣洁、雄伟、壮美、奇特。最后请同学们说一说这些照片都是在哪些地点拍摄的，请同学们梳理游踪，是从安营扎寨在各拉丹冬的雪山脚下远景拍摄，到冰河上砾石堆的远望全景拍摄，到慢慢接近冰山的近景仰视拍摄，最后进入冰塔林，置身冰窟有多个特写镜头。可谓是脚步在移动，观察视角在变化，景致也在变化。那么这样一种写法在游记中叫作"移步换景"。了解游记这一基本要素后，再一起发现这一篇游记在写景上的特点。

【PPT】

品读作家马丽华的文字。

"是琼瑶仙境，静穆的晶莹和洁白。永恒的阳光和风的刻刀，千万年来漫不经心地切割着，雕凿着，缓慢而从不懈怠。冰体一点一点地改变了形态，变成自然力所能刻画成的最漂亮的这番模样：挺拔的，敦实的，奇形怪状的，蜿蜒而立的。那些冰塔、冰柱、冰洞、冰廊、冰壁上徐徐垂挂冰的流苏，像长发披肩。小小的我便蜷卧在这巨人之发下。太阳偶一露面，这冰世界便熠熠烁烁，光彩夺目。"

请同学们自由朗读这两段文字，去发现这段写景的句子在句式上面有什么特点。同学自由朗读后，能够发现这段文字较多运用了短句，"挺拔的，敦实的，奇形怪状的，蜿蜒而立的"这些形容词，还有"冰塔、冰柱"等。这些短句精简而准确，形象性强，富有节奏感，很好地表现出了冰体形状的千姿百态，令人目不暇接。然后再请同学来读"是琼瑶仙境，静穆的晶莹和洁白。永恒的阳光和风的刻刀，千万年来漫不经心地缓慢而从不懈怠地切割着，雕凿着"。这个句子重新调整后让同学们比读，会发现其实作者是有意地化长句为短句，调换语序，来突出景物的特点。句子最后部分又放缓节奏，融入段落主体比较舒缓的节奏中去，形成一种张弛结合的音乐美。

引导学生去文中发现类似的写法：如第 4 小节，"面向各拉丹冬威严的雪峰行了跪拜大礼，虔诚又愚蠢"。把"虔诚又愚蠢"特意放到后面来强调。第 5 小节"蠕动在巨大的冰谷里，一列小小的身影"，强调人类的渺小。

【PPT】

风声一刻不停地呼啸，辨不清风何来何往，**仿佛自地球形成以来它就在这里川流不息**，把冰河上的雪粒纷纷扬扬地扫荡着，又纷纷扬扬地洒落在河滩上、冰缝里。

端详着冰山上纵横的裂纹，环绕冰山的波状皱褶，**想象着在漫长的时光里，冰川的前进和后退，冰山的高低消长，这波纹是否就是年轮**。

思考：这两段句子中加粗的内容，有什么共同的特点？有什么样的表达效果？

它们都属于作者的想象。冰窟中的风本应是寒冷刺骨的，可"感觉不到冷"的作者却听着风声，辨着方向，把思绪放飞到洪荒之始，感叹自然的永恒。作者并不详细描写冰山裂纹和皱褶的形状，因为这些景物不是一朝一夕就能形成的，由此写到关于冰川、冰山形成变化的想象，把冰山的皱褶想象成树的年轮。这样的写法能让读者联想到眼前景物"背后的故事"——大自然漫长、反复的变化，并由此认识到：这冰山、冰川其实是大自然历史的一部分，作者感慨大自然的伟力、鬼斧神工。这几个写景句子虚实结合，将读者的思绪引向时间的远处或思考的深处。如果删去，全句就只是对眼前景物的实实在在的描写，缺少了想象之美，景物也就缺少了神韵。引导学生发现文中还有多处这样的写法，往往从眼前的景物出发，做时间维度上的延展：或感慨自然历史的无尽（写冰河上的风），或畅想眼前奇景的形成过程（写冰塔林、冰川），或联想当下景物的"未来"（写冰下流水）。这样的写法增加了文章的厚度，也赋予文章独特的韵味，同时还能引发读者的遐思迩想，使其能更好地沉浸到文章营造的境界中去。

欣赏了这篇游记写景上的特点，然后再过渡提问学生欣赏了各拉丹冬原始地区的奇景，同学们发在朋友圈的照片好像还缺了点什么，平常我们发的朋友圈难道只晒美景吗？同学们说还会有一些自拍、一些拍人的照片，那刚才我们的照片是不是少了人的活动？所以引出文中这样一句话："不见自然生物痕迹，但今天的确有人活在各拉丹冬的近旁。"开始第二板块"选取人景"，请同学在文中寻找：在各拉丹冬这个生命禁区，看到了哪些"人的身影"。

从第1小节开始梳理：有前赴后继的探险家，有作者和他们那些队员，出现了多个人的名字。我们还发现在第10小节，来自北京的摄影大师就为作者马丽华抓拍了一张照片。作者说把一部分精神和生命都存在"仙境"里面，这里可以引导学生思考一下：把精神和生命存在"仙境"里面，在照片上可能会是怎样的呈现。然后请同学们自选角度，可以是从马丽华的角度，她用相机为队员们来选景拍摄；也可以是马丽华自拍；也可以是队员们为马丽华来抓拍。

同学们交流时，说第3小节拍到马丽华的霹雳舞"太空步"，这张照片展现了各拉丹冬环境气候非常的恶劣，而马丽华的姿态展现的是她的坚强意志、幽默乐观。还有第4小节跪拜图，展现的是人类对雪山的虔诚和敬畏。在第5小节冰谷行走图展现一行小小的身影，在大自然面前人的渺小，而人的渺小也是表现出对自然的敬畏……通过这些照片的交流，大家感受到作者这一行人的勇敢探索精神、对自然的礼赞和敬畏。最后我们来了解马丽华这位女性。

【PPT】

资料链接：作者简介

马丽华被誉为西藏的歌者和行者，她对藏北这片神秘的土地有着深厚的情感。她奉献自己的青春年华，用近百万的文字来真实记录自己行走在这片高原上的经历。至此同学们也可以进一步理解到，文中作者反复在叙写自己糟糕的身体状况，一方面表现出大自然环境的艰险，表达对自然的敬畏；另一方面，我们也能够体会到作者的乐观和坚强，文章非常亲切真实可信。作者是在身体的痛苦中坚持行走、考察，所以本文染上了一种苦难美和悲壮美的色彩。

最后总结，通过这篇游记马丽华让我们领略到了原始地区的永恒美，人类的探索精神美，"天地大美，人在其中。"最后一起有感情地把结尾这句话来朗读好，注意哪些字词要读出情感。以上就是我的一个教学构思，希望大家能够多提一些优化建议。谢谢大家。

四、评课优化

徐杰： 下面请体育中学吴伟老师来谈一谈。

吴伟： 我今天主要是来向大家学习的。听了张丽花老师的说课，我非常的惊讶，原来课是可以这样上的，可以通过拍照、赏析文字，然后再去分析人物的情感，这样的教学设计在我之前是从来没有想到过的。所以我觉得，她的活动设计是非常好的。这是给我最大的感受。

我还有一个小小的想法，后面关于马丽华的作者简介，屏幕上的文字好像有点多。如果站在学生的角度来看的话，会不会粗粗地看过一遍导致有些重点把握不住？可以把作者的简介再简练一点、提炼一点，把所要表达的重点再突出一点。其他的我真的觉得非常好，真是大开眼界。

徐杰： 谢谢。我上周在体育中学督导听课，听了吴老师的课，印象深刻，所以请吴老师首先来发言。吴老师的建议我觉得很好，我们在引入相关资料的时候，一定要对相关的资料进行加工。因为满屏的文字，学生会受到信息的干扰。引入资料需要再精简一下，指向更加明确。

张小波： 张老师的这堂课我觉得从活动层面上来说，更加的大开大合一点。整体的思路也是从游记的特点出发，把景、游踪、人的感受全部串联起来。刚才两个说课老师到了最后一个环节，讲人的一种精神层面的时候都是呈现，呈现之后这个活动怎么构建？没有看到。刚才我跟朱丽霞老师在探讨，有很多很朴素的语言活动是非常有效的，比如刚才徐老师讲的找动词进行串联。那么最后一句话的处理，可不可以通过朗读，问学生"你朗读最后一句话时，想把重点放在哪个词上面？"每一个词的重点表达的意思不一样，比如说首先是一个转折词"但"，接下来还有"的确""活""近旁"。我非常欣赏黄老师对"近旁"的理解，这篇文章的作者是把雪山当作人来写的，文中有很多的证据。所以，人和山，在它的"近旁"可能是一个最佳的位置。

关于张老师的这节课，我还有一点点疑惑。在赏析语言这一块，她用了选点聚焦的方法。在第 11 小节主要是关注短句，短句的特点在这一段中是比较明显的，它的特点很突出，肯定跟其他段落的文字是不一样的。为什么要变化？这个问题我没有听得很明白。她只是说包括短句的形成，包括修饰语后置，我觉得这不是马丽华语言的一个主要特点，这一段话也不是整篇文章中有代表性的。整篇文章不是用短句写的，那么这一段为什么有了写短句的感觉？这个问题我也没思考好。

还有个疑惑。两处大的活动都是用拍照片的形式，好像是有一点点的重合。我觉得两个用照片的活动板块到最后可以达到一个完美的融合。这个是我的一点小小的看法。

徐杰：刚才张老师提到的短句问题，是说课中让我眼睛一亮的。我最欣赏的是她关注了句式。很多老师在教学中会关注文章写了什么，为什么写，在写的内容层面上去做很多的活动。但是对于如何写的，有的时候读不出来。所以张丽花老师关注到一个很有特色的语言表达或者语言形式，是整堂课中最大的亮点。

张小波老师刚才的疑惑是整篇课文基本上都不是短句，为什么这里要用短句。全篇都是用短句的，是《安塞腰鼓》，里面有大量的短句，独句成段，甚至独词成句。为什么要那样安排？是为了表现安塞腰鼓的特质——奔放、简短、有力。在我们这篇文章中，张丽花老师发现的短句有没有价值？有价值。张小波老师的追问有没有价值？也很有价值。大家仔细再读原文，会发现叙事多用长句，写景多用短句，这样就有意思了。

第二个，我接着张小波老师的话题来说。张丽花老师在发现这些短句以后，要回过头来，再回到原文中，把这些短句用起来。比如说，"*切割着雕琢着，缓慢而从不懈怠*"这一句，"缓慢而从不懈怠"，其实是修饰"切割"和

"雕琢"的。张丽花老师说这是化长为短，是一个修饰语的后置。那么，再看第12小节"在滑极了的冰河上一点点挪动"这个句子，为了表现冰河的特点，我们能不能也来变换它的句式呢？"在滑极了的冰河上挪动，一点点的。"再看全文中其他的写景句，能不能也这样来玩一玩呢？让学生自己找一处写景，化长为短，把修饰语后置，我们立刻就能感受到各拉丹冬壮美中的那种凌厉的、严酷的感觉。不信我们现场可以来做一做。第5小节"从砾石堆上四面张望，晶莹连绵的冰峰、平坦辽阔的冰河历历在目"可以改成"冰峰，晶莹、连绵，冰河，平坦、辽阔，历历在目"。这么一变以后，景物的特征就会表现得更加鲜明。老师再做一个课堂的微型小讲座，用两三句话写出这种短句的作用。这样一收，就是一个非常漂亮的活动。这就是我所倡导的，要在文本中来来回回。发现是一个来回，把课文的语言元素再进行重组，就又是一个来回。

陈寿义：我个人感觉我们部编版的参考书还是很有价值的。大家可以看一看，如果把里面所有的东西能悟透了，再在悟透的基础上形成自己的想法，或者形成自己的教学设计，也是一种很好的教学方式。

在这节课开始的时候，我感觉挺好。张老师通过发照片、配文的方式，把这篇文章里有些东西过滤掉了。因为这篇游记不是单纯写景，更多的是写人的主观感受，她通过配文的方式很好避开了一些东西。在现场比赛时我发现有很多选手在选点的时候花了很多时间，其中有三个老师让我眼前一亮，很快就解决了这个问题。第一个是设定图文的方式，第二个是采取张老师这种方式，第三个是采取词组调整的方式。

第一个环节，在张老师设计的照片活动中，学生要干两件事：一是要在文中写出合适的写景文字，二是要勾勒图片。这里存在双重思维。如果刚刚起始时，老师把图片给定了，然后再让学生来找文字，就能直接定位到文字。这篇文章挺难的，我们先从简单的开始，慢慢上去，会好一些。

第二个环节，就是第11小节的活动，张老师是我听的一组中第一个发现句式特点的。这篇文章有一个最大的特点，就是有些句子不按照正常的语序来说，而是采取一种倒置的方式。"静穆的晶莹和洁白"是主语后置了，除了主语后置以外，还有定语后置的方式。但后来她没有通过很好的活动方式让学生继续细究下去。第 11 小节中真正写景的只有几句，第一个是"琼瑶仙境"，是写冰体的颜色；第二个是"挺拔的，敦实的"，是写冰体的各种形状；第三个是"太阳露面"，是写颜色的。如果让我来思考第 11 小节，我觉得参考书上说的还是有道理的。第 11 小节中短句出现频率挺高的，强调了"多"，朗读节奏肯定要快。但整段都读快，是不可行的。因为除了这几个短句之外，其他都是比较长的句子，是比较舒缓的。舒缓的语调是与文章主题有关系的。文章主题落在第 15 小节的"今天的确有人活在各拉丹冬的近旁"这句话上，它表达的不是征服，而是敬畏，是人与自然的和谐相处。文中有很多表达和谐相处的文字，如"千万年来漫不经心地切割着，雕凿着，缓慢而从不懈怠"。这里既有单纯写景，也有主观感受。张老师说这个语段具有音乐美，其实不仅仅有音乐美，更多的是与这篇文章的主题相吻合的。

第三个环节，张老师给出了作者的简介。她可能想把人的主观感受贯彻到这篇文章中去。我想，环节三和环节四可以解决这个主观感受的问题。因为文中敬畏的文字很多，可以设计一个语言辨析活动：是进取还是征服？是乐观还是悲观？

徐杰：陈老师比较谦虚。有两点我要再强调一下：一是关于用图画、发朋友圈等这种形式来进行课文内容的理解。它包括图与文的双向思维，应该要分步走，降低难度。有些地方给图配文，有些地方让学生读文字概括。如果是图，就给图来命名。

第二个，陈老师强调的第 11 小节的文字中，其实是情感的多元呈现，并不一定看到硬的紧的景物，"我"的情感也是硬的，我们要辩证地看待。情感中并不纯粹都是生命的、力量的东西，也有柔软的。

张丽花老师的整个设计中，我认为还有一点要注意的，就是语言形式的学习活动放在第二个板块，合适不合适？一般来讲，散文阅读的基本逻辑是从内容到形式，内容包括景物、情感、行踪等，形式就是语言形式特点，应该放在后面。所以我觉得把语言形式的实践、探究和运用放到最后，可能会更好一点。

严凤：在情感设计方面，我是在赏景环节结束后，直接让学生到文中找出表现"我"身体状况和表现"我"内心感受的句子。分为三类：第一类是侧重说"我"的身体状况；第二类是侧重说"我"的内心体验；第三类就是侧重于"我"看眼前景后产生的一种遥远思绪。在分类的基础上，我就聚焦到一个矛盾，就是在那种身体状况、甚至"我要死了"的情况之下，"我"是怎么去面对自然对"我"的严峻考验的？这样做的目的是为了抵达这篇文章最后的主旨——"我"包括我们人类在自然的严峻考验面前，如何去对待生命。我们面对这种状况，要依然不停下来、依然不甘心、依然挣扎着去看一看这样的美景。

到最后，让学生进行情境还原："如果你是当时的马丽华，终于站在山峰顶上，你会有怎样的心理活动？"设让学生填表示心理的词语：站在各拉丹冬的山峰之顶，我很_____，也很_____。我给予相应的提示，在这两个括号里填的心理词可以是相近的，比如说"我"很害怕，也很恐惧；也可以填相反的，比如说"我"很恐惧，也很坚强，"我"很遗憾，也很不甘心，"我"很虔诚，也很愚蠢，"我"很赞叹，也很敬畏……就是让学生自己去感受，这样又回到了对文章内容的理解，走近了作者内心世界真正要表达的文章主题。

今天听了其他老师的看法，我也有了一些新的思考。刚才黄佳威老师关于"活"以及"近旁"的处理，让我学到了很多，这也是当时我很纠结的点，所以很感谢这个活动能够让我们彼此一起成长。谢谢。

徐杰：严凤老师的发言就是在回应陈寿义老师刚才说到的"情感的多元"。"站在各拉丹冬的山峰之顶，我很_____，也很_____。"通过这个活动，又回到了文本，这就是打开学生多角度思维的好方式。所有游记类的散文对情感的理解，大家一定是要设计活动，不能简单地拎出一个大话题——"说说你在这篇文章中读到了作者怎样的情感"。这样的问题扔出去，学生能说到，大家都很开心；学生说不到，你就要不断地进行所谓的提示。这没用，一定要让学生通过活动走入文本、理解情感。只要是散文教学，就一定要把情感的理解变成学生对语言的欣赏。

张丽花：今天的学习为我打开了很多思路，在听黄老师的设计的时候我也很有共鸣。因为我当时看这篇游记时也关注到了题目中的"在""活"和"近旁"，但是不知道怎么来设计活动。平常在教学设计上最难的就是选点和活动设计。黄老师的活动设计非常巧妙，让我又有了新感悟。而徐老师的点拨，则让我真正深刻地领悟到了活动的设计还要持续深入，"要引领学生在文字中来来回回地欣赏"，经历这样的过程才能掌握"这一篇"语言的密码。今天各位老师思维的碰撞让我受益匪浅，谢谢大家，谢谢徐老师组织这样的备课活动。

黄佳威：感谢大家，这次活动让我对这篇课文的理解也有了更深层的感受。其他老师的课和老师的点评，让我发现在景物描写的赏析环节，还可以做得更深入。分析短句，可以在学生学到的知识基础上，继续运用整合的思维，深入挖掘文本的语言特色。另一个方面，我没有关注到作者情感的多元性。在接下来的备课中，我也会继续关注活动设计这一方面。谢谢各位老师。

徐杰：感谢两位老师专门过来分享他们的课例，也感谢今天参与的各位老师。

《刘姥姥进大观园》

集体备课实录

> ● 备课形态：现场集体备课
> ● 备课组成员：江阴市初三语文备课组长 42 人
> ● 课题：九年级上《刘姥姥进大观园》
> ● 课型：自读课

一、文本解读

徐杰： 解读文本是我们备课最重要的环节，我建议大家对这篇课文的解读围绕三个方面来进行：第一，写了什么；第二，为什么写；第三，怎么写的。老师们在十五分钟时间里，选其中的某一个方面，尽可能读出你独到的发现。待会我们自由交流，每人发言三分钟以内。现在我们开始解读文本。

（老师们准备）

徐杰： 你的发现可以就"为什么"来说，也可以就"写了什么"或"怎么写"来说。对小说中的人物、情节、环境、细节等，都可以谈一点自己的发现。发言的老师先自报一下学校和姓名。

缪静波： 大家下午好，我是敬山湾实验学校的缪静波。我发言的题目是

119

《灰色时代中的一抹亮色》。我主要谈一谈作者曹雪芹在这回章节中独运的匠心。在本篇整个故事情节中，刘姥姥无疑是主角。她明知大家拿她取乐，依然迎合。看似滑稽，实则是她的聪明之处。她的朴素实在，她的圆滑机敏也在此得到了充分的体现，真的是大智若愚。刚才这几句，其实是我们教参上对刘姥姥的解读。一个乡下老妪面对大观园显得是这样新鲜无知、好奇多问、处处引起哄堂大笑，一切都流露在了她的语言、动作、神态中，无一丝牵强附会，无一毫矫揉造作，纯然出自本性天真，虽然俗却很可爱，当属喜剧明星了。

　　这个小人物在《红楼梦》中起着穿针引线的作用。我觉得她不是贾府的镜子，而是照进贾府的一道光亮，照亮了贾府主要人物的性格特征和身份。比如她在餐桌上扮演的丑角形象，催化了贾府一场各具情态的笑剧，而各个人的笑也给读者展现了异彩纷呈的性格特征和身份特点。她们的"笑而不同"，也折射出了贾府平时严肃、不苟言笑的常态。试想，如果刘姥姥在乡下邻里的餐桌上，她的这番表演效果又会如何呢？也许就归于平常，没有这么好的效果了。在这一场景中，没笑的人是谁？李纨、薛宝钗。这同样可以窥见她们俩的性格特征。刘姥姥的真实在这一刻唤起了贾府这些人难得的真实一幕，她们如此纵情的笑也是人的生命最美好的姿态。这一切不得不归功于凤姐和鸳鸯的导演眼光，同时也让我们感受到了作者曹雪芹的导演功力。

　　总而言之，《红楼梦》借刘姥姥的三次出场，赋予了她见证荣、宁二府从繁荣到败亡的特殊地位。一个有意思的小人物给贾府带来了生机与活力。可深究刘姥姥放下尊严、处处卑微的原因，竟然是希望得到施舍时，不觉又让人心生悲凉。笑剧的背后，是不可收拾的一场悲剧，给我们读者带来了深思。不管怎样，让我们先沉浸于刘姥姥带来的一抹亮色中吧。谢谢。

　　徐杰：感谢缪静波老师的发言。缪老师的发言中有两点值得我们关注：第一点，她强调刘姥姥是主角，这一点很重要。我在江阴督导听课，听过不下 10 节《刘姥姥进大观园》，很多老师把人物都解读散掉了。我们一定弄清楚本篇中，刘姥姥是主角，定位要准确。第二，缪老师说刘姥姥的本性天真，我不知道老师们有没有不同的看法。刘姥姥流露出来的，有天真的东西，但更多的是什么？是一种下层人的世故，是底层人的一种圆滑。最后，缪老师把刘姥姥归总结为"有意思的小人物"，这一点很重要。围绕"有意思的小人物"可以做大文章，为什么说她是一个有意思的小人物呢？大家可以想一想。好，接下来哪位老师发言？

王子琳：大家好，我是南菁实验的王子琳。粗浅思考，请大家批评指正。我在这篇文章中关注到了对比。因为在书后的阅读提示中写到"作者通过雅与俗、庄与谐的对比"，这给了我一个提示。在整本书中，林黛玉进贾府部分是借黛玉之眼，看到了贾府的整个状态。现在是换了一双陌生的老眼，来更加仔细地去看大观园的状态。以刘姥姥的眼睛进一步细看大观园，产生了陌生化的效果。如果再让黛玉去看一遍大观园，或者让大观园的其他人物去看自己家里的状态，就落入俗套了。但是让这一双陌生的老眼去看这琳琅满目的大观园，就有一种陌生化的视觉感受。因为她看什么都感到很新奇，看什么都值得一写。

首先，刘姥姥的地位、身份、处境等和整个大观园中的人物形成了非常强烈的对比，在第 1 小节中，刘姥姥说"人人都说大家子住大房"。这里出现了非常多的"大"字，凸显了大观园的奢华、富贵，生活非常奢靡的现状。还有吃食，比如后面写到吃鸽子蛋，吃饭时的一些用具，餐前的准备等，都跟她平常的生活非常不同。从刘姥姥吃东西的状态来看，也是庄与谐、雅与俗的强烈对比。在后面鸳鸯与凤姐虽然说的话类似，却彰显了她们不同的身份性格。当然，最多的是不同人物的"笑"的对比。这是我目前找到的一些关于对比的内容。

还有，作者在这里写了贾府中极盛的状态，却让我感受到了盛极而衰的感觉。正所谓"草蛇灰线，伏脉千里"。

徐杰：王子琳老师发现的对比是从"怎么写"的角度来看的。她发现的对比有四处：底层人的"难"与上流社会的"奢"；庄与谐、雅与俗；凤姐与鸳鸯态度的对比；不同的人"笑"的姿态的对比。还有没有老师来补充对比了？

张年：当初在教这篇文章的时候，我们研讨出了一些对比。其中一个就是刚才老师已经提到的"不同的视角对于同一个问题的看法"的对比，开篇第一句就说了"这个屋里窄"，而刘姥姥对此有不同的看法。类似的还有很多，我们平常觉得很不平常的东西，在大观园里都是非常平常的。第2小节里提到一个"五彩大盒子"，它前面有一个词叫"一色"。这个东西在大观园里很普通。后面还提到了"乌木三镶银箸"。刘姥姥用的是"四楞象牙金筷子"，她觉得这是戏弄她的，后来换了个普通的，结果是乌木的。在大观园里的人看来，乌木很平常，但在刘姥姥看来很不一样。还有，贾母看见刘姥姥吃东西，说"见她如此有趣，吃得又香甜"。还有一次，贾母觉得小点心油腻，而刘姥姥却觉得这应该是很好吃的。

假如再往前做一层的话，就是极致的物质生活，让大观园里的人呈现出一种极致的无趣、无聊的，精神上的空虚。刚才缪老师说的一句话，我特别欣赏。她认为刘姥姥照亮了贾府，那么她是用什么来照亮贾府的呢？主要是她对一些东西完全不同的感受和大观园里的人进行了碰撞，让里面的人有了一种特殊的体验。

还有一点，我也想回应一下。刚才徐老师说"刘姥姥是真，还是世故"，我觉得刘姥姥确实有"真"的一面，她是用自己的真心，用自己最本色的状态和大观园里的人在沟通。而这种"真"，也确确实实被大观园里的人认同了，没有被世故之心完全掩盖。最终大观园里的人对刘姥姥的感情也是高度认同的，甚至凤姐的女儿也让她取名。如果她是一个纯粹世故的人的话，估计也得不到她们认同的。谢谢。

徐杰：好，感谢张年老师。关于"对比"，课后的阅读提示中只是说到了"雅与俗，庄与谐"的对比。如果我们要再进一步细读的话，"雅与俗"是从哪些方面来进行对比的？老师们有没有新的补充？大观园里这些大户人家的言语方式与刘姥姥的言语方式，是不是形成了"庄与谐"的对比？大户人家吃东西的动作跟刘姥姥吃东西的动作，是不是对比？"伸着脖子要吃""放下筷子亲自去捡"，这些很俗的表现，跟大观园里的人的"吃饭"就形成了一个很好的对比。甚至她的语言中也有一些很俗的内容，比如对物件的称呼。刘姥姥说的"叉巴子"，是竹木制成的一种农具，而实际上它是"四楞象牙金筷子"。所以，我们不能够只看到课后阅读提示中的"庄与谐"，而要解读到"庄与谐"的具体所指，对人物的语言、动作等等方面要进行进一步的微观分析。

张年老师说刘姥姥是真性情，我认为如果放到整本书中去，很显然她有天性纯真的一面，因为最后是她伸出了援手，把巧姐带回了家。但是在本文中，刘姥姥所有的表现绝大部分并不是出于她的纯真。我们来看一下第4小节中的一句话："鸳鸯便忙拉刘姥姥出去，悄悄地嘱咐了刘姥姥一番话。"它呼应了第11小节的话："刘姥姥马上笑道，姑娘说哪里的话，咱们哄着老太太开个心儿，有什么恼的。你先嘱咐我，我就明白了。"可见刘姥姥在这里所做的很多事就是为了讨老太太喜欢，哄她开心。这是底层人生活的智慧。当然这是我的看法，供大家参考。好，接下来继续。

姜艳婷：大家好，我是陆桥中学的姜艳婷。刚才几位老师提到了"对比"，我也找到了三个。第一个，"小"与"大"。刘姥姥这个小人物，走进了大观园，这是"小"与"大"的对比，就是刘姥姥逗趣整个大观园的人。第二个，"雅"与"俗"，整个大观园里，人的语言、动作是雅致的，而刘姥姥的语言是非常粗俗的。当初刘姥姥在第6回想促使她的女婿到荣国府去讨生活，女婿不高兴。刘姥姥就对她的女婿说："如今是你们想拉硬屎。"这么俗的人走进这么雅的大观园，对比是非常强烈的。第三个，"明"与"暗"。刘姥姥在《红楼梦》中起到了非常重要的作用。作者为什么要写刘姥姥进大观园？第一就是要反衬贾府生活的奢侈。我找到了以下几个依据：第一个是第1小节的"大"，刘姥姥肯定不会说"奢侈豪华"，她的身份地位决定了她只会用"大"字来形容。第二个地方是第4小节的"一把乌木三镶银箸""一张小楠木桌子"，第5小节的"贾母素日吃饭，皆由小丫鬟在旁边拿着漱盂、麈尾……"，第6小节的"一双四楞象牙镶金的筷子"。这里用的是"金""银""楠木"等词。第9小节"凤姐笑道'一两银子一个呢'"。我查了资料，在清朝的时候，"一两银子"

相当于现在的人民币 150—220 元。这些小细节可以表现贾府生活的奢侈。

第二是写活了许多人物。刘姥姥上演了一场笑剧。她进贾府之前大观园是一潭死水，她来了之后大观园变得生动活泼。

第三是千里伏线、首尾相应。这跟巧姐的缘分有关。这也是作者曹雪芹的匠心之处。巧姐第一次跟刘姥姥的缘分是在第 6 回，那时候她还不叫"巧姐"，叫"大姐"，还在襁褓中。第 41 回提到了巧姐和板儿的故事，一个拿着佛手，一个拿着柚子。这佛手代表着菩萨之地，柚子圆圆的香香的，可能也有那么一点意思吧。脂砚斋在品《红楼梦》的时候，是有这么一种说法的，叫"小而藏情"，所以是"千里伏线"。最后是在第 113 回，刘姥姥三进荣国府的时候，王熙凤委托她把巧姐带出来，后来刘姥姥果真很卖力地把她从烟花巷里拯救了出来。所以，作者明写刘姥姥，实际上暗藏玄机。谢谢。

徐杰：感谢姜老师。她对"对比"补充了两点：一是"小"与"大"，二是"明"与"暗"。她对"明"与"暗"进行了仔细的解说。如果我们沿着"明"与"暗"再继续往下思考的话，会发现这个角度挺有意思。作者写所有人的笑好像都是明着写的，但到底谁是明的，谁是暗的呢？贾母的笑应该是明的，其他人固然是为刘姥姥的滑稽可笑而笑，但也是为了讨好老太太。刚才姜老师说到了刘姥姥三次进大观园。我在听课过程中，经常发现很多老师如果喜欢一个文本，马上就会岔出去。有的老师就把"第一次进大观园"和"第三次进大观园"补充进来，把后面刘姥姥对巧姐的关心扯进来；有的老师会把后面刘姥姥跟大户人家的很多交往拉进来；还有的老师会把这里面的人物关系想方设法理清楚，哪些人是姐妹，哪些人是妯娌。这些问题，你觉得一节课能不能搞得清呢？ 45 分钟的一节课，你别指望着把很多问题搞清楚。我们不是在上《红楼梦》的整本书阅读课，而是在学一个单篇。这个单篇可以适度地往整本书延展，但是一定要注意延展的度。备课的时候我们要把解读文本的重心放在这个单篇上，不能把它变成《红楼梦》的欣赏课。当然，我们解读的时候可以放在比较全面的某一条主线上，比如放在刘姥姥三次进大观园的主线上。还有其他老师发言吗？

刘秋萍：大家好，我是来自江阴市中的刘秋萍。听了大家的发言，我有几点想法。第一个是关于"对比"。刚才老师们提到了视角的对比，我总结了一下：一个是贵族视角，一个是平民视角。"大"与"小"不仅仅是身份、地位的对比，还有认知程度的对比。第二个，刚才张年老师提到"极致的无趣"，如果再提炼一点，就是"卑微的生动"，这两组形成了一个对比。第三个，作为最成功的形象之一，刘姥姥也是作者的思考和寄托，这种极致生活的无趣，用什么来打破呢？我个人的解读是，曹雪芹希望到民间去寻找生命的方向。

关于"笑"，是"笑中百态"，还是"笑中见人"？我近期在看专家的解读，有一篇是上海师范大学中文系詹丹老师写的《谈统编教材教学用书对＜刘姥姥进大观园＞的解读》。她说："这个场面的分析，关键不是性格形象节制和克制行为，恰恰是彻底不克制不节制（或者说不能克制，是人在本能中的彻底放松到失态的底部）。上下尊卑，长幼有序，每个人在传统礼仪熏陶下的温文尔雅，似乎在这一瞬间彻底消失了。"对于这种观点，我比较认同。这篇文章我之前上课的时候关注了一个"笑"字，我现在可能会从一个"戏"字入手。前面第3、4、5小节文字，是"说戏"，第6到第10小节是"入戏"，有"戏里"和"戏外"两个状态。我们就要这样去思考刘姥姥在戏中的状态。她有些话在戏中是表演，有些话在戏中是真情流露。比如第9小节文字，刘姥姥说"一两银子，也没听见个声响就没了"。此时刘姥姥的心理有戏里戏外两个层面。到最后第11小节文字时她"出戏"了。她说："你先嘱咐，我就明白了，不过大家取笑儿。"徐老师刚才也提到，刘姥姥一面递眼色，一面说"姑娘放心"。我觉得不应该从圆滑或者世故的角度去解读刘姥姥，因为她是卑微、有所求的。这也是底层人物的智慧。谢谢。

徐杰：刘秋萍老师做了功课，她读了与文本解读有关的专家解读。詹丹老师解读《红楼梦》在业内还是有比较大的公信力的。刘老师说到了贵族的视角与平民的视角，大家有没有什么疑问？如果真要谈视角问题，还必须要再涉及一个视角，那就是——作者视角。由这个视角再引申到刚才刘秋萍老师说到的"戏"，就很有意思了。既然有戏，那就有演戏的，看戏的，还有导戏的，是不是？从某种意义上来说，"戏"可能比"笑"的支撑点还要再大一点。

我们今天的第一个程序——文本解读的自由交流阶段就到这里。接下来再给大家 15 分钟时间，请你聚焦于一个 10—15 分钟的课堂活动，把它进行分解、分层。你可以选一个点，比如围绕对课文内容的概括与理解，设计三个活动。也可以围绕对人物形象的理解，设计活动的步骤。我们要做出活动内部的层次，层层深入，层次与层次之间要有螺旋上升的趋势。等会我们来简明扼要地进行汇报交流。

二、教学活动的设计

（老师们准备）

陈晓燕：大家好，我是长泾二中的陈晓燕。我的活动是聚焦分析刘姥姥的形象，首先我会出示一张表格，要求学生给刘姥姥整理档案，这个档案里包含身份、地位、性格等信息，并让学生说出依据。通过刘姥姥对贾母正房的评价，对梯子用途的质疑，把鸽子蛋说成"鸡儿下的蛋"，还有"叉八子""老母猪"这些语言，可以看出她的身份是一个乡下人，没见过什么世面，地位更是卑微的。虽然贾母称她是"刘亲家"，但作为客人，她没有跟贾母一桌，而是挨着贾母一桌。鸳鸯、凤姐可以设计拿她取笑，刘姥姥也迎合大家，故意给大家逗趣取乐，从这里可以看出封建社会的等级比较森严，身份不同，地位低下。这是第一个环节。

然后穿插背景，介绍刘姥姥进大观园的原因，推进到第二个活动——给刘姥姥起绰号，要求结合文章内容具体说明。我首先想到的是"丑角"，因为她配合凤姐、鸳鸯故意出洋相、引人发笑，是一个丑角的形象。学生可能会更加多样化一点，比如说文中有现成的"女清客"，还有学生会想到一些跟"逗笑"有关的其他绰号。

最后我想引导学生，让他们关注到刘姥姥的表面粗俗，实则圆滑。她深谙生存之道，是一个大智若愚的形象。谢谢大家。

徐杰：我为什么第一个让陈晓燕老师来分享？是因为上周在他们学校，我在听课反馈交流的时候，着重强调了要有课堂活动设计的意识。今天是想看看陈晓燕老师有没有思考。她确实动了很多脑筋，第一步和第二步是很有活动设计意识的。尤其是给刘姥姥起绰号，就是一个非常好的学习支架。学生要起出绰号来，就要对刘姥姥的人物形象进行分析，这是一个非常好的学习活动。出示相关的背景材料也很好。

第三个步骤，她只是说感受刘姥姥的生存智慧，这是不是活动？不是活动，"感受"是一个比较虚空的词。你要想明白你是通过什么方式让学生感受的，是通过什么样的活动来让学生领悟的。所以，第三个步骤要改一改。比如，读课文，选取刘姥姥某一处语言或动作，写一写她此刻是怎样的心理活动，进行内心补白。一旦把刘姥姥在那时那地的内心活动补白出来，那么刘姥姥的生存智慧就能感受到了。

赵铁新：我去年上《刘姥姥进大观园》时有一个教学设计，现在和大家交流一下，请徐主任点评。这个教学设计是"精读课文，赏析笑态"。第 7 小节描绘了一幅各具情态的群笑图，历来为人称道。请说说这一小节好在哪里，这是一个主问题。围绕这个问题主要设计以下几个活动：

一是齐读第 7 小节。

二是把第 7 小节做一个人物改动，把湘云和黛玉交换一下，把贾母和薛姨妈交换一下，把探春和惜春交换一下，改了以后，让学生比较为什么不能改。他们在比较的过程中就会发现，改了以后不符合人物的身份、地位、性格等，于是总结出"笑而不同"，从"笑"的表现中可以看出每个人不同的特点。

三是对人物进行补充介绍，因为学生对《红楼梦》不是很熟悉，对每个人物形象并不是非常了解，所以在学生大致感受了这些人物的不同之后，再对这些人物进行一个补充介绍。凤姐和鸳鸯的笑是"笑而不露"，反映出她们善于计谋、爱耍小手段、取笑、捉弄人的性格特点；探春、史湘云、薛姨妈笑得自然流露，反映出她们率真、爽朗、不受拘束的特点；林黛玉的笑极力控制，反映出她含蓄有教养又谨慎的特点；宝玉笑的时候钻到贾母的怀里，反映出他天真、孩子气的性格特点；惜春笑得肚子疼，让奶妈给揉肠子，反映出她娇气、孩子气的特点。贾母笑得眼泪出来，反映出她仁慈、富有同情心的特点。这就是给学生一个材料补充。

接下来让同学们去关注作者描写重点人物时的动作、语言、神态，用"因为……所以……"的句式来表达。比如，因为史湘云性格豪爽，所以她第一个笑出来，而且是"喷着笑"。然后让学生仿照这样的句式说说其他的人物。因为之前对各个人物的性格有所介绍，学生应该能够说出来，再进行一个总结，人物的不同特点是通过不同的动作、语言、神态表现出来的，顺势提炼出"笑而有法"，就是"笑"是有方法把它描写出来的。

然后再问同学，还有没有其他不能交换的理由。可能这一点学生关注不到，我们可以提醒学生第 7 小节的内容和第 5 小节是相照应的，这里人物的场面描写和第 5 小节的座次形成照应，所以整个场面显得有层次，杂而不乱，总结出"笑而不乱"。比如，贾母和宝玉、湘云、黛玉、宝钗是一桌的，所以宝玉才可能滚到贾母的怀里；迎春姐妹三人是一桌的，才会有"探春的茶碗合在迎春身上""薛姨妈也撑不住，口里的茶喷了探春一裙子""惜春笑得离了座位"这些描述。

最后一个环节是问学生还有什么精妙处，曹雪芹在描写笑的场面时，是先总写，再分写。"众人先还发怔，后来一想，上上下下都一齐哈哈大笑起来"是总写，再具体写每个人，由整体到局部来写。所以，可以总结出"笑而有序"。

这是我去年上课的时候对这个场面描写的分析，请徐老师批评指正。

徐杰：我想请云亭中学的汤蓓老师来点评赵铁新老师刚才的分享，谈谈你的听后感。

汤蓓：各位老师，大家下午好，我是云亭中学的汤蓓。刚才赵铁新老师的设计聚焦了众人的笑态，如果我来设计这个聚焦的话，会让学生通过这些人物的"笑"来分析，如此可爱的刘姥姥表演的笑剧，她成功了吗？从哪里可以看出？根据这个主问题，我会设计一个活动，根据这些人的"笑"对她们进行一个排位。比如，能不能从惜春或探春的"笑"中看出她们在大观园中的排位是怎样的？这是第一个。

第二个，把刘姥姥穿插进去。她作为大观园的客人，她的地位是如何的呢？如果把刘姥姥也放进这些人物中，她的排位应该在哪里呢？

最后是一个主题的揭示。我来设计的话有三个方面：一个是可笑，一个是可爱，一个是可怜。她的排位还在丫头后面，可以体现出她的可怜。

张年：对于这段文字，我们学校备课组活动的时候也研究过，下面我来分享一下。我们讨论过要不要给孩子分析这段内容，最后决定不讲。并不是说这段内容分析得不好，文本解读还是非常深刻的，但是它适不适合在这堂课上跟孩子们讲得这么深入？首先，孩子们对于这群人缺乏一个整体认知，老师跟他们分析这些人物性格的时候，需要做大量的补充，这不是一节课上能做得到的。比如史湘云，孩子们对她是没有概念的，怎么对她进行补充很麻烦。而且刚才徐老师说了，这堂课的主角是刘姥姥。如果我们把大量的精力放在这个地方的话，会偏离剖析刘姥姥人物形象这个课堂重点。

还有，我们当时考虑问题比较实际，如果把这个问题放在考试中考的话，哪些内容会是得分点呢？孩子在面对文本阅读的时候，他需要的解读思维是什么？很重要的一点，他一定要能看出来这是侧面描写。文字虽然描写的是群像，但它最终指向的却是刘姥姥的表演所产生的喜剧效果。它的内容如果简单化的话，核心的特点就是"笑"的失态。

我们要让孩子们明白这一群人原本应该是贵族的、端庄的，结果因为刘姥姥的表演，她们失态了。还可以在这个基础上适当想象一下，这个人应该怎样才算是比较正常的。课堂上学生能够读出人物的失态，能感受到刘姥姥一句话产生的笑的效果，我觉得就可以了。这是我的一点看法，谢谢。

徐杰：关于这个问题我也说两句。赵铁新老师采取的策略叫"感知一篇，精读一段"。这是我们带领学生文本解读最为轻巧有效的方式。我认为精读一段是可以的，但要看你怎样来读。我们来分析一下赵铁新老师刚才的几个步骤，看一看哪些步骤是可以采用的，哪些步骤是可以优化的。

第一步是朗读。这肯定是需要的。第7小节学生肯定要进行朗读，读出笑的味道，读出笑的氛围。

第二步是说人物能否互换。这就涉及了张年老师刚才所说的，如果我们的学生没有阅读《红楼梦》的经历，就凭这里出现的几个人，就凭我们老师介绍她们几个的身份，就立刻能在这几个各具情态的"笑"中分析出她们的性格来，确实是很为难学生。在这里学生能够读到不同的笑，有的直接写到了笑，有的没有写到笑，但也感受到了笑，这就是直接描写和侧面描写。直接写到的笑，如"上上下下都一齐哈哈大笑起来"。写"口里的茶喷了探春一裙子"，这里没有写到"笑"字，但也是在写"笑"，这是立足于文本的，学生在文本中是能读到的。你在哪些句子中读到了"笑"？这可以作为第二步，不一定要把人物的性格进行细致深入的分析，要降低难度。这时候老师再来收一收，写"笑"采用了正面与侧面描写相结合的方式。

第三步，是从第7小节与第5小节之间的呼应得出"笑而有序"的结论。我认为赵铁新老师这种精读一段以后，又不忘以这段为主左右勾连的意识，也就是以一段去辐射全篇的意识特别好。当我们采取精读一段这种策略的时候，一定要适当地勾连与辐射，达到"窥一斑而见全豹"的效果。赵老师的策略是很好的，但学生如果对《红楼梦》没有阅读经历的话，很难发现这种座次的匠心。这一段中所有的人都在笑吗？第三步，可以进行一点逆向的思维训练。有没有人没笑呢？大家看，"独有凤姐鸳鸯二人撑着，还只管让刘姥姥"。这两个人是没有笑的，她们为什么没有笑，前面有没有伏笔？这样就辐射出去了。继续追问，还有谁没有笑？表演者刘姥姥没有笑。假如要写刘姥姥的笑，该怎样写呢？就又辐射出去了。那作者为什么不写刘姥姥的笑呢？这时候又可以在文章中找到伏笔，因为刘姥姥知道她是要逗别人笑的。三个步骤下去，就有层次，有递进了。当然，这是我个人不成熟的看法。

赵老师还说到"因为……所以……"的句式。我建议要降低难度，老师可以出示一组，但是后面的内容老师也应该给出一点提示。直接把"因为……所以……"的句式扔出去，学生不一定能够完全读得出来，在阅读的方向上不一定指向准确。

下面继续，请周庄中学的刘英老师发言。

刘英：大家好，我是周庄中学的刘英。刚刚我在设计的时候，也是分析了这个笑料，思路也差不多。听了张年老师的解读后，我感觉我们在这上面还要有更多的思考。对这几个人物的把握，没有经过整本书的阅读，确实是不容易的。

我的设计是这样的：

第一步，找笑貌。问题是：在这场笑剧中，哪些人笑了，哪些人没笑？一个是李纨，一个是薛宝钗，还有凤姐和鸳鸯，之后可以引入到对这几个人物的分析。

第二步，是析笑态。每个人的笑都是不同的，不同的笑体现了不同人物的性格、身份和地位，那怎样把人物的性格很自然地引出来？我想用一种表演式的朗读，让学生来体会一下这些人物不同的形象。

第三步，是品笑意。面对众人的逗笑取乐，刘姥姥非但没有生气，反而极力配合，这可以显示出刘姥姥的精明、世故、圆滑，作者还有没有其他的用意呢？在后文第 11 小节中有一句话"礼出大家"，意思就是"礼仪出自富贵人家"。按照古代长幼有序的礼节，她们本应该是尊重刘姥姥的，而且刘姥姥是客人，来者是客，可是刘姥姥在大观园中却成了被取乐的对象。作者在这里对贾府是带有一点讽刺、批判意味的。第三步我想引入到这样的主旨上来。我就说这么多，谢谢。

徐杰：感谢刘英老师的补充发言。你刚才说的三个步骤，都是采用了说读加分析的形式。三个活动中，其中一个活动是可以用这种形式的，但如果三个步骤都是采用这种问答和分析，就显得有点呆板。你再动动脑筋。

下面请实验中学的王惠君老师发言。昨天实验中学杨春方名师工作室活动时，王怡老师就上了这节课，王惠君老师也参与了磨课，请把你们磨课的心得，跟大家分享一下。

王惠君：我先说一说听了刚才大家的解读以后我的设计。刚才说到这篇课文的主角是刘姥姥，也说到这篇课文的内容其实就是一出戏。所以，第一步，跟着主角刘姥姥走进大观园，看看刘姥姥有几次出场。学生可能会概括逛大观园，配合演戏，逗笑众人等情节。第二步，既然刘姥姥是这出戏的主角，那最能突出她演技高超的是哪一次出场？请同学描述一下出场的画面。学生会聚焦到第7、8、9三小节中刘姥姥的语言、神态和动作描写，第11小节中"刘姥姥忙笑道……"也是可以聚焦到的，因为前面看到的是刘姥姥演戏的夸张，而这个时候又能读到她的豁达明理。再问还有哪些地方也能突出她的演技高超？第7小节中众人的笑也是可以表现的，这就是侧面描写。第三步，归结到她演出了一个乡下农妇怎样的形象。应该是既粗俗幽默，又通达明理、大智若愚、聪明圆滑。

接下来，我和大家分享一下我们学校王怡老师上的这篇课文的课堂活动组织。首先，王怡老师基于这部戏设计了一个颁奖典礼的大情境，在这个大情境里，设置了最佳剧情奖、最佳女主角奖、最佳女配角奖和最佳导演奖。

在"最佳女主角奖"这一活动中，导入是这样的：这一场笑剧中，有一个人当仁不让，摘取了最佳女主角的桂冠，她就是刘姥姥。组委会邀请她呈现笑剧中的片段，然后出示文中第7小节和第8、9小节中关于刘姥姥的语言、神态、动作描写的两个片段。让学生选一处，和同伴一起来读一读。

在读第7小节的描写时，做了指导朗读的三个层次：第一步读通句子；第二步读出打油诗的停顿和节奏；第三步，先问学生刘姥姥在说这句话时，有没有笑。是"笑着说"效果好，还是"不笑着说"效果好？最后得出"一本正经地说"更搞笑诙谐，更能逗笑众人的结论，再让学生读出诙谐逗笑的语气。

读8、9两小节中的描写时，也是分三个层次。一是读出"这里的鸡儿也俊，下的这蛋也小巧，怪俊的。我且得一个儿！"这句话中的朗读重音，这样问："你觉得这里哪几个词要重读？"重读"鸡"和"蛋"，读出刘姥姥很新奇的心理；重读动词"得"，来感知刘姥姥着急想尝的心情。二是问"刘姥姥叹道……"是怎么叹的。在"叹"字前面加一个修饰词，想象刘姥姥的神情是怎样的，是皱着眉说，还是笑着说的。读出刘姥姥虽然心疼但是神情并不表现出来，表现她的情商高，通透。第三步是采访同学，当你被大家哄堂大笑的时候，你恼怒吗？那刘姥姥为什么不恼怒？因为她已经知道了，所以并不恼怒。关联到前文的"姑娘放心"和后文的"咱们哄着老太太开心，有什么恼的"，读出刘姥姥的通透豁达。

最后是给刘姥姥写颁奖词，按照"虽然她＿＿＿＿，但是她＿＿＿＿。她是当之无愧的最佳女主角！"这样的句式来写，从而总结出刘姥姥的形象。

在"最佳女配角奖"的活动中，对第 7 小节中"众人的笑"设计的活动跟刚才很多老师的设计有相似的地方。第一步，把人物进行调换，把湘云和黛玉、薛姨妈和王夫人、宝玉和惜春的位置进行了调换，然后说这几位配角拿到剧本以后，对自己的笑态不太满意，请帮助她们修改。同学们对这些人物的基本认识还是有一些的，所以大致能说出来。然后小结到"笑而不同"，"笑而不乱"。第二步问，有没有前面出场过的配角在这个场景中没有笑？有凤姐、鸳鸯，因为笑剧是她们设计的，所以她们没有笑；李纨和薛宝钗也没有笑，请学生为她们添加"笑"的戏份，然后问为什么不写她们的笑。因为作者的留白与省略给了我们品味和想象的空间。第三步是先说笑有很多种，如讥笑，嘲笑，冷笑，苦笑，欢笑……那众人对刘姥姥的笑是属于哪一种，说说理由。这里应该是"欢笑"，老师带着学生理解，贾府的人虽富贵却过着压抑的生活，刘姥姥带来的欢笑，打破了礼仪的束缚，让整个贾府呈现出了一种轻松的、自然的、开放的状态。

在最后一个"最佳导演奖"的活动中，先问学生想把最佳导演奖颁给谁？然后出示三个候选人，一个是鸳鸯，一个是凤姐，一个是曹雪芹。有同学认为鸳鸯和凤姐是导演，有同学认为曹雪芹是导演，老师就引导他们，鸳鸯和凤姐是戏内的导演，曹雪芹是戏外的导演。接下来做一个假设，假如把刘姥姥的故事放在她自己的村子里，还会不会有这样的效果呢？学生得出结论，这里有贾府的奢华和农村物质生活匮乏的对比，有贾府人物与刘姥姥言行的对比，有雅与俗，庄与谐的对比。最后是曹雪芹发表获奖感言："我的整部作品就是一把辛酸泪，在大观园这一场纵情的欢笑中，我埋下一些草蛇灰线，暗藏着笑背后的辛酸。"请同学们说说"笑"背后有哪些辛酸，这里是带着学生探讨文章的主题。不用很深，学生也是能读出来的。如大观园平时生活的压抑，普通百姓生活的艰难等。我要讲的就是这些，谢谢。

徐杰：好，王惠君老师的发言，我也分两步来说一说。我觉得昨天他们学校的这节研讨课，以颁奖的形式来组织学习活动，非常好。它比提问题找答案，比碎问碎答要好，这是第一个。第二个，其中的第三个环节，"笑背后的辛酸"，可能只需点到即止，或者不点出来，这需要商榷或者思考。因为从单个的文本来讲，"笑"里有多少辛酸，真不是很重要的延展，这涉及从文本中来还是从整本书中来的问题。

王惠君老师刚才谈到她自己对这个活动设计的想法，问演技高超的有哪些地方，最后指向于侧面描写。我要补充的是，演技高超的地方，首先要指向活动。第一层次应该指向于细节，是正面的细节描写。就像刘姥姥"鼓着腮帮子，两眼直视，一声不语"，就是一个正面的细节。第二层才要问哪些是没有直接写出演技高超、但也能看出演技高超的地方。所以，要分正面与侧面两个层次，小步骤地去做活动。

还有刚才说的描述画面，是对内容的理解，属于语言感受的活动，而演技高超的聚焦品读，应该属于语言欣赏活动。如果放到整节课中去，我们还应该要有语言的分析活动，语言的学用活动等。也就是说，语言活动是我们课堂活动的核心。当然，因为我们谈的是某一个板块的活动，就不展开了。

刘秋萍：我在刚才老师们讨论的基础上谈我的一个想法。既然是"戏"，就要有喜感，所以我会问，喜感在哪里。学生可能会找到第7小节刘姥姥的语言和表演，这里体现出一种夸张，语言、动作、神情的夸张。他们还可能会找到第9小节"满碗里闹了一阵，好容易撮起一个来，才伸着脖子要吃，偏又滑下来，滚在地上。忙放下筷子，要亲自去拣"，这动作里有一种诙谐的效果带来的喜感。关于第7小节文字中"众人的笑"，我处理的方式是举重若轻，因为这主要起到一个侧面烘托的作用。喜感主要是通过夸张手法体现出来的。

其次，我们会找第8和第9小节文字。这里有两处对刘姥姥的语言描写，但她说话时的心理状态是不一样的。可以让学生通过比读后思考，为第二处"刘姥姥叹道……"补写一个心理，因为前一处是戏里的话，后一处是戏外的话。为她补写一个心理，可以初步感知这个人物的心理层面的状态。我们再思考，第7小节文字里刘姥姥没有笑，她也不能笑，那她真正的"笑"在哪里呢？是在第11小节"刘姥姥忙笑道"。这里我会设计一个活动，在"忙笑道"中间填一个词。这里应该是"忙赔笑道"，这样就可以去感知人物"笑"中有泪的形象。

细读整篇文章后，我们会发现文中应该还是有泪和辛酸的。以上是我的发言。

徐杰：我欣赏两个活动：一是补写心理，二是为某处的"笑"添加修饰语。但是她在说这两个活动之前，连用了好几个"找"字，让学生满世界去"找"，找句子找答案来印证，这是我们一定要极力避免的。而且，找出来再说，说完以后老师再问，整堂课就不好看了，就又变成了说读的形式。如果在"笑"前面加修饰语后，再找一些"笑"前面没有修饰语的来加一加，这就是一个很好的活动。我就说这么多。

韦军：刚才刘老师说到了刘姥姥的"笑"。我在想，是不是可以把她四处搞笑的方式拿出来，比一比技法。

比如第一处，在第6小节，这是她第一次搞笑。她看到没有见过的筷子，特意用农村的土话来说，把它比成一个铁锨。第二处在第7小节，她搞笑的时候故意丑化自己，说："老刘，老刘，食量大如牛，吃个老母猪，不抬头！"接下来"她鼓着腮帮子，两眼直视，一声不语"。她的话再加上她的神态，说明她刻意要把大家逗笑，于是有了众人的笑。第8小节，她搞笑的方式是用自己没有见过的蛋刻意来丑化自己，把它说成"鸡下的蛋"。第9小节，她用的是"夹不起蛋，不停夹来夹去"的方式。最主要的是，蛋掉下去了，作为常人我们都不会去拣，她却还想拣起来，底下的人拣起来她还要说。

这时候，让学生比较一下这四处搞笑方式的"同"与"不同"。刘姥姥的搞笑方式就一个，把自己的无理、无知、粗俗表演给大家看。她是一个上了年纪的老太太，而且她是一个懂礼的人。第 11 小节她说"礼出大家"，带着板儿来的时候，让板儿给主人们行礼，说明这个老太太是很懂礼节的。但她为什么要用这样的搞笑方式呢？我想通过比较"同"与"不同"，来表现小人物的不容易，小人物的辛酸。好，谢谢。

徐杰：我想追问一句。韦军，你觉得这里的重心是落在"同"，还是落在"不同"上呢？

韦军：不同。"同"是她本身具备的，就是她的自黑方式。不同的，是她竭尽所能，想尽办法来逗大家乐的方式。

徐杰：所以，我建议最后要有活动小结，她逗笑的方式是不同的，但她的目的是相同的。最后要把它整合起来。

今天的集备，我们没有进行整节课的活动设计，只是分享和研讨了某一个板块的活动设计。老师们聚焦于人物形象，聚焦于"笑"，聚焦于"戏"，都抓住了很好的生长点，非常好。当然，如果我们要继续往下走，变成一节课的活动设计的话，那么前面的文本梳理，文本感受，应该如何设计活动，还需要我们继续去思考。当我们逼着自己去思考活动，而不是靠碎问碎答来组织课堂的时候，我们课堂教学的效率就能提高了。今天的活动就到这儿。

《壶口瀑布》

集体备课实录

> ● 备课形态：线上集体备课
> ● 备课组成员：全国各地自主报名者 361 人
> ● 课题：八年级下《壶口瀑布》
> ● 课型：教读课

一、文本解读

徐杰：我们今天晚上的集体备课活动开始了。今天是一个非常特殊的日子，在 5 月 20 日这个日子里，老师们还能够齐聚到网上备课室，参与我们的线上备课，一定是对语文充满了热爱。感谢大家的参与！今天我们备课的内容是八年级下册第 17 课《壶口瀑布》。

第一步，先来解读文本。那些一望而知的东西，我们就把它略去了。比如，关于文体方面的知识，游记、行踪、视角、景物的特点、作者的情感等。我们先来讨论第一个话题，对比分析第 2 小节与第 3、4 小节。老师们可以先用 3 分钟时间准备发言。

徐杰：刘燕芬老师，你来说说第 2 小节与第 3、4 小节的相同之处。

刘燕芬：最明显的是写水势的磅礴凶猛、水量之大，作者面对瀑布时自己的心理感受。这是关于内容方面的。在语言或者说在写法方面的共同点是，都有视觉、听觉、人的心理感受。还有动词的运用，而且是很多意思相近的动词。另外，还有长短句相间、叠词的运用等。

徐杰：好，发现得不少，但是有一个漏掉了。两处都有正面与侧面描写，想想有没有道理？

刘燕芬：都有的。除了正面写水，还有侧面写水，像第2小节"有人告诫"，第3小节"当地人说"。

徐杰：这就是正侧面结合啊。现在，我来把刚才第一个话题总结一下。瀑布的特点都是水势磅礴，都写到了作者的内心感受，都有生动的修辞运用，都有表现力很强的动词，都是长短句交互，都有叠词的巧妙运用，都有正面与侧面的结合。这是它们共性的地方。下面我们来看看第2小节与第3、4小节有什么不同的地方，哪位老师来说说看？

李娟：我觉得有这样四点不同：第一，时节不同，一个是雨季，一个是枯水季节；第二，详略不同，第2小节是略写，第3、4小节写得非常详细；第三，视角不同，第2小节是在半山腰俯视，第3、4小节大多数是他站在巨石上平视；第四，手法也略有不同，第2小节手法大多数是直接描写，写视觉、听觉，而第3、4小节运用了大量的拟人手法，写得很详细。

徐杰：好的，谢谢。这里我要说一下，第2小节与第3、4小节，都有很详细的景物描写。在这一方面，并没有特别鲜明的不同。关于视角的不同，第2小节写雨季的视角是有变化的，先是由上而下，后来他也是下到滩里，但马上又回来了。在第2小节和第3、4小节中都有视角的变化，所以，我觉得将它定为视角的不同，会更好点。视角的话，两处都有俯视、仰视、平视。第4小节中还有一个凝视，即"细细地看"，往一个地方慢慢地看。所以，视角是都有变化的。

李娟：我突然又想到一个，就是他们观景时的体验不同。第2小节是一种直接的体验，表面化的体验，由景物本身引发的体验。而第3、4小节更多的是对于景物理性的思考。

徐杰：嗯，很有道理。如果要说观景的体验不同，把"体验"改为"感受"会更好点。为什么呢？前面第2小节观景更多的是一种恐惧，但是第3、4小节除了恐惧，还有惊叹、敬仰等，他的感受更丰富。谢谢。

徐杰：还有哪位老师有补充吗？有补充的老师可以点击按钮。白老师，请讲。

白义丹：我发现张文老师的意见与我的不谋而合。作者两次去看壶口瀑布的动机是不一样的。第一次是随意地去看，第2段中"于是，只急慌慌地扫了几眼，我便匆匆逃离，到了岸上回望那团白烟，心还在不住地跳……"可能是第一次把我的心勾走了，所以第二次是刻意地去看，并且还挑了和第一次不一样的季节，枯水季节。我的发言完毕。

徐杰：好的，谢谢你。还有老师要发言吗？我来补充一下。关于不同之处我们已经有了这样一些发现。时节不同，详略不同，观景的感受不同，动机不同。还有两个很重要的不同。一个是水的形态不同，第2小节，就是纯粹的瀑布的形态；而第3、4小节，除了瀑布的形态，还写了海、河、泉、雾等所有的水的形态，兼容并包了各种形态。还有一个不同，第2小节中人的感受是显性的，第3、4小节中人的感受说得没有这么直接，除了第3小节提到"打了一个寒噤"，所以，第4小节"我"的感受是省略的，是隐性的。

接下来请老师们再来读书，第3小节与第4小节，都是写枯水季节的瀑布，它们有什么不同？有发言需要的老师，可以申请耳麦。姜老师，请讲。

姜玲玲：第3段，如果用一幅画来形容的话，就好像是一种大写意，写得比较粗。第4段像小工笔，拿了一个放大镜，把每一滴小水珠都看清楚了，写得比较细致。

徐杰：非常好，您这个发现很有价值。我在备课的时候，认为第3节用的是全镜头，而第4小节用的是分镜头和特写镜头，这和你说的是同一个意思。还有吗？

姜玲玲：没有了，我需要再看看。

徐杰：好的，谢谢你。其他老师还有需要说的吗？

赵建霞：我觉得他的观景视角一直在变，先俯视龙槽，再讲述壶口的来历，然后仰观河面，去看瀑布的源头，然后视线一直从上往下，描写的细节也越来越细。

徐杰：大的镜头也就是写远景，第4小节他写得更近一些。

赵建霞：对的。他平视龙槽两边的时候，就开始写水千姿百态的状况了。

徐杰：也就是说他镜头远近的原因。对吧？

赵建霞：还有他观景角度的变化。

徐杰：观景的角度，是的。刚才我说过，第4小节写了水的各种形态，第3小节是瀑布的各种形态，有没有其他发现？

二、教学内容的选择

徐杰：文本解读我们就先做到这里。我们为什么要把课文反反复复做这样的比较分析呢？因为如果我们只是抓住具体的词句来分析，很容易散。接下来，我们来讨论教学内容的选择。大家看看，这篇课文哪些内容是要拿来教的？

赵建霞：游记特点。

徐杰：赵老师说的游记的特征肯定是要教的。这是我们选择的第一个教学内容。大家所说的移步换景，由景到思都是游记的特征。游记包含的行踪、视角、景物、情感都是要教的，除了游记的这些共性的教学内容外，还有哪些内容是这篇游记要教的呢？

分镜头写景与全镜头写景的方法，就是景物描写的方法。这些我们都可以把它归在文体知识的学习中。除此之外，还有哪些呢？

文晓清：炼字。

徐杰：文老师提到炼字，是很有道理的。马利利老师说的是语言的分析，王海霞老师说的是语言的赏析，这的确是很重要的内容。大家把书翻到第95

页，你会发现单元阅读提示中有"揣摩和品味语言""欣赏积累精彩的语句"的话。不仅有字，还有词句，所以我们归纳为"积累词句"。关于游记特点的学习，老师都比较有经验。比方说行踪句，视角的变化，景物的特点，一读就能感受到这种宏阔的气势，情感更是渗透在其中。文章通过抒情兼议论达到了高潮，主旨自然就出来了。这些都不是难的内容。

张洁：个性的观察与表达。

三、教学活动的设计

徐杰：对，张洁老师说得特别好。这个太重要了。那我们有些老师可能会说："同学们，你们最喜欢哪句话？""哪句话给你的印象最为深刻？"这种提问是通俗手法，因为哪篇文章中都有最喜欢的话，印象最深刻的字词。还有的老师喜欢把文章中的句子一句句打出来，逐句分析，把它当成阅读理解来做，这样的套路是没有用的。欣赏一篇文章，你首先要读懂它的个性化语言表达。如果我们在课堂中把一篇很好的课文，拆解成若干的美句，来一句句进行阅读理解，这叫肢解性的分析。我们今天备课的重心是进行活动设计。

文晓清：我们可以对枯水季的水的形态进行整合。我在研读文本的时候发现，第4小节中有两个过渡句。一个是"当然这么窄的壶口一时容不下这么多的水，于是洪流便向两边涌去，沿着龙槽的边沿轰然而下……"这里是写水的主流和悬崖两边的分流。后面还有"尽管这样，壶口还是不能尽收这一川黄浪，于是又有一些各自夺路而走的……"这两个过渡句可以把枯水季的水的形态分为三种类型：主流、分流、细流。这样，我们可以把非常典型的句子拎出来。比方说，可以把体现主流的句子——"河水排排涌来，势如千军万马""碎成点，碎成雾"等整合成单节小诗。龙槽两边的洪流"浑厚庄重如飞毯""像钢板"就是分流。后面写细流的句子，如"钻石觅缝""汩汩如泉""潺潺成溪"，也可以把它整合起来，分成三节小诗，再分角色朗读。整个枯水期的水流有一个由强到弱的变化，为后面抒发情感作了铺垫。

刚才徐老师提到积累语言，而这篇文章主要是写水，我就发现写水流动的形态，作者没有用到一个"流"字。写主流，用"驰骋""跌""涌"；写分流，用得比较多的是"涌"；写细流，用"散开来""淌过石板""挂在""钻石觅缝""如丝如缕"。这些词语如果从炼字的角度，可以做抓住水"流"的这个方面，让学生体会写出水的形态和神韵的各不相同。梁衡是一个走火入魔的炼字狂魔。

徐杰：刚才有一位老师说到词语替换，我觉得是一个好方法。文章里某一个用得特别好的动词，替换成另一个词，分析哪一个用得更好，来进行辨析。第二种方法也就是文老师刚刚说的，可以按照一定的要求来摘录句子。像你就是摘录写水的句子，把它们分类整合成小诗，这也是可以的。我想到的是，还可以摘录短词成句的句子，把它们拿来整合成诗，这首诗的力量感、气势感是不是会更强？注意，我们把相关的句子整合成诗歌的时候是要有要求的，指向要明确。

现在有老师在说，通过朗读感悟让学生交流朗读效果，在交流中激发学生自己揣摩语言的热情。这话是对的，但是操作呢？读什么，怎么读，读哪些地方，读的要求是什么？这都要有具体的操作策略出来，在进行活动设计的时候，尽量不要用架空性的术语。有一位老师说缩写课文，这是比较难的，因为这里每一个句子，都有很好的作用。有些课文每个段落中有主次，就可以缩写，提取主句。你的意思是不是把很重要的东西提取出来？比方说，自由朗读课文，圈画出特别有表现力的动词。这之后，再来读这些动词，学生就能感受到，就能够积累。

再比如说，不仅是像"跌""涌""冲"等单个字有表现力，还有四字短语。这篇课文大量使用了既雅致又朗朗上口的四字短语。我们可以把四字短语拿出来，自由选择造句。这就是一种积累。还有整句，比方说"或钻石觅缝，汩汩如泉；或淌过石板，潺潺成溪；或被夹在石间，哀哀打旋"。这些字数、句式整齐的句子，我们把它称为"整句"。排比，有的时候也是整句。我们可以来朗读整句，感受音韵之美，节奏之美。关于积累词句，老师们出了很多的主意。很好。

刘晓晴： 改写导游词。

徐杰： 改写导游词，不属于积累词句的活动。但这是一个很好的品味语言的活动，或者说是一个语言欣赏或运用的活动。有老师说，用画笔画出瀑布。这个我要批评，为什么呢？语文课肯定要用语文的方法来教语文。什么是语文的方法？就是要在语言文字中，去组织学习活动。用画笔来画这个要求太高了，它是一个美术活动，不是语文活动。张洁老师说，出一个图片，这是可以的。甚至可以出一个图片，给它配解说词，这就是一个比较好的语言欣赏活动。因为学生要对课文语言进行阅读、感受，去进行选择和摘录。

有老师问，用什么活动来促使学生多朗读呢？在这篇课文中，可以重读那些很有表现力的动词，还有排比句。这些活动老师们肯定会。

李春燕： 课文集美。

徐杰： "课文集美"是个好办法。"美"指的是什么？就是我们刚才讨论的特别有力量的动词、特别优美的四字词语、特别有音韵和节奏美的整句。把它们集中起来，就是"课文集美"，就是语言积累。

我们在活动设计时，一定要避免一问一答。这样的问题没有空间。真正好的问题，要有好的支撑力，要让学生能够在文本中来来回回地走。如果学生用一个短语就能回答完你这个问题，那这就不是好问题，因为它没有张力。

接下来，我们来说说在这篇文章中，品味语言可以设计哪些活动？当然，其中肯定不包括肢解性的分析。我们需要一个5—15分钟的整体的品味语言的活动。

（老师们在聊天框打字）

徐杰： 李春燕老师又犯了刚才说到的错误，"选一处你认为最具表现力的词句进行品析"。这个是通俗手法，课文中任何一句都可以进行品析，你放出去没办法收回来。我是非常反对老师们进行这样的语言分析的。选一处"最好的""最喜欢的"，学生就会到处挖坑。我觉得赵建霞老师的方法非常好，变换句式后，进行辨析，而且她选的句子也特别好。"让学生充当导演、演员，

143

想象出黄河的画面变化。"这个活动难度比较大，我们不是考查学生的想象能力，而是要考查学生的语言分析与语言欣赏能力。

崔新燕：句式的变化。

徐杰：不仅是变化句式，还可以变化词语。老师问"文中多次重复'跌''涌'，这些词可以替换吗？"学生回答："不能，因为它非常具有力量。"这个问题30秒就解决了，不能成为一个活动，能理解我的意思吗？

张帆：改写导游词，怎么达到品味语言的效果？

徐杰：这正是我们接下来要讨论的问题。你不能直接和学生说"请把本文改写成导游词"，这样就达不到效果了。我们可以设置情境："这是枯水季节，我们正前往壶口瀑布。此刻，导游正要给我们介绍壶口瀑布。请你介绍下壶口瀑布水势的特点，写一段导游词。"学生肯定就会找写水的特点的导游词。接着，"一群游客，都站在河谷巨石中，大家四处张望，这时导游想让游客们关注平时忽略的地方，请你再写一段导游的提示语"。其实就是关注那些分镜头和特写镜头。写导游词要有指导性，指向性。

我们最开始进行了文本解读，进行了两个层次的对比分析。这两次对比分析我们能不能把它作为课堂活动呢？老师们还有补充吗？

刚才有位老师说，出示图片，再给这个图写提示语。老师们还可以从哪些角度考虑呢？可以选择课文的第3小节或第4小节，用第二人称"你"来对壶口瀑布写几句话。这几句话涉及了对原文语句的选择和加工的问题。比如"你们还来不及想一下，便一齐跌了进去，更闹、更急、更挤。""你们在沟底，飞转着一个个漩涡，你们挤着撞着，推推搡搡，前呼后拥"。用改换人称的方式，对瀑布写几句话，那么，作者对瀑布的情感也就出来了。学生摘选哪几句话最有表现力，也涉及他对文本的理解。当然，学生写完的话，老师要进行评价、优化。

王辉：西湖有雷峰夕照、三潭印月，壶口瀑布有哪些盛景，你能拟几个名称吗？

徐杰：再细化下，你能用四字短语拟几个名称吗？那就很有意思了。刚才已经说到四字短语的表现力，有些可以成为盛景的名称。非常好！

袁琴凤：拟完名称，再写导游词介绍该景点。

徐杰：袁老师说得好，拟完名称再写导游词介绍景点。这样两个活动就衔接得特别好。

李春燕：把第四段的句子变换形态，变成小诗。

徐杰：这个我们之前已经说过了，它是作为词句的积累活动去做的。

张洁：人称可以改成"我"吗？一滴水流过瀑布，用生命的形式。

徐杰：一滴水流过丽江，是因为需要慢慢地流过，慢慢地写景。而壶口瀑布倾泻而下，根本来不及写，水就直接冲到河床最底下了，不太合适。丽江与壶口瀑布的水是完全不同的。如果用"跌"是可以的，但是"跌"下去它来不及左顾右盼。

刚刚有老师提到第 5 小节的"石头"。我们会关注到前面写了水，后面写了石头。写石头就是为了写水。如果这样来问："请问同学们，第 5 小节为什么要写石头呢？""写石头是为了写出水虽然很柔，但是很有力量。"这就不能成为有生长力的、有空间的活动。那么我们怎么来做这件事呢？

请读第 5 小节，感受水温柔而坚实巨大的力量。然后设计一段石头与水的对话，这就很有意思了。有些词是需要用到的，比如说"宽厚"与"软弱""忍耐""抗争""日夜不止""寸寸地剁去"；有些词是可以保留在对话中的。这就要用写的方式，来促进学生对第 5 段的阅读，同时感受到用石头来侧面衬托出水的温柔又刚劲的特点。在朗读对话时，也可以感受到作者对壶口瀑布水的敬意。

老师发言：第 4 小节中有五种感情，在文中找出句子来与情感对应，谈理解。

徐杰：这个活动是可以的。但找完句子以后干什么？要有后续的跟进。现在我来总结一下。语言欣赏活动：

（1）按照具体的要求写导游词。

（2）选句子变换句式或者句子中的词语，进行比较分析。

（3）对第 2 小节和第 3、4 小节进行比较分析。降低要求，如从用词、句式、视角的角度。

（4）出示图景，让学生摘录课文相关的句子来写标题或提示语。

（5）用第二人称对壶口瀑布写几句话（第 3 小节或第 4 小节）。

（6）为壶口瀑布的某处盛景，用四字短语来拟几个名称（如三潭印月），拟完名称再写导游词（导游词要有具体可感的要求，如用到 8 个具有表现力的动词）。

（7）朗读第 5 小节，设计一段石头与水的对话，在这段对话中，必须出现"宽厚""软弱""抗争""怒不可遏"等关键词，再进行朗读、讨论、优化。

我们今天的备课，最重要的是要改变大家课堂活动的扁平化情况，缺乏课堂活动的生长力的问题。

（1）如何积累词句？积累词句要和朗读、背诵整句相结合。

（2）如何品味语言？我们刚才整理了七个主要的语言欣赏活动。强调一遍，不是 7 个活动都要做，而是要根据需要来选择。我力图和老师们谈的就是课堂活动一定是语言的活动，一定要牢牢紧扣住文本的语言。课堂活动一定要有形式的变化。

四、自由答疑

姜玲玲： 我想问下，第 2 小节在这篇文章中起到了什么作用？我觉得直接写后边的内容，气势又恢弘又贴切。我有个想法，假如说作者第一次到壶口瀑布时，不是那么害怕，他见到的景象是不是比枯水期的水会更雄壮些？那么他还会用哪些词来形容？

徐杰： 如果是雨季时去，他不会看得那么细致、清晰。他看到的全部都是雾、白烟，所以不可能写那么详细。第二，题目是《壶口瀑布》，他第 2 段写雨季时的壶口瀑布，第 3、4、5 段写枯水期的壶口瀑布，就多了一个认识壶口瀑布的角度。就像写一个人，可以写他工作的时候，可以写他下班回家的时候，也可以写他喝酒喝醉了的时候，这样对他的认识会更加全面。

姜玲玲：我很赞同你的看法。

徐杰：我们习惯的游记，一个地方一般去一次。但学生读多了游记他就能懂了，游记并非只能走一个来回。

我们再多交流一会儿。人的奋斗和拼搏，学生在文中第5、6小节一读便知，水与石头的对话也是一读便知，它不需要拎出来单独讲，因为它已经融入语言活动中去了。

老师提问：把游记的特点融入课堂教学中，要单独作为教学环节吗？

徐杰：这要根据具体的文本和课堂活动来处理。我举个例子。我原本想把游记的特点，在第一个板块就解决掉，行踪、视角、景物特点都能概括出来。但是我发现作者的情感、态度、感受是可以放在语言欣赏中来处理的。第2小节"我心还在不住地跳"的恐惧，"我听了不觉打了一个寒噤"的后怕，第4、5小节都没有这样的句子。"我听了""我不觉得"，让学生把这些"我"的感受补充进去。后续，随着读文本的不断深入，再补白"我"的感受。那既然我们能补出来，作者为什么不写出来呢？因为"我"的感受不言自明，不需要再说出来了，这是含蓄的美。我觉得，把游记的特点作为一个环节来学，还是拆开来融入课堂，要看文本解读和课堂的进程，没有标准的答案。

老师们，感谢你们在这样一个非常温暖的、有纪念价值的、夏风沉醉的晚上，讨论了这样一节课，但愿对大家有一定的帮助。再见！

《美丽的颜色》

集体备课实录

> ● 备课形态：线上集体备课
>
> ● 备课组成员：全国各地自主报名者 512 人
>
> ● 课题：八年级上《美丽的颜色》
>
> ● 课型：自读课

一、郁皎老师说课

徐杰：今天集体备课的课题是《美丽的颜色》，课型是自读课。我首先邀请江阴市顾山中学的郁皎老师来说说她是怎么上这堂课的，然后其他老师再来评价一下她说课的内容，可以说说自己欣赏的环节、想要删去的环节或者提出自己优化的建议，欢迎各位老师积极参与发言。

郁皎：各位老师，大家晚上好！今天我们集体备课的课题是《美丽的颜色》，这是八年级上册的一篇自读课文，今天我和大家分享一下备课的过程和教学设计，有不当之处还请大家批评指正，有改进优化的地方也请大家不吝赐教。

本文是一篇人物传记，文章记叙的是玛丽·居里在简陋而艰苦的环境下，用四年的时间刻苦钻研，坚韧执着，以苦为乐，最终发现了放射性金属元素镭的经过。文中有不少生动的细节，也有大量的资料摘引，体现了人物传记的生动性和真实性两大特点。文章内容看起来十分浅显，教学重点也是一目了然，但是作为一堂自读课，要设计出精巧的活动却并非易事。

我首先考虑的问题是如何切入。我埋头苦读了文章好几遍，思来想去还是觉得要抓住标题中的"美丽"来切入比较直接。它可以成为一颗种子，在几个逻辑相关的活动中生长开花。"美丽的颜色"一是指放射性金属元素镭自身的色彩以及它发光时出现的美景，对此文章中有具体的描写，正好可以和学生好好玩一玩朗读，品一品语言。"美丽的颜色"还指居里夫人的人格魅力，这也正是文章的主旨所在，我可以在这里驻足停留，通过设计活动，让学生把美丽的内涵一点一点挖出来、品出来。这篇文章还突出了居里夫人工作环境的简陋，简陋就是"不美丽"，而这样的"不美丽"正好起到了反衬的作用，于是我决定就从"美丽"这个点切进去，正面切，反面切，并决定把正面的"美丽"聚焦放大，再把活动做充分、做扎实。

第二步我构思的就是活动的设计。

我设计的第一个活动是跳读课文，思考课文的标题"美丽的颜色"，对应了文章哪些语段？读一读。老师们可以打开书本，看看你能发现多少个"美丽"？对应的文段是书的第 16 到 25 小节，这是文章的后半部分，写的是居里夫人和她的丈夫经过四年工作，成功地从沥青铀矿中提炼出了镭的内容，正所谓"千淘万漉虽辛苦，吹尽狂沙始到金"。在这里作者用生动的语言，细腻的描写，给我们展现了一个令人神往的画面，让我们充分感受到了她工作成果的美丽，所以在朗读的时候我就着力指导学生读出居里夫人当时那份美丽的心情。为了使选点更加集中，我选择了其中典型的、有特色的两小段，又再一次指导了朗读。我让学生去关注标点符号——一个省略号和三个感叹号，关注反复出现的词语——两个"在……中"，四个"转向"，两个"镭"，然后在反复的朗读中，学生充分体味到了居里夫人成功时那份宁静的喜悦和低调的激动。"镭不仅有美丽的颜色，它还自动发光，'看哪……看哪！'这位青年妇人低声说着。在黑暗中，在寂静中，两个人的脸都转向这些微光，转向这射线的神秘来源，转向镭，转向他们的镭！"我常常觉得学生对语言文字的敏感就来源于在课堂上一遍又一遍有品质的朗读。这样的朗读，让学生走进了文字，走进了语言的品味之境，走进了语文的生长之境。

第二个活动是浏览课文，说说你还发现文中写到了哪些东西是"美丽"的？你是从哪里看出来的？边默读边圈点。为了降低难度，也为了给活动一个抓手，我出示了一个示例：我发现居里夫人废寝忘食工作的精神是美丽的，如第 20 小节，"那天他们工作得很辛苦，照道理这两位学者此刻应该休息了。但是比埃尔和玛丽并不总是照道理行事。他们穿上外衣，告诉居里大夫说他们要出去，就溜走了……"这里用一个转折词"但是"，突出了居里夫人和她的丈夫不分昼夜工作的精神。这个示例可分成两部分，先说出自己的发现"什么是美丽的"，然后结合文中的语段进行细致的分析。这是本课最大的一个活动，我给了学生 5 分钟的时间，让他们去圈画，去发现。我一直认为自读课是姓"自"的，是一定要给学生充分的活动的时间的，要让他们在自主发现的过程中去提升思维能力。

文章的中间部分内容很丰富，老师们可以翻一翻书，看自己能够发现多少"美丽"。"美丽"的内涵十分丰富，我的预设也很多，比如说在第一个活动中，我们已经发现居里夫人工作的成果是美丽的，她成功时的心情是美丽的，而在这个活动过程中，我们还可以发现很多：丈夫对玛丽的支持是美丽的，伴侣之间的柔情是美丽的，以苦为乐的心情是美丽的，不怕困难的勇气是美丽的，专注的研究精神是美丽的，天真烂漫的情怀是美丽的，对科学的痴迷是美丽的，宁静纯粹的生活是美丽的，朋友的信任和支持是美丽的，工作的热情是美丽的，对理想的追求是美丽的……其中，有些词是现成的，比如在第 13 小节中的"柔情""热情"；在第 14 小节中的"快乐""宁静""舒服"；第 15 小节中还有"兴趣""热情""平静专注"；第 16 小节中有"迷恋""热切的好奇心""和颜悦色"等。只要是在文本中发现的，抓住一个点，言之有理就可以了。这样的活动可以让学生在文字中来来回回地行走，不断地去触摸文字，触摸居里夫人的内在灵魂，触摸科学家们共同的美好气质。

不过，理想和现实还是有点差距的。我在两次执教的过程中，都明显地感觉到学生眼光的狭隘和思想的局限，他们都把"美丽"定位成某种精神品质，比如坚持不懈、勤奋钻研、不怕艰苦等，说来说去都是些一望便知的东西，思维只是停留在低层次上，他们无法理解志同道合的伴侣之间那种美丽的默契，无法理解他们那种纯粹宁静、毫无杂质的生活，还有他们浪漫天真得像个孩子一般的纯真情怀，也发现不了他们成功背后朋友们的支持与信任。而当我自己在读文本的时候，在静静地反复品读这篇看起来平淡无奇的文章的时候，我是被感动、被吸引的，或者说我是真心羡慕和敬佩这对科学界的神仙眷侣的。也许我们成人的视角和孩子的视角总是有点偏差的，也许是我遇到的学生平时的思维没有得到很好的训练，也许是我课堂上给的时间还是少了点，总之，我记得当时上课时，我身上都是汗涔涔的。尽管如此，我依然在课堂上不遗余力地引导着学生，让他们去发现更多的美丽，我也依然喜欢自己设计的这个活动，因为它能为学生提供思考问题的多个角度，为他们打开思考问题的多条路径。

第三个活动是回读课文，看看文中有没有写到一些"不美丽"的东西？对自读课文的前半部分，进行圈画批注。这个活动就是从反面切入并着力的一个活动，因为到目前为止我们的目光只是停留在文本的中间和结尾部分，对于前半部分还只字未提，这样的忽略是不应该的，因为研读一篇文章，我们不仅要关注它写了什么，更要关注它是怎么写的。作者用大量的笔墨来渲染居里夫人工作环境的简陋和艰苦，是为了更好地突出她的精神品质，我想也只有这种比照，这种反衬的手法才能让主人公身上散发的光芒直接抵达读者的心灵，让人内心生出一种柔软和温暖的情愫，进而滋长出一种成熟和成长的力量。现在我们来继续看一下文本，玛丽·居里当时做研究工作的环境很差，这集中体现在文中的第 2 小节。我们还可以发现她的工作设备之简陋，这在第 3 小节中有原句。再看第 11 小节中，她的工作强度非常的大，"一次炼制 20 公斤材料"，还要"搬运容器，移注溶液"等。除此以外，工作的难度也很大，比如说第 6 小节里提到了工作的时间很长，不仅是指一整天中工作时间很长，还指她工作持续的时间也很长，例证就是第 7 小节的"从 1898 年到 1902 年"，学生也能找到这些具体体现的相关文字。

当找到这些"不美丽"时，我设计了一个问题，"不美丽"和"美丽"之间的关系是什么？答案显而易见，就是反衬。在这样"不美丽"的条件之下，居里夫人依然不惧怕，不抱怨，依然保持着科学研究的兴趣和天真烂漫的情怀，这就更加能够衬托出居里夫人的品质和精神，更加能突出她人格的魅力。但当我再读文本的时候，突然发现一段很有意思的文字："玛丽在院子里穿着满是尘污和酸渍的旧工作服，头发被风吹得飘起来，周围的烟刺激着眼睛和咽喉"，这段文字到底是"美"还是"不美"？这是作者对玛丽·居里的细节描写，作者特意关注了她的衣服、头发和周围的烟雾，这些细节在读者面前呈现出一幅具体生动的画面，画面上的玛丽外观形象并不美丽：她的工作服是旧的，上面满是尘污和酸渍；她的头发是凌乱的，眼睛可能是红肿或者半眯着的，也许她还在有毒的气体中剧烈咳嗽呢。画面上的环境也并不美丽：这刺激性的烟雾就缭绕在玛丽的周围侵蚀着她羸弱的身体。然而这明明又是一幅感人的画面，玛丽·居里的形象在此时显得尤为高大，那在空中飘舞的凌乱的头发，高高扬起，就像电影里面的定格镜头一样，正诉说着一种无以言说的悲壮之美、高尚之美，它深深地打动了我们。

所以，"美"和"不美"，这两个看似矛盾的词语就这样奇妙地糅合在了一起，浑然一体，它们之间玄妙的转换，自然的融合，让人忍不住去赞叹文字的力量，忍不住去充满深情地朗读它。教学活动中迈出的一小步，却把师生的思维和情感向前推进了一大步，至此，学生对于外表与内在，美与不美的辩证理解也就豁然开朗了。"美丽"指的是精神层面的东西，"不美丽"指的是物质层面的东西，作者笔下的居里夫人生活简单，工作艰苦，却一直在追求着精神的丰盈和充实，这样文章的主旨也就水到渠成地品出来了。

由此，我想到了她在《我的信念》当中的一段话，并在课上做了穿插："我的生活中，永远是追求安静的工作和简单的家庭生活。我深信，在科学方面，我们有对事业而不是对财富的兴趣，皮埃尔·居里和我考虑应否在我们的发现上取得经济利益时，我们都认为不能违背我们的纯粹研究观念，因而我们没有申请镭的专利，也就抛弃了一笔财富。我坚信我们是对的。诚然，人类需要寻求现实的人。他们在工作中获得很多的报酬，但是，人类也需要梦想家——他们受了事业的强烈的吸引，既没有闲暇也没有热情，去谋求物质上的利益。"这段文字把玛丽·居里的魅力又提高到了一个新的高度，联系本文，我们一定会发现，不慕名利、甘于寂寞、纯粹平静、热爱科学，这些是居里夫人身上最可贵的品质，也是屠呦呦、邓稼先等许多科学家身上共同的优良品质。这样的穿插和小结顺利完成了由国外到国内，由一个人到一类人的自然延伸与拓展。就这样，我们把一篇文章读深了。

第四个活动比较简单，请围绕"美丽"，结合文章内容，写一句富有哲理的格言。这是一个写的活动。通过上面三个活动，学生对"美丽"的内涵已经有了比较深的理解，这个时候就可以通过这个活动来升华和强化，并且起到总结收尾的作用。课堂上，学生写作时，他们的思想在沉淀，也在拔节生长。学生写上短短三分钟，一定胜过老师在讲台上自言自语式的碎碎念。于是，他们的指尖上就轻轻流淌过这样的文字："也许我们的生活中会有很多的艰难困苦，但只有百折不挠地去奋斗，去追求，才有可能收获美丽的结果，只有拥有一颗纯粹淡泊的心，才可能得到你想要的美丽的结果。"

本堂课的四个主要活动到此结束，可我觉得本文的体裁还是要提一提，于是又有了这样的小结与过渡：这篇文章闪耀着"美丽的颜色"，那是镭的色彩，更是一位女科学家身上独特的人性光芒和精神气质，你喜欢这样的居里夫人吗？她的形象是那么真实而富有文学气息，然后再穿插人物传记，突出真实性和文学性两个特点。人物传记是通过对典型人物的生平、生活、精神等领域进行系统描述和介绍的一种文学形式，传记要求真实，所以可以引用资料中的原话。传记也可以发挥想象，生动传神地表现人物的气质、品质。关于人物传记的特点就这样点到为止。

最后，跟各位分享我这堂自读课教学设计的三个明显特征：（1）在课堂上给学生充分的时间去自主阅读、自主发现和自主表达;（2）在课堂上以学生活动为主,如朗读、圈画、默读、交流、讨论、写格言等;（3）设计以"美丽"为轴心的几个活动,有层次地向前推进课堂活动。这样做,是为了更好地体现出自读课的特点,也是为了让课堂的结构更加紧凑集中。我的分享到此结束,谢谢。

二、交流优化

徐杰:感谢郁皎老师的说课,下面我们就对这次说课进行自由评点。大家可以谈谈自己特别欣赏的环节并说说欣赏的理由,或者说说哪个环节可以商榷并说明商榷的理由,还可以对其中的某一个环节进行集中的优化抑或补充你自己较好的创意。

高殿杰:穿插不错,增添了课堂厚重感。

陈雪伟:层层铺垫,最终用反衬升华主旨很巧妙。

刘小晴:一字立木,美美相生。我关注到第5小节中的"英勇岁月",是否可以引导学生深挖探究一下。

樊宣文:扣住"美丽"一词切入很好。

曹蕾:对"不美丽"的讨论,反向思考,从而发散学生的思维。"美丽"与"不美丽"的辨析,加深学生理解的深度。

子邪:可以把第二个环节调整到后面第四个环节,变成:谁成就了这份美丽?这种成就是不是一种美丽?再读文章找一找。

郁皎:如果这样调整的话,整个设计的逻辑顺序就被打乱了,因为此处我想让学生找找有哪些"美"的角度,而不是谁成就了这份美丽。如果是谁成就了这份美丽,那就是居里的丈夫和她朋友们的信任和支持,所以那个活动还是放在那里比较合适。

徐杰:其实,"谁成就了这份美丽"这个活动从思维的角度来说,反而走低了,"不美丽"才是思维往高处走。

王辉：我觉得在点出文体以后，还可以再指导一下如何阅读传记文学。

郁皎：我是有这个想法，但是我从"美丽"切入，如果再拓展开就会把"美丽"的味道冲淡，所以最后我只是点到为止，让学生了解一下。关于传记文学如何阅读，文后有一个专题，我认为可放在别处再去讲。

徐杰：这也是我们接下来要讨论的地方，把如何读传记文学和阅读这篇传记结合在一起，或者说在这节课中如何把传记文学阅读方法的指导进一步显性化。

这节课自读的特征是比较明显的，在郁老师的现场教学中，学生占用的时间很多，对本文的自主发现、探究和交流也做得不错。但我认为一篇文章不应该止步于一套教学设计，老师们仍要自主磨炼，做到一课多案。所以，接下来给大家5分钟的思考时间，大家可以围绕传记体的文本特征，结合自读课的教学要求，看看我们还可以设计哪些活动？

子邪：（1）把文章压缩成一篇小传，你会保留哪些内容？（2）根据这个小传进行扩写。

徐杰：赞成活动（1），小传保留的内容其实就是文章中简要叙述的内容。第二个活动其实又进行了思维的反转，我也赞成，但是"你又会在哪些地方加以创作？"这个活动对学生的要求比较高，而且创作也不是读这篇课文的好方法。我建议改为，如果要对小传进行扩写，增加小传的可读性，你觉得课文中的哪些句子可以引入？让学生去回读相关细节描写的句子，然后老师再总结出细节描写能够使人物小传更生动、更鲜活，这样做就回扣了传记真实性的特点。

刘小晴：有几处玛丽的语言引用可引导学生品读，了解人物的精神品质。

徐杰：这不能作为一种活动形式，怎么引导？怎么了解？概念性的术语缺乏具体的方式，所以活动设计时要避免这种活动术语。关注到引用人物的语言是可取的，可以把直接引用的语言改为第三者叙述性的语言，然后进行比较，这样就能感受到直接引用的效果，又回扣了传记文学的特色之一——真实性。同时，还可以在对比分析之后再在每一处引用的句子末尾加上一个

"我想……"，补写居里夫人的心理活动，这时学生就要把引用的句子放到事件中去理解。之后再继续追问学生，为什么不把居里夫人的内心世界外显出来？因为人物传记还要讲究含蓄。让学生画出直接表现人物心理的句子，就能发现这些心理活动写得很简略，但它是真实的。总之，"显"和"引"都是尊重了真实，这样引用人物的语言就可以设计成一个有梯度有层次的活动。

陈雪伟：通过阅读文本，我发现作者在遣词造句时带有明显的情感倾向，阅读并画出相关语句加以分析。

徐杰：传记文学的客观真实和明显的情感倾向之间究竟是什么逻辑关系呢？并不是因为带有情感倾向就很真实。围绕传记文学的真实性，我们还可以设计一些活动，比如读课文，你觉得哪些句子或段落读起来特别真实？再连读学生划出来的句子，把这些句子进行分类，可分为三大类：一、直接引用居里夫人说的话；二、细节描写，哪怕它带有作者的想象和艺术的手法；三、穿插于文中的居里夫人的内心感受。接着针对第二类中的细节描写是怎么扣题的，对"美丽"的细节进行有指向的品析。

魏碧荣："反自然"的生活为什么是快乐的？我觉得居里夫人的快乐可以作为切入点。

徐杰："美丽"比"快乐"的内涵更丰富，但如果我们要想把"快乐"做丰富也是可以的，如快乐的体现，快乐的内涵，快乐的对话，特别是文章的 20 节到 26 节，可让学生围绕"快乐"补写说话者的神态、动作，这样是以写代读。

胡心瑜：引用居里夫人的自述可以让学生用不同的语气进行诵读。

徐杰：朗读的过程中，通过揣摩语气来理解文章是可以的。

曹蕾：发现镭的过程可让学生进行说明的改写。

徐杰：这个活动看起来有趣，做起来却很难。第一，学生此时对说明文的阅读和积累不足；第二，进行说明的改写究竟是在训练写作能力还是阅读能力？如果是训练阅读能力，写作应该是易于操作的，不能太难，所以建议要谨慎。

我个人的本课设计是如果要把这篇文章拍成纪录片，你认为有哪些画面是必须要拍进去的？请你结合课文内容，甚至引用课文的相关句子描述一下。学生在描绘画面时就会适当引用细节。而很显然，居里夫人的心理是不容易被拍成纪录片的，这时就可以看看文中哪些句子可以成为"画外音"？"画外音"就是作者对人物客观的评价。这个活动就在描述画面的过程中让学生进一步细读了文本。可最难处就是作者引用的居里夫人的话怎么体现在纪录片里，我们可以把这些文字变形成第三者的描述或概述，要求还要变得真实优美。最后需要提醒的是一定不要把自读课上成教读课，老师一定要熬住，少说话，多给学生时间思考阅读。以上就是我对这堂课的构想。

　　今天的备课就到这里，谢谢大家的参与！

《时间的脚印》

集体备课实录

```
● 备课形态：线上集体备课
━━━━━━━━━━━━━━━━━━━━━━━━━━━━━
● 备课组成员：全国各地自主报名者 366 人
━━━━━━━━━━━━━━━━━━━━━━━━━━━━━
● 课题：八年级下《时间的脚印》
━━━━━━━━━━━━━━━━━━━━━━━━━━━━━
● 课型：自读课
```

一、文本解读

徐杰：各位老师，大家晚上好！我们的集体备课就要开始了，按照惯例，我们先来解读文本。《时间的脚印》这篇课文从体裁上来讲，属于科学小品。科学小品是一种融合了科学性和文学性的文体。今天我们解读文本需要解决的第一个问题是《时间的脚印》着重向我们说明了哪些问题？课文除了引言部分的诗不划作小节，一共有 31 个小节，内容不多，先给大家 5 分钟的时间熟悉文本，思考这篇课文主要说明了哪些问题。

丁洁莹：这篇课文首先向我们说明了岩石能够记录时间，然后说明岩石是怎样记录时间的，最后说明读懂岩石的意义。

徐杰：这是文章大体的框架，文中有很多文字并没有直接指向岩石是怎样记录时间的，作者花了很多笔墨解释了岩石的破坏和重新生成的过程，这是一个很重要的内容，我们需要把它单独概括和提炼出来。

徐杰：很多老师在解读文本时，一看到第 5 小节"岩石是怎样记下时间的呢"，便会按照已有的阅读经验，猜想下面应该介绍"岩石是怎样记下时间的"，其实这个问题从第 19 小节才开始回答，所以本文颠覆了很多人阅读的前经验。请老师们重新阅读课文，用 5 分钟的时间给课文划分一下层次。

吴建婷：第 1—第 4 小节，岩石是记录时间的重要方式之一。

徐杰：第 1—第 4 小节是引言部分，那么第二个层次该如何划分呢？

黄佳威：第 5—第 29 小节，岩石是怎样记录时间的。

吴建婷：第 5—第 18 小节，岩石的侵蚀、瓦解、搬运、沉积和新生。

徐杰：第 5—第 18 小节是需要二次分层的部分，黄佳威的第 5—第 29 节的分法很有道理，那么第 30—第 31 小节就成了总结，即认识岩石记录时间的意义。第 5—第 29 节部分该如何二次分层呢？请大家概括一下层次大意。

周丹丹：第 5—第 10 小节，大自然对岩石重生的作用。

徐杰：不大对，很明显，第 10、第 11 和第 12 小节都不能分开。

茅思颖：第 5—第 18 小节，岩石的破坏和重生。第 19—第 29 节，岩石生存的意义。

徐杰：第 19—第 29 小节，用"生存"一词不大妥当。第 5—第 18 小节是岩石的破坏与生成，它既是为下文岩石有能够记录时间的作用进行铺垫式的解说，也是在科普岩石的生长过程。现在我们要对第 19—第 29 小节进行第三次分层，给大家 3—5 分钟的时间。

胡心瑜：第 19—第 21 小节，阐释岩石记录时间的方式。

王燕：第 19—第 25 小节，第 26 小节开始提及化石。

孔岚：第 19—第 21 小节；第 22—第 29 小节。

茅思颖：第 19—第 24 小节，地壳运动对时间的记录。

胡倩倩：第 22—第 29 小节，岩石记录的信息。

徐杰：我比较倾向于茅思颖老师的第 19—第 24 小节，地壳运动对时间的记录。因为第 24 小节写地壳的活动，第 23 小节写地壳下沉，再往前看，第 19 小节中"水面是水平的"，则说明地壳没有活动，而第 20 小节"原来平卧的岩层变得歪斜甚至直立了"，则说明地壳发生了运动。岩层无论是水平的、倾斜的，还是直立的，都是地壳活动的表现。因而，第 19—第 24 小节是写地壳活动对时间的记录。接下来大家看第 25 小节之后怎么划分？

茅思颖：第 25 小节，岩石的颜色记录时间。第 26—第 29 小节，化石对时间的记录。

徐杰：第 25 小节是单独的，很对。我建议把"化石"改为"岩石中的化石"，化石是岩石中的一类，这样会更加清晰，所以第 26—第 29 小节可概括为岩石中的古生物（化石）对时间的记录。这样划分以后我们就对这篇文章的整体结构有了基本的把握。下面请老师们把书本翻到前面的单元阅读提示："学习本单元，要注意理清文章的说明顺序，筛选主要信息，读懂文章阐释的事理；还要学会分析推理的基本方法，善于发现问题、思考问题、质疑问题，激发科学探究的兴趣。"筛选主要信息对于学习本篇文章极为重要。我们刚才理清了文章的说明顺序，弄清了文章的结构：岩石的破坏到再生成、岩石记录时间的三种主要形式，最后是岩石记录时间的意义。现在要筛选主要信息，本文有几个小节的文字可以"管"其他小节的内容，比如说第 5 小节"岩石是怎样记下时间的呢"，它能"管"第 6—第 29 小节的内容。大家看看第 7 小节"管"哪些文字？

胡倩倩：第 8—第 18 小节。

冷凌元：第 8—第 10 小节。

丁洁莹：第 8—第 15 小节。

徐杰：分到 15 小节的就上当了，第 8—第 14 小节可能更加贴切。第 8—第 18 小节是岩石的破坏和重新生成，它的破坏和生成是从哪里隔开来的？第 11 小节是写水和空气的破坏，第 12 小节是写雨水的破坏，第 13 小节是写地面上和地下的生物对岩石的破坏，第 14 小节是写人的作用的破坏，所以一直到第 14 小节都是写对岩石的破坏，只有到第 15 小节谈的才是破坏以后的小石子和砂砾开始旅行，其实从第 15 小节一直到第 18 小节就是写破坏以后重新形成岩石的过程，所以第 7 小节管的是第 8—第 14 小节。那么第 24 小节"管"哪些段落？

胡君华：第 19—第 23 小节。

徐杰：这次大家都对了，本文与一般文章的一大不同就在于，有些句子能引起下文，如第 7 小节；有些句子能总结上文，如第 24 小节。我们再来看看第 27 小节"管"哪些段落？

王燕：第 26—第 28 小节。

徐杰：第 25 小节谈的不是化石，谈的是石头颜色的问题。第 27 小节管的是第 26 小节和第 28 小节，它既承上，又启下。刚刚我们筛选了主要信息，这是解读文本的第二步。我们发现本文说明的主要内容都是通过放在开头、中间或者结尾的独立成段的句子来引起的。大家发现没有，文中还有一些文字是不大妥当的，比如第 1—第 4 小节的语言表达上有什么问题吗？

茅思颖：没有直接切入主题。

徐杰：这不对，有些文章是需要引言的，可以不直接切入主题，显然不是这个问题。给大家 5 分钟时间重新阅读思考。

王燕：第 4 小节不是写时间被大自然记录，而第 3 小节说的是"大自然中保存着许多记录时间的方式"。

徐腾：第 4 小节和第 5 小节没有关系，与第 3 小节大自然对时间的记录也衔接不自然。

徐杰：其实第 4 小节并不多余，把它放到哪里更加合适？

王燕：放到第 2 小节省略号的地方。

徐杰：对，把第 4 小节前移放到省略号处就很通顺了。还有别的地方吗？第 3 小节的第一句话"然而，时间仍然被记下来了"，"然而"表转折，前面要表达"时间是没有办法被记录下来的"，后面才能用"然而，时间仍然被记下来了"，但第 2 小节的结尾是"到哪里去找寻时间的踪迹呢"，两小节之间没有逻辑关联，要怎么改？

张晨：删掉。

徐杰：删掉是可以的，能不能不删掉呢？把第 2 小节的结尾"到哪里去找寻时间的踪迹呢"这句话改一改。

胡倩倩：时间怎么能被记录下来呢？

徐杰：这才能形成转折关系，请张晨老师把修改后的第 1—第 4 小节读一读。

徐杰：修改后，文章开头读起来就十分通顺。还有老师发现连着使用两个"但是"有点怪，日历可以删掉。另一处不够准确的段落在第 25 小节，大家发现没有？能不能改一下？

陆飞菲：最后一句不是写颜色。

茅思颖："光滑"和前面的颜色有点不协调。

徐杰：大家注意，"如果这里的石头有光滑的擦痕"这句是承接上句"灰黑色的常常是寒冷的表示"，意思是，灰黑的岩石如果有光滑的擦痕，那很可能是从前这里有冰河经过。

茅思颖："地球上的变化"改为"气候的变化"。

徐杰：终于有老师发现了。前面写"地壳的活动"也是地球上的变化，后面写化石，也是地球上的变化，所以这里应该是"地球上气候的变化"，这样本小节的总起就十分准确了。分析这一小节时，我们发现"红色的岩石意味着当时的气候非常炎热"，这是很绝对的，后面"而灰黑色常常是寒冷的表示"中的"常常"用词很准确，"如果这里的石头有光滑的擦痕，那很可能从前这里有冰河经过"中的"很可能"则表示推理。接下来我们就花十分钟的时间读书，去发现本文的"推理"。

茅思颖：第 19—第 20 小节是假设；第 23 小节，由结果推原因。

王冬梅：第 21 小节。

王子琳：第 25 小节。

孔岚：第 10、第 12、第 17、第 20、第 26、第 28 小节。

徐杰：大家说的基本上都对了，如果把这些推理的内容连起来读一读，老师们有没有发现推理有哪些基本的规律？有的是由现状推理成因，有的是由结果推理过程，有的是以过程来推理可能产生的结果，本文的推理逻辑就是单元导言中所说的"分析推理的基本方法"。从语言表达上来看，本文的推理有什么特征？请大家在上面的段落中寻找推理的语言标志。

胡心瑜：运用设问和推算类的词语，如"根据""这准是"。

冷凌元："就像""常常""如果"。

徐杰："很可能""如果"这些是属于非常不肯定的推论。与此相对的还有肯定的推论，像"这准是"。

倪永峰："这是什么呢""这是因为"。

徐杰：大家把这些语言标记都读出来了。科学小品文中的推论有因果式的、假设式的、设问式的、肯定的推论以及不很肯定的推论。

二、教学内容选择

徐杰：这些文本解读中哪些东西可以选为教学内容？

文敏：说明顺序。

徐杰：我更愿意把说明顺序说成是文章的结构。因为说明顺序更多体现在文章的结构层次。

周丹丹：说明对象。

徐杰：首先说明对象肯定要有，其次是文章的结构层次，然后是岩石的破坏、形成和作用。

吴建婷：内容的概括和结构的划分。

曹蕾：说明文语言的科学性和准确性。

徐杰：这篇说明文的语言体现的是文学性和科学性。本文的语言我们要学习什么？给大家三分钟的时间看书思考。

徐杰：推论的标志是很重要，可以从推论标志来学习推论。推论的语言表达侧重于科学性，那么本文的文学性又要学习什么？

杨瑞瑞：修辞手法。

徐杰：本文运用比喻、拟人的句子不多，修辞并不主要。文中有哪些段落最具文学性？

王燕：动词。

徐杰：本文语言的文学性体现最为鲜明的一处是岩石的破坏，另一处是岩石的重新生成。我们再读就会发现，作者为了写破坏和生成用了几十个准确而形象的动词。

三、教学活动设计

徐杰：接下来我们就来讨论如何把这些教学内容通过教学活动来实现从"教"到"学"的转化？大家可针对一个教学环节设计教学活动，自由发言。

黄佳威：把标题转化为本文的说明对象——记录时间的岩石。

徐杰：我也觉得这个活动很有用。标题不一定要改，可以改为给本文拟一个副标题，这是非常好的教学创意。

曹蕾：对语言的文学性进行对比阅读。

徐杰：如果将岩石的破坏和生成进行对比，是对比相同还是不同？我们组织对比活动要多维度多角度得到结论，而在这里结果是趋同的，所以建议对比需谨慎。

张晨：把推论的标志换掉。通过比较阅读，体会说明文语言的准确性。

徐杰：这相当于变化推论的形式，然后进行对比阅读，这是可行的。这样要先寻读推论，再对比分析，体会语言的准确性。

王燕：把独立成段的句子找出来打乱顺序，让学生重新选择填进去。

徐杰：这个过程太过繁琐，独立成段的有些句子是中心句或主旨句，我们可以提取本文的主旨句或中心句，形成一篇 150 字左右的浓缩文。

陆飞菲：品读独立段落，划分文章层次。

徐杰：品读和划分层次是两个活动，而如何开展品读活动需要详细说明。

划分文章层次是很常规的方法，直接划分存在困难，老师可先把层次划分好再让学生去填段落大意，也就是设计一个文章段落层次提纲，部分内容留白让学生读课文填写。

孔岚：让学生将岩石的破坏过程进行平实性的讲解，然后与本文进行比较，体会语言的文学性。

徐杰：这种二次创作对于学生来说极有难度，况且本身破坏性的过程就需要借助很多动词生动描写，没有办法进行平实性讲解。这个设计可能不太妥当。

冷凌元：出示段落，填动词。

徐杰：这个活动可以，但设计得有些平实。能不能以岩石的口吻，写一段自我介绍，对课文的语句进行变形，要求保留使用足够的动词介绍自己的前世今生。最后总结一下，我们为本课设计的教学活动有：给本文拟写一个副标题；寻读推论，对比分析，领会语言的准确性；提取本文的主旨句或中心句，形成一篇150字左右的浓缩文；设计一个段落划分层次的提纲，部分内容让学生读文章后填写；以岩石的口吻，写一篇自我介绍，对课文语句进行变形加工，要求保留使用足够的动词介绍自己的前世今生。以上就是可供大家参考的课堂活动，每个活动不一定都要在课堂中体现，大家可根据需要进行选择。

今天的备课就到这里了，谢谢大家。

《植树的牧羊人》

集体备课实录

- 备课形态：现场集体备课
- 备课组成员：成都市金牛区初中语文骨干教师 31 人
- 课题：七年级上《植树的牧羊人》
- 课型：教读课

一、文本解读

徐杰：今天我们集体备课的流程是这样的：首先给大家 40 分钟时间去自由地研读文本，然后自由发言，每位老师发言 3—5 分钟，谈谈自己阅读文本的体验和感受。读文本主要从三个角度去读：第一，是从内容理解的角度；第二，是从主题表达的角度；第三，是从语言形式的角度。相对而言，内容和主题的理解要容易一些。而语言形式，是要对文本的语言密码进行解码。我们可以按这三个角度的顺序去读，也可以直接选其中的一个角度去读。

（40 分钟后）

徐杰：我们就按顺序从这边开始。

老师 1：大家好！这堂课如果让我上的话，我第一个考虑的是让学生明白主题。

徐杰：我们现在谈的是文本解读，不是教学设计，先要弄清楚我们这个文本读懂了多少。好，后面的老师先来。

老师2：这篇文章内容和主题都比较容易理解。这是一篇小说，我注意到注解上面，绘本的题目叫作《植树的男人》，后来选入课本时改成了《植树的牧羊人》，这个题目就有一定的悬念，可以设计活动。在语言形式上，我觉得要抓的是细节描写和对比，还有一定的想象的空间。

细节描写很容易找到，在第5小节里面："他住在一座结实的石房子里，他的那条大狗也像主人一样，安静、忠厚、不张扬。"这是侧面描写，也是细节的体现。对比的话，有环境的对比，在第二段提到荒原，最后结尾说他这30年的坚持让这一片荒地变成了一片幸福之地，这是强烈的对比。

关于想象的空间，第11小节，"我"刨根问底，但他没有说得太多。他种了三年树了，一直这样子。有句话我觉得非常有意思，也是这篇文章中我觉得最关键的一句话。"他说：这地方缺少树；没有树，就不会有生命。"这是小说的一个眼。前面这句话也很重要："他先失去了独子，接着妻子也去世了。"这句话就让我们有了很多的联想。其实，"我"并没有真正地去刨根究底。这个植树的牧羊人先是孩子死了，然后是自己的妻子去世了，肯定很痛苦。他遭受了生活的痛苦，又没有受过什么教育，但他一心想到的还是"没有树，就不会有生命，既然没有重要的事情做，就动手种树吧。"一个普通人的高贵品质在这里体现得淋漓尽致，虽然没有太多华丽的语言，但是表现得很深刻。

第15小节里还有一句话："人类除了毁灭，还可以像上帝一样创造。"这个是一战后"我"得出的结论。人类除了毁灭，还可以像上帝一样创造。"我"经历了战争，看到了生死。从这个男人身上，我看到了他在像上帝一样地创造。在西方人人都是上帝，都可以去创造，只看你愿不愿意去做。我查过橡树的象征意义，在西方文化里面它象征着坚强的力量和生命，还有思念等。

总之，我觉得这篇小说有很多象征意义，有些"象征"想象的空间也很大，是很合理的一些想象。

老师3：除了荒原变成绿洲这种变化，我觉得还有一个"不变"。面对荒原，他的信念从来没有变过。

老师2：对，关于对比我还要补充一点。比如荒原之后，那些人都选择逃避，只有他留下来，而这个地方变成了绿洲之后，那些人又回来了。我觉得其他人，我们普通人的选择是趋利的，但他是迎难而上的，这也是一种对比。

徐杰：非常好。我想问问老师们，你们还发现其他的对比了吗？

老师4：读了这篇文章，我提取了两个关键词：一个是叙述，以叙述为主，课文的叙述基于独白；还有一个是对比，我找到10组。第一组是他的孤独与热闹：他失去了独子，妻子也去世了，但后面很多人到这里来安家；荒地变成了沃土，荒地和绿洲；干枯和湿润；贫瘠和丰富；离开，包括其他人离开和本人离开与重返；死寂与生机；人力与自然界；植树与牧羊……如果让我来做，就会充分利用对比。

徐杰：孙老师给出了"对比"这个很好的抓手，其实就是反义词。有好多组的反义词是可以体现出对比的，而且这么多的反义词更多的是从环境的角度来看的。那么除了环境的角度，老师们还有什么发现吗？

老师5：可能还有一个恶的循环和良的美的循环的对比。一开始人们选择离开，这个地方就成了荒原。后来人们的心态发生了改变，他们挖了塘，还种了其他的树。后面已经不是牧羊人一个人了。伟大在这里不只是他的坚定，不只是他的持之以恒，而是他扭转了很多东西。

徐杰：还有补充吗？

老师6：我找到两个。一开始是没有希望，后面写有了人有了活力，有了生机，就有了希望。这是第一个。第二个，这个男人最开始时妻子和孩子都死了，他并不是一个幸福的人，但是他这个不幸的人却给其他的人带来了幸福。

徐杰：非常好，所以个人身世的悲苦与给众人带来的幸福快乐形成了对比。

老师7：作者让·乔诺在文章中虚构了一个牧羊人前后故事的见证者——

文章中的"我"。但是文章中的"我"，和大多数的世人是一样的。比如说，在第 10 小节，"我"问他这块地是你的吗？它是谁的地？是公家的还是私人的？从这里可以看出"我"最初和所有的世人一样，带有一定的自私心理。如果这件事情跟"我"没有关系，没有意义的话，"我"可能不会去在意它，不会去坚持它。文章用"我"的想法和牧羊人长期坚持的做法形成对比，衬托出牧羊人的长期坚持是一种很伟大的行为。

另外，牧羊人是一个慷慨无私、品行出众的人。而我呢，第 13 段有句话"战争结束了，我只得到一笔微薄的酬劳。好想去呼吸一下纯净的空气啊！"这里的"只"一方面体现出战争并没有带给我们什么好处，另一方面，也可以看出"我"和牧羊人在对待一些事件、对待亲情、对待利益方面的差异性。这是把"我"和牧羊人进行了对比。

还有，我个人觉得，"我"在故事的前后也是有一定的变化的。最开始"我"是一个世俗的人，后来"我"几乎每年都去看望这位植树的老人。从这里可以看出，"我"是被这个牧羊人的坚持感动了的，我的态度在前后有一个对比。

徐杰："我"的态度前后是有对比的，"我"和这位植树的牧羊人对物质世界的态度是有不同的。

老师 8：这篇文章对于"我"来说太新了。我第一次读完，立马想到了以前我当学生的时候学过的文章《寻找时传祥》，书中的时传祥是一个掏粪工。这篇文章中的牧羊人，我感觉他就是在我们中国社群中的时传祥，因为他们一样的无私奉献、默默无闻。

参考书上说这个故事是虚构的，我想到了陶渊明的世外桃源。为什么陶渊明要去虚构桃花源？让·乔诺为什么要去编一个假的牧羊人？世外桃源表现了陶渊明对美好理想境界的追求，而让·乔诺虚构的牧羊人的世外桃源也跟当时大的环境有关系。他写这篇文章是在 1953 年，经历了两次战争，世界是非常混乱和动荡的。但是牧羊人植树的环境是非常平静和有序的，两次世界大战，对他却没有影响，他还是一心一意地在植树。

为什么要植树？我想可能是他要创造生命。为什么要创造生命？这跟他的遭遇有关系。他失去了孩子，失去了妻子，但是他很超脱。他已经达到了佛教的第三重境界，看山还是山，看水还是水。如果换作我，有点小毛病都是贪生怕死的，但是他做到了，而且是日复一日，年复一年地都在做同一件事情，他是不会被外界打扰的。说到了牧羊人的佛系，我觉得文中的"我"很刻意从"我"的视角来刻画人物，他为什么要刻意，我有点想不通。第一个就是他为什么要到这个地方来做这个事情？因为这地方是非常的荒芜……

徐杰：好吧，我要打断你了。第一，说的时间太久；第二，偏离主题。我们现在谈的是对比，如果考试的话，你就要不及格了。

老师9：谈到对比，我补充一点我个人的思考。我就选第15段这句话："人类除了毁灭，还可以像上帝一样创造。"我的理解是这样的，因为作者让·乔诺参加了第一次世界大战，他当过步兵，在战争结束以后，他成了一个坚定的和平主义者，那他为什么要虚构这样一个故事？他这篇文章在当时被退稿了，但是后来又在世界上引起很大的轰动，而且对全世界所有森林的再生起到了非常大的作用。他之所以要去高原，我觉得和他当年在第一次世界大战中见到了过多的毁灭和血腥的东西有关，所以他认为这个世界除了造物主能够给我们美丽以外，人类也可以创造。

另外，我联想到这对我们国家而言，可能也是一种教训。所以我们今天来读这篇文章可以从人与自然的关系来读，也可以从奉献的角度来读，谢谢。

徐杰：我要补充一下。关于毁灭，大家关注到了战争，其实"我"行走的那片荒芜的土地原来可能也是村庄，这很重要。这就不是战争造成的，而是人造成的。还有老师有发现吗？

老师10：大家好，我也来说一下对比。我想谈一个不幸和幸运的对比。"我"的三访牧羊人每一次都有对话，但都是用转述的方式，是轻描淡写的。牧羊人的三次不幸是当时的人普遍经历的。第一次是家庭的不幸，妻离子散。牧羊人就说了一句话，没有树木就没有生命。第二次的不幸是战争的动乱，他觉得要像上帝一样创造。第三次就是岁月的流逝，"我"就只说了一句话，他已经 87 岁了。

从作者的表述来看，他是在淡化牧羊人的不幸，在强调他面对这三次不幸的反应。第一次提到了他觉得树木有生命，第二次提到了他想要创造，第三次更是提到了人们可以有探索新生活的勇气。这样的反应背后是一种对生活的热爱。一个平凡的人，不管经历了怎样的苦难，只要能够保持对生活的不离不弃，去热爱生命，就可以给世界留下很多。这篇文章的主题，我觉得就是一个不幸和幸运的对比。

第二个对比，是高尚和平凡的对比。牧羊人是一个非常普通非常平凡的人，但是他的精神很伟大。

徐杰： 就是身份的平凡与灵魂的高贵之间的对比。老师们刚才讨论了那么多的对比，我觉得很有意思，大家有没有发现我们慢慢地就进入了文本。

我来总结一下。环境的对比，是说得最多的。刚才孙老师说了一大堆的反义词。还有"我"态度的前后对比，"我"对牧羊人的态度对比，"我"对这一片荒原的态度对比，牧羊人个人悲苦的身世与造福别人的对比，平凡的身份与高贵的灵魂的对比，"我"与牧羊人对物质世界的要求的对比，变与不变的对比（这片山在变，但是牧羊人的心没有变啊），一个人与一群人的对比（前面种树是一个人，到后面已经不是老人一个人了，他已经 80 多岁干不动了，但是一代又一代的年轻人都在建设自己的家园）；希望与绝望的对比，毁灭与创造的对比……

好，刚才大家说这是一篇小说。但是我们在读的时候，为什么觉得它不像小说？就是它的艺术真实已经几乎等同于生活真实了。那么，这篇文章为什么我们读起来感觉是真的？

老师 11： 它的语言特别平实，没有像小说一样特意去描述一个场景。它是通过一个旁观者来说的。作者本身是一个导演、编剧，感觉在讲一个身边的故事。刚才我发现，他的那些经历都说得特别轻描淡写，他的儿子死了，妻子死了，一两句话就把它带过去了。

徐杰： 也有很多小说是艺术真实，就是平静的叙述，所谓平静的叙述并不是真实的标配。但是有一点是对的，就是"我"这个叙事的视角。"我"是什么身份？仅仅是一个目击者，见证者吗？大家先沿着这个思路往下继续补充。

老师 12： 我觉得还有时间。我画了一条线，特别清晰，1910 年，1913 年，1914 年，1919 年，1920 年，1945 年 6 月，非常清晰的一条时间线，感觉很真实。

徐杰： 是的，就好像时间在流逝。还有吗？

老师 13： 我觉得它没有我们传统的小说那样有情节的开端发展高潮结局，它到处都有框架，在结构上像纪实性的文字。

徐杰： 应该说这篇小说的情节也是很鲜明的，由荒原变成绿洲，这里有很好的情节的转变。

老师 13： 我觉得它里面的时间、地点，还有历史事件，能给人真实感。

徐杰： 我非常赞成这位老师的看法。金庸的小说为什么很吸引人，因为襄阳保卫战历史上是有的。他经常把历史事件放进小说，这样它才能有真实性。历史事件与虚构的事件互相融合。我觉得大家还没有说到最根本的。要把一件事情说得像真的一样，要靠细节。我们来看这里的哪些细节是值得我们关注的。选种子这个细节是最好的，还有哪些细节？对，收拾房间的细节，一个邋遢的男人不可能把植树这件事坚持下去。我们把它圈出来。10 颗，对吧？ 100 颗，然后十万颗，两万颗，一万颗，是一片沃土……其实文中还有环境描写的细节。

老师 14： 我对这里数据的作用是这样理解的，就是通过数字的比较来突出他能够把这个树种成功的一种艰难，进而再突出他能够长此以往坚持做这样一件事情的伟大和难能可贵。

徐杰： 这个数据就这样增强了真实性。我提醒一下老师们，还要关注环境描写。大家知道环境描写能细腻到空气中的感觉，包括甜度、味道。其他小说中一般的细节都是指向人物的语言、动作、神态，很少有小说真正地在环境中关注很细致的东西。刚才还有老师说到文章的标题，马上有人注意到，

《植树的男人》为什么改成了《植树的牧羊人》？如果说之前他曾经一边牧羊一边植树，说他是"植树的牧羊人"，还可以。但后来他已经不牧羊了，但作者还依然称他是"植树的牧羊人"，为什么呢？如果换成"植树的男人"好不好？

老师 15：这里其实有宗教信仰的内涵蕴含在其中，在基督教里，牧羊人代表"救赎"。

徐杰：这个补充非常好。在基督教中"牧羊"代表救世、传道、布道。所以，作者不仅希望这个男人种出一片树，更希望这个男人的行为能够救世。现在再往下推，课文里还有哪些东西看似矛盾，其实是有深意的呢？譬如，"既然没重要的事情做，那就种树吧"，那没什么重要事情可做，他为什么不去做其他的事呢？其实牧羊对他来说才是最重要的。这就是看似矛盾的地方。文章中还有一处这样的闲笔。大家找一找。

老师 16：第 13 小节最后一句话，"我想，那一万棵橡树应该已经长成一大片树林了吧！"这是一种对未来的假想，他是在以"我"的这种投入来表现牧羊人的坚持。

老师 17：第 3 小节："原来是一个牧羊人，他周围还有三十来只羊，懒懒地卧在滚烫的山地上。""卧在山地上"的主语是什么？是"羊"还是"他"？

徐杰：这个其实是翻译的问题，应该是有 30 来只羊围绕在他的周围，然后懒洋洋地卧在那里。如果是英语，就是"There are……"这个翻译得并不是很好。

老师 18：有一句话我有疑问："只有天知道这有多难！"

徐杰：人也知道有多难，但他为什么说"只有天知道"，我读的时候也是有疑问的。其实原著的翻译并不是"上天"，而是"上帝"，并不是上帝知道他做这件事情有多难，而是上帝知道他能够做这件事情，做这件事情的过程中会遇到多少困难。他并非表达"知道"这个事情难，而是表达他"做成"这个事有多难。而这究竟有多难，后面可以设计一个活动，让学生来想象一下。

现在我们发现有一些闲笔也很有意思。再看刚才说的有对比的地方，有细节的地方，甚至于里面的某一个比喻句，都很好，都能让人感受到小说的真实。另外，我建议老师们要关注一下，整篇文章中，他用的都是叙述，叙述中没有对话，都是转述。你们觉得这种方式好不好？

老师 19：这种方式表面看是不客观的，实际上依据的是不一定可靠的事情。

徐杰：这个转述是他有意的。因为转述的口吻会带来一种极度的平静，但是平静下面有波涛汹涌的内心情感变化，这样就形成了很好的对立式的冲突式的审美效应。我觉得应该要有这样的一种感受。我们学生写作文全部是用转述肯定是拿不到高分的，但是作者故意用大量的辅助转述，是很有表现力的。他的平静，是来自冷静，而这种冷静与内心的震撼又形成了很好的对比。

二、教学活动设计

好，我们对课文的研读就到这里。休息一刻钟，我们接下来研讨一个问题，即刚才我们的文本解读中有哪些东西是可以变成学生的阅读活动的？我们课堂的阅读教学，不要把它变成提问题和找答案。我们要组织阅读的活动。允许提问题，但是不允许一节课一直在提问题。

我举一个例子，比如把"植树的牧羊人"和"植树的男人"两个标题打在黑板上，请学生说说哪个标题好，就是一个很好的教学活动。它不是简单地提问题，因为学生要进行若干的辨析，要结合课文来谈，这就是一种活动。我们先分组，待会儿用分组讨论的方式进行。下面请大家讨论半小时，然后每个小组推选一位老师进行分享交流。

（30分钟后）

徐杰：哪一组先来？

老师 20：各位老师好！我们组针对本篇课文中的一个点来设计教学活动，主要是着眼于人物形象的品析。一开始让学生到第一自然段中找关键词，找到一句评价："是难得的好人"。再让学生去品析好人，包括人的世界，人的精神。所以我们组想到了一个问题，这是来自绘本的故事，不过最后一个结局被删掉了。老人现在是死在了养老院，去世了，那么请问，如果你要给他写一句墓志铭，会怎么写？通过这个问题，让学生去深入研究，进行形象分析，最后由老师点评概括。这是我们组讨论的结果，谢谢。

徐杰：对于写人的文章，很多老师经常想到让学生写墓志铭，写颁奖词。我想说的是，活动是一个支架，是一个梯子，这梯子一定要容易爬上去才行。如果你的梯子本来就比较难，比较陡，你却要把它作为一个学习活动的支架和凭借，就会有问题。

写颁奖词，是对作家的要求。所以你让学生来写是有难度的。如果一定要设计写墓志铭的活动，就要降低难度，给出格式。比如你可以用"你曾经……，你现在……"的句式让学生去写，把对比的方法嵌在里面。你要给学生写作的抓手，否则的话他们肯定写不了。我们用活动支架一定要简便易行。好，下面一组。

老师 21：我们组想抛给学生这样一个问题：为什么安排牧羊人去植树？我们可以把这个标题换成"一个伟大的牧羊人"，或者把它和"植树的牧羊人"对比，让学生去思考。树是有生命的东西，有了树，就会带来生命，带来生机，甚至给我们创造一个非常舒适幸福的家园。那么，这个老人在丧失妻子的背景下……

徐杰：不谈文本解读，现在我们要谈的是活动设计。

老师 21：这个老人一直在植树。树要成长，肯定需要时间，那么从时间就可以看出，牧羊人一直是在坚持。他身上有坚韧不拔的意志，还有坚定的信念。我们由此来分析人物形象。

徐杰：我要问的是，你怎么分析人物形象？就是提一个问题让学生回答吗？

老师 21：就是他为什么要植树而不是做别的事情。

徐杰：假如我现在是学生，我会回答你，我没什么其他更重要的事要干，所以我就植树。你会怎么弄？

老师21： 学生通过老人的植树，可以分析出老人的形象。

徐杰： 你还没明白我的意思。我们课堂上要有活动，你设计的活动是什么？

老师21： 活动就是从文中去找。

徐杰： 找什么？怎么找？

老师21： 问学生：通过植树，可以看出老人哪些形象特点？他把橡树子种下去，要长出树，时间是很长的。第11小节："三年来，他一直这样，一个人种着树，他已经种下了十万颗橡子。在这十万棵橡子中，有两万颗发了芽。而在这两万棵树苗中，有一万棵树苗，会在这光秃秃的土地上扎根，长成大树。" 从老人这么长时间的坚持，我们可以看出他的什么精神。这个问题的答案，必须学生自己说出来。

徐杰： 也就是说，你是通过让学生去课文中圈画有关的词句来概括人物形象，这就是个活动。我刚才持续追问你的用意，就是我们千万不要通过碎碎问的方式去组织课堂活动。比如刚才这个活动，就是一个10分钟左右的活动。学生读课文，圈画最能表现人物形象特点的词句，然后连读，概括出人物的精神品质。下一组来。

老师22： 我们也想从题目入手。第一个活动是请学生在文中找出作者对牧羊人评价的词句，比如第1小节的"慷慨无私""不图回报"，第4小节的"自信平和"，第6小节中的"安静忠厚不张扬"，第7小节的"认真仔细"，第16小节的"坚持"，第21小节的"伟大"，还有"毅力""无私"，最后一句"他做到了只有上天才能做到的事情"等。等学生把所有的信息找出来之后，再提出一个问题，在所有的这些评价中，你觉得哪一个评价是最高的，是渗透到人的灵魂的。那就是最后一句"他做到了只有上天才能做到的事情"。

第二个活动，我们请同学们结合课文中的内容来理解这句话。"只有上天才能做到的事情"，说明第一，这件事情很难。第二，他创造了奇迹，很了不起。我们让学生从文章中去找，哪些地方能够体现这两点，顺带就把环境前后的对比找到了，还有人物内在的品质也分析出来了。这是我们组分享的。

徐杰：环境的对比能够表现出难吗？

老师22：之前那个地方很荒凉，后面变成了绿洲。他做了上帝才能做的事情，就说明他创造了奇迹。

徐杰：我的意思是，环境描写前后的对比，能够指向于"难"吗？

老师22：指向于情。

徐杰：对，所以你这个活动的内容指向跟你活动的目标指向之间不完全吻合。这个环境指向于对这个人的品质的理解，不是指向"难"。你说的前面一个活动，是很好的。让同学们浏览课文，找出对人物的评价，评价是比较放射性的。再聚焦到最核心的评价——"做到了只有上天才能做到的事情"。"只有上天才能做到"，意思是凡人是不容易做到的。凡人如果做到了，就是上帝。一个人怎样才能变成上帝？我觉得倒不完全是要通过改变环境才能做到，而是要分析这个人物跟我们一般的人有什么不同。第一，他把自己的悲伤和痛苦放在一边，给别人创造幸福；第二，他做一件简单的事坚持了很多年，坚持的毅力是不容易的；第三，他还有智慧，他挑选橡树的种子后是怎么去种的？他为什么在山谷里选择种白桦？在这里，你就可以把学生的阅读逐步引向深处。我建议做一个修整。

老师23：我们小组的活动是，先让同学预习，再展现题目，让学生来提问题。比如说，题目中的牧羊人是在哪里种树？种了什么样的树？种了多少棵树？种树的过程经历了什么样的问题？然后引出前后的变化等一系列的问题，让他们根据自己提的问题，回到文本里去解决问题。我不知道我讲清楚没有。

徐杰：我听明白了啊。但是这样的教学有两个问题。我曾经也尝试过这样做。其实，你刚才提出的很多问题都是傻瓜问题，种了多少棵树，他为什么要种树，他在哪里种树的？这些就是一问一答的问题。学生提出这些问题本身就有很多的问题，因为都是很浅层次的碎问碎答。你们回去试一下，让学生就一篇课文提问，无厘头地会问出很多问题。其实他们提出的很多问题与文本的阅读理解、阅读品质关联并不大，你这节课就解决他们支离破碎的问题，没有办法组织教学，这是第一。第二，老师在学生提出的若干问题中，能不能迅速抓到一个有价值的问题，并且由这个问题深入开展下去，左右勾连，然后把文本真正地读透？说实话，我都不敢这样做。你这个就叫什么心理？叫望天收。打个比方，就是希望今年风调雨顺，虫子也不来捣乱，然后就亩产 500 斤，那我就是一个优秀的农民。你要做到让学生在问那些问题之前，自己先提炼出几个有价值的问题来。现在请你提问。

老师 23： 我会问他，在植树的过程中，环境前后有什么样的变化？你觉得这是个问题吗？

徐杰： 嗯，这个有价值。

老师 23： 他为什么植树？我觉得这也是一个问题，它是真问题，不是假问题。

徐杰： 我没有对提问进行真问题和假问题的判断，我说有些问题是一问一答就解决的问题。

老师 23： 但这也是细节啊。

徐杰： 如果这样的话，文章的细节和问题可就太多了。你继续问，我们听听你有多少个细节。

老师 23： 植树的过程中他遇到了哪些问题？一个牧羊人为什么要去植树？然后学生把这些细节都找出来之后再推进。我们初一的时候上过这篇课文，我教的学生有四分之三都是没有办法上高中的，他们的语文水平比较低。等他们把课文的内容理清楚了，我就跟他们说，我今天要给你们揭示一个很大的秘密，让·阿诺写的这个事情是编的。他们就很惊讶，因为他们觉得这个故事很像真的，就开始翻书，想为什么是真的。他们就找了很多证明，很多细节。我想从问题入手，引到细节上面去，让学生去研究这个细节给我们带来的真实性。我们当时是这样做的，前面那个活动是比较浅层次的活动，后面再延展开。

徐杰： 你把我刚才的话题岔开了。我为什么要持续追问李老师，要叫他提问，其实不是跟他过不去，我就是想告诉大家：第一，有多少个问题可以变成课堂教学中能够具有支撑力的问题。如果一个问题过来，学生要读很多的书，要做很多的交流，这就叫支撑力；第二，课文的阅读活动不能全部靠提问题来建构，我们可以提一两个问题，但如果这节课一直是在提问题，学生一直在回答你的问题，这就枯燥了。我举个简单的例子，第 20 小节中，写"我"又来到了这片废墟上，看到旁边建了干净的农舍，人们生活得幸福、舒适。如果此刻这个老人在现场，我们来写一个细节，这就叫活动。它就不再是提问题和找答案了。学生可能会这样写：老人哼着歌，他微眯着眼睛，倚在一棵树上，像睡着了，在听树上风与树发出来的歌声。这些你说对于文本解读有没有帮助？当然很有帮助，对不对？这就叫设计活动。

在课堂上，别人都在不断地提问题找答案，但你有活动，这就体现了你教学设计的水平。现在各个小组继续来吧。

老师 24：我们小组想通过探讨对比的作用，来引导学生挖掘这篇文章多元化的主题。结合互动的练习题，让他们完成课内练习，来引入对环境前后的对比，进而去引导学生寻找文章中其他的一些对比。但是我们考虑到我们老师所讨论的这些对比对他们来说有些难度，所以会给他们一些提示性的点，思考的方向。

徐杰：这个我可以教你一招。寻找对比，这仅仅是你这个活动中的一个预热环节。你可以先出示一个前后对比，比如说前面描写荒原的句子，后面成为绿洲的句子。然后让学生对比阅读，这叫感受对比。接下来请学生读课文，说说课文里还有哪些鲜明的对比。你可以加一个括号进行提示，可以从"我"的态度，从"变"与"不变"，从"希望""绝望"几个方面，把我们今天大家研讨的这些东西，给出几个提示给他，让他去阅读、发现、交流。这就是交流与分享。这是对比活动的第二个层次。前面是感受，现在是寻找与发现。然后还要有第三层次，这很重要。一个大的课堂活动里要有三个台阶。我们现在来看，第三个环节怎么做比较合适。

老师 25：发现完了以后，我们可以进行交流环节。

老师 26：然后可以去探讨对比产生的效果。

徐杰：在交流完以后，分析对比的效果。怎么分析，这就是活动了。这个活动一定要把它做好，不能说请问对比有什么表达效果，有什么作用，这样你就又变成了提问题找答案了。这种理性分析会让课堂瞬间变冷。怎么做？比如说前面我们找到了荒原跟绿洲的对比，那就可以提炼出很好的形容词，或者很精炼的句子，把它作为诗的第一小节，这就好玩了。这就是语言提炼和欣赏活动。这里原来是什么？现在是什么？请你写第二小节。你就把这个对比的内容提炼出很精炼的诗，连读，对对比所产生的作用就不要说了。老师一句话就够了。

活动远远比提问题和找答案的参与率更高。我们再来找其他的对比。比如，后面写1万多人都在这个地方幸福地生活，那他们的祖先以前可能也在这个地方生活啊。你能不能补写他们破坏的或者他们逃离时候的情景，和后面来形成对比呢？再比如说，环境在变，而老人的一颗心始终没有变。那能不能在最后设计"我"和老人的一段对话，来表现他的矢志不渝呢？我可以把"我"问的三句话写出来，请你代替老人回答，写上去。我说："这个地方已经变成绿洲了，你可以休息了呀。"老人会怎么回答？我说："这儿的人都应该感激你呀！"老人会怎么回答？老人怎么回答，这个很重要。甚至于老师还可以故意罗列出几个不同的回答，问学生谁的回答最契合老人的形象。这样的活动最能吸引学生的参与。

老师27：我突然想到可以这样设计一个环节。文章的最后一小节提到"普通"，"只有上天才做到的事情"，我们就从这个矛盾切入。第一个就是梳理情节，"上天才能做到"，这对普通人而言一定是很怎么样？我估计学生会说很"难"。再让他们通过勾画句子来找一找"难"在哪里。比如说条件之恶劣，时间之长久，发现年龄之对比，"我"和老人对待自然态度的对比，还有生活之孤苦，绝望与期望之对比，创造与毁灭之对比等。通过勾画句子的活动，梳理情节。第二步，面对这样"难"的生活，这个人是怎么做的，进行人物分析。

徐杰：第一个环节我认可，第二个环节就又变成了提问题了。

老师 27： 我就说了引入这个环节，下面的还没想好。

老师 28： 我想到三个活动，有点浅。第一个活动是，我让学生自己先扮演叙述者，另外一个扮演牧羊人，来说说当年"我"怎么样，让大家交流刚才说的话是谁叙述的。第二个活动就是采访，他已经 87 岁了，然后记者就来采访他，你当时是怎么想的，你妻子儿子死了之后你是什么心情，你干吗要去种树？第三个拍电影，就是说你觉得哪些画面可以作为电影的画面。

徐杰： 非常好。这位老师悟性非常高，马上就想到了这些活动。先看转换视角讲故事。如果让老人来讲，肯定要省去细节，而且话不多。我们可以把它跟从"我"的视角讲故事来对比，看谁来讲更好。

我尤其欣赏他说的拍电影，文章哪个内容可以拍成电影呢？应该是老人种橡树。比如，因为谷底比较湿润，老人就把白桦树种在那里。这些白桦树棵棵鲜嫩、挺拔，像笔直站立的少年一样。但是作者在文中没有写种白桦树的过程，我们就可以来组织活动。如果要把它拍成一部电影，可以拍哪些镜头，请学生描述。种树时候的环境是可以拍的，譬如烈日当空的时候。这个老人脱光了膀子，或者说身上汗干了又湿，湿了又干了。这就是非常好的活动。我在教《愚公移山》的时候，就用了这个方法。"叩石垦壤，箕畚运于渤海之尾"，问学生如果把这句话拍成电影，要拍哪些东西。

老师 29： 是不是可以把它改写成一个剧本？

徐杰： 写一个剧本是可以的，但是这节课安排写 1—2 处就可以了，不能多。如果一直在写，就冲淡了文本的味道。这种拍电影的方式是一种很好的方法，我们把它称为情境再现，有助于深入阅读。

老师 30： 刚刚说到拍电影，我就想到可不可以把绘本的图片投影出来，再带着学生来配文字。

徐杰： 对，这也是非常好的，我们称它为图文比较，也叫对比分析。这种对比分析就是一种很好的教学活动。甚至你还可以玩一手，故意让学生比一比哪个好。黄厚江老师上课会问学生，要不要听黄老师读？学生说要的。他就故意读错，再问学生自己读得好不好。有的学生说好，有的说不好，这样就产生了很好的课堂矛盾。我说你好，好在哪里；说不好，又不好在哪里。各自讲出理由，学生就参与进来了。

老师 31： 我们这组还没有讨论出一个满意的方案。我们设想第一个活动是让学生读开头和结尾，然后抓住对牧羊人的评价性词语，聚焦到"伟大"上来。第二个活动是回归原文去找"伟大"表现在哪些方面，学生交流之后，再聚焦到平凡事件中做出的不凡成效，总结他表现出来的伟大品质。

徐杰： 这个方案是可以的，但活动深度不够。有的老师上课，经常请学生用一句话概括课文的主要内容，这是一个非常难的活动。像这篇课文用几句话来概括是不容易的，一定要把它化为精简的活动。可以怎么做？先让学生听写生字词，如"不毛之地""光秃秃""慷慨""滚烫"等，再让他们把这些词语串联起来，说说课文的主要内容。再如，让学生先听写一组词语，再请他们读课文，找出它们的反义词。找出反义词以后，对比的话题就出来了。这就叫活动。所以只要动脑筋，我们就能找到很好的路径。

我们刚才说到老人具有无私的品质。如果提问题，就是"请你说说在文章中读到了一位怎样的老人"。怎么变成活动？我离开老人后，有一天晚上非常想念他，于是给他写了一封信，那么我可能写哪些内容呢。再如，几十年过去了，这个老人已经不在了，这个村庄里一位老爷爷抚摸着他孙子的头，在树下看着天上的蓝天和星星，跟他说，曾经这里有一位老人，请你说说他有可能说什么。这是他必须要读课文才能说得出来的。

其实，还可以设计很多的活动。老人没有妻子，没有孩子，但村里每个人都把他当家人，那么他们会怎样去尊敬他呢？这些尊敬的行为也是学生读了文本以后才能说出来的。我想告诉大家的是，在课堂上可以设计很多的活动让学生参与。在课堂中有提问，有改写，有创编，有创设活动，创设对话等，就有意思了，好玩了，学生就被带进去了。

今天我们的备课活动就到这里，感谢大家的参与。

《紫藤萝瀑布》

集体备课实录

- 备课形态："徐杰老师的备课室"首次线上集体备课
- 备课组成员：全国各地自主报名者 466 人
- 课题：七年级下《紫藤萝瀑布》
- 课型：教读课

一、文本解读

徐杰：各位老师好，欢迎大家参加在线集体备课。今天我们一起备课的课题是《紫藤萝瀑布》。应该说，这是一篇传统的课文。无论是原来的人教版，还是苏教版，都选了这篇课文。今天备课的第一步是解读文本。大家现在把课本打开。第一个话题是：如果要给课文来划分层次，我们会怎么分？说说理由。这也是我们解读文本最基本的要求。

孙余兰：第1—第6小节，看花；第7—第9小节，忆花；第10、第11小节，悟花。我觉得有争议的是第 7 小节。

徐杰：好的。你采用了一般的划分法：看花，忆花，悟花。

孙余兰：对，但是第 7 小节我觉得可以在上面一部分，也可以在下面一部分。

周春勇：我是把第 1 小节分了一层。因为"我不由得停住了脚步"之后，才有了下面的观察和思考。接下来是 2—10 小节。在这种观察和思考之后，"我"又回到了现在，"不觉加快了脚步"。首和尾有一个呼应，中间成为独立的一部分。当然，中间又可以分为现在、回忆、再回到现在。

徐杰：中间的细分我们先不谈。你这个分法也可以，确实首尾相应。

马慧霞：我是把它简单地分为两个层次。"我不由得停住了脚步"，这个时候"我"开始赏花。所以到"想摘一朵"为止都是看花，主要的内容都是对花的描写。"但是我没有摘"，这里我觉得是一个转折。从看花到花"在我心上缓缓流过"，一直到"我不觉加快了脚步"，都是因为"我"对于生命的思考。

徐杰：如果这样分的话。第 8 小节其实也是描写，是回忆中的描写。对不对？

马慧霞：对，但是我觉得这也是跟他的生命有关。所以也全部画在一起。

徐杰：但这段不属于对生命的思考。这样分，有两个小节是说不通的。特别是第 8 小节。

刘小晴：我比较同意刚才第二位老师的说法。掐头去尾以后，中间的是一部分。中间部分我认为是作者与花的一场约会。眼前看到的花以及回忆中的花，是她对整个生命历程的思考。这也符合我们对整篇文章认识的规律。第一个老师的分法，我也同意，可以说是按时间顺序划分，清晰明了。但是我更喜欢第二个老师的分法。

陆飞菲：我关注到了作者的心情。因为文章是通过紫藤萝瀑布来表达作者的情感，应该说一开始作者是处在对生命的思考，还有痛楚中。因为处于比较不安动荡的情况下，她就感觉紫藤萝开得像瀑布，瀑布是流动的。后面她就把它说成是"长河"，"长河"又和心情有关，表示心情趋于稳定。按照这样的方法，我想第一部分是第 1—第 9 小节。但是我不确定第 8、9 两小节可不可以放在后面。我觉得第 1—第 9 小节如果按照心情来分，比较像瀑布的忐忑和汹涌；到后面他感悟到了生命像长河一样趋于平静。

　　徐杰：我为什么先让大家来分层次？是因为我觉得给这篇课文分层还有很多种分法。比如说，可以分成两层，我这个两层是指：第1—第9节，叙述和描写；第10、11小节，议论。这是从表达方式的角度。再比如说，掐头去尾，首尾呼应，分三层。还有一种，也是最值得我们思考的。第1小节作为一层，是典型的引入事物；第2—第9小节，是属于描述事物，既可以指描述眼前的，也可以指描述回忆的；第10—第11小节，是开掘事物，开掘事物的意义，或者我们可以叫它托物言志。也就是说，通过分层，我们要了解托物言志类文章的基本结构。

　　徐杰：接下来我们一起来看课文，了解第二方面的内容：作者眼中的紫藤萝具有怎样的特点？可以用哪些词语来修饰？大家可以在对话框里打出来。一定要用非常简练的词语来修饰作者眼前的这一树紫藤萝。

　　徐杰（读对话框中发言的内容）：流动、生机、茂盛、闹、浅紫色、盛大、壮观、辉煌、繁茂、活力、气势非凡、富有情趣、有力量。"梦幻"不对，"梦幻"是"我"的感受，不是紫藤萝的特点。回看前面的词语，你觉得哪一个词语是作者最想要着力表现的？我觉得老师们说得都很有道理，应该是"生机""生命力""活力"。"生命力"，应该是能够得到大家认可的。

　　徐杰：我们现在回头来看课文，作者为了表现这种生命力，用了哪些方法呢？可以结合课文中具体的句子。

　　（对话框中有老师已经开始发言）

　　徐杰：我希望大家不要一提到句子的手法，就是修辞手法，就是拟人。即使说拟人，也要说出拟人手法中是如何体现生命力的。

　　张晨：第二小节用到了夸张的手法。比如"从未看过开得这样盛的藤萝，只见一片辉煌的淡紫色，像一条瀑布，从空中垂下，不见其发端，也不见其终极"。这里总体上来说是比喻，但我觉得在比喻里套用了一个夸张，用这种没有边际的感觉来凸显出它的繁盛、辉煌，给人一种气势繁盛的感觉，给人一种见到以后情不自禁要止步的感觉。

曾曦：我觉得用到了反复手法。第 4、第 5 小节是非常明显的反复手法，"我在开花"，写了两次。"他们在笑""他们在嚷嚷"，是反复，让人感受到一种生命力的旺盛。

俞贤：我找到的是多感官互通。作者在第 2 小节写"深深浅浅的紫，仿佛在流动"，这是从视觉的角度来感受紫藤萝。后来又写道"除了光彩，还有淡淡的芳香，香气似乎也是浅紫色的"，这是从嗅觉的角度去感受紫藤萝。

刘小晴：我觉得第 2 小节和第 3 小节有几个动词写得特别好。比如说"流动""挑逗""推"和"挤"。"推"和"挤"，让我们感受到紫藤萝在开花过程中可爱、动态的美。在教授这一课时，我让学生表演了"推"和"挤"，去感受紫藤萝花开时的活泼热闹，感受顽强和积极的生命力。我觉得动词用得特别棒。

徐杰：你这个发现很好，也就是说，我们不能纯粹地认为只用了拟人手法来表现紫藤萝的生命力的，用有表现力的动词会更加准确。

张丽娟：我也把视线放在了第 3、4、5、6 这几小节，但我主要关注的不是"挤"和"推"这几个动词。作者说花在"笑"，在"嚷嚷"；又说花"像张满了的帆""带着尖底的舱"，就给我一种孩子们的快乐。孩子是最具有生命力的，帆是要扬帆起航的，我觉得生命力的旺盛，就是在这个时候体现出来的。

徐杰：其实你发现的是对于喻体的选择。比喻句本身并不都能反映出生命力，但是比喻句中选择的喻体就能表现出来了，比如帆、孩子。

郝志梅：我看到的是第 2 小节整体在写紫藤萝"欢笑"，在"不停地生长"，到了第 6 小节，强调的是个体的成长和生命力，"每一穗花都是上面的盛开下面的待放"，它用到的是"每一穗花"，强调每一个个体。还有"都"字，说明不管是整体，还是个体，每一朵花都在拼尽全力地生长。

徐杰：也就是说，既有面上的写，也有定点的特写。但要注意的是，这种有点有面并不都一定是表现生命力的，我们要盯住"生命力"做文章。

汤会娥：我关注的是第 3 小节。"这里春红已谢，没有赏花的人群，也没有蜂围蝶阵，有的只是一树盛开的藤萝"，用到了对比。花已经谢了，没有赏花的人，也没有蝴蝶，什么都没有。在这种情况下，紫藤萝依然自顾自地盛开。你来或者不来、赏或者不赏，我都要顽强地、美美地绽放。我觉得这就是一种生命力的体现，花是开给自己的，不是开给任何人看的。我是这样理解的。

徐杰：嗯，可以的。你关注到了对比和衬托。在本文中有好几处对比和衬托。汤老师说的是一处。"眼前的树"和"十多年前家门口的树"是一处；"我停下了脚步"和"我加快了脚步"是一处；"我"之前对于疾病的态度是"痛楚"、现在是"精神的宁静"和"生的喜悦"，也是一处。所有的这些，其实都是源于这一树有生命力的藤萝。

王敏：之前我已经教过这篇文章，这一次再读，我发现了一些语言的特点。第2小节"从未见过""只见""才知道"，这些词有限定作用，如果把它们换掉，用其他的词来表现的话，这种生命力和独一无二的精神力，就没有那么突出。

徐杰：也就是说，通过副词来强化它的生命力。可以的，副词很多时候都能够起到一个强调的作用。你的发现很有价值，谢谢你。除了这些，还有化静为动的描写。文中有很多静态景物，但是在作者的笔下，它被赋予了动态，如"在流动、在生长、在欢笑"。

现在来总结一下老师们的发言。为了表现这株紫藤萝的生命力，作者用了很多方法：一是选择了有动感的喻体，选择了有表现力的动词；二是选择了拟人的手法；三是运用了多感官结合的方法；四是用化静为动的手法，让我们对这种生命力的感受更加明晰；五是用了对比、衬托的手法，来凸显这树藤萝生命力带来的影响。应该说，作者在描绘这株紫藤萝时，集中笔力表现了它的"生命力"。

但是，写藤萝的生命力，并不是这一篇文章的最终目的。托物言志的文章最重要的部分，不是描绘事物，而是开掘事物，也就是开掘这个事物本身的内涵。所以，我们会自然而然地把眼光集中到这句能够表现出主题的一句话："花和人都会遇到各种各样的不幸，但是生命的长河是无止境的"。这一句话我们要拿出来一起研读一下。

王敏：我的理解是，文中的紫藤萝在不同的时期，生长情况是不一样的，虽然最终会枯竭会衰败，但它绽放过它的美丽，展示过它的生命力，那它就是永久的。"生命是无止境"的意思，就是美既然发生过，就是永久存在的。

徐杰：你认为文中出现了两次大株的藤萝。请问，十多年前家门口的藤萝跟"我"眼前所见的现在的藤萝是同一株吗？

王敏：我觉得不是同一株。

徐杰：对，这是我们要关注的。十多年前家门口的那株藤萝已经死了，连根拔掉了。紫藤萝的花架都已经拆掉了，改种了其他的树。这样看来的话，我们该怎么理解这句话？

王敏：我再想一想，谢谢您。

马慧霞：我觉得要联系她弟弟和她的身世。很多人认为本文像伤痕文学，那个时候的人会对"文革"期间的经历有一种伤痕的感觉。她把时间的长河延得很长，意思是，我们曾经有过这样的经历，但在漫长的时间里，我们不应该只是沉溺在那样的感伤里。弟弟也好，我们家的不幸也好，跟这个紫藤萝一样，应该变得更好。曾经的紫藤萝被拆掉了，改种了果树，"文革"期间认为紫藤萝有伤风化。书中的原话是"花和生活腐化有什么必然关系"，那时候的人和花有了联系，人就变得腐化，那么花也似乎带了一种原罪。所以她对于花、对自己的生活经历、弟弟遭受的苦难、还有家庭的苦难的感受是伤痛的，但她最终觉得，生命的长河是无止境的，要一直往前看，就像河一样一直往前流。

这让我想到了生命观。有的人会把生命看得很短暂，只看到自己的这一辈子，有的人就会把生命看得很远，甚至看到了一代一代的生命。"我不觉加快了脚步"，她是觉得人要往前看，可能你这一代的花谢了，但还有一代一代的生命在延续，所以就不必感伤。

徐杰：好的。有不少老师也在对话框里打出来自己的看法，周志成老师说是单个的个体生命与人类生命。王一萍老师说是个体生命的有限与物种生命的延续，还有老师说是人类的个体与整体，大家的认识是很对的。前一句话"花和人都会遇到各种各样的不幸",说的是个体;"但是生命的长河是永无止境的",说的是族群。从这个角度而言,个体的生命确实是有限的,个体会遭受灾难,个体可以消逝,但是对于他的群体而言,生命的延续又是无止境的。

这就联系到了宗璞。她弟弟当时身患重病,已经到了弥留之际,将不久于人世,没有办法医治。她很痛苦,所以她就由此想到了每个人都可能会要经历亲人离去的痛苦。但我们最好的办法,是要好好活。史铁生的《秋天的怀念》也表达了这样的意思。活着的人要延续死去的人的生命,活得更好。

二、教学内容选择

徐杰：我们集体备课的第二项大任务是教学内容的选择。我们刚刚的文本解读,有哪些问题是必须要教的,哪些东西是可以降低要求教的,哪些东西是要拔高要求教的,请老师们想一想。

张楚怡：托物言志的写法。

王新军：修辞手法。

徐杰：王新军老师,这个太笼统。

张翠英：写景状物的写法。

徐杰：我觉得这个有道理。

郝荣升：句子赏析。

徐杰：品味语言太笼统。

张楚怡：情感的变化。

杨瑞瑞：题目中"瀑布"的含义。

徐杰："瀑布"的含义是非常简单的内容,学生一读便知。

姚文杰：作者如何表现出紫藤萝的生命力。

徐杰：藤萝的生命力必须要教的,怎么表现生命力是我们刚刚讨论的重心。

宋东华：文章的结构。

李豪杰：对生命的领悟。

张楚怡：朗读的指导。

徐杰：我们一起来回看哪些东西是必须教的。插叙可以涉及，主要是关注插叙的内容。情感的变化是要涉及的。王辉老师说仿写，这并不是我们教学的内容，而是教学的策略。

孙金兰："景"与"情"如何做到交融。

徐杰：这节课虽然会涉及"景"与"情"，但是如何交融并不是我们这节课要做的东西。

郑素欢：以"读"促"写"。

徐杰：写作的拓展就更不是我们这节课的教学内容了。

连宁：对比阅读。

徐杰：对比阅读我觉得不是很重要。虽然有对比，但本文对比的目的是为了衬托紫藤萝的生命力，衬托出"我"的思考，而不是要我们去比读。这里比读的元素并不是特别多。

（对话框中仍有许多老师在继续跟帖发言）

徐杰：在这里我就不一一评述了。我发现我们很多老师在选择教学内容这一块还是有很多问题。第一，把教学的内容和教学的方法、策略混为一谈。第二，教学内容的选择并不是依据文本解读的重心而来。我所说的教学内容的选择是指一些有分量的，必须要组织课堂活动来实现的教学内容。

易思旗：重难点的选择。

徐杰：对，是的，就是易老师所说重难点的选择。哪些东西应该作为本文教学内容的重点呢？第一，作者如何写景状物；第二，托物言志的表现手法；第三，作者言的是什么志，也就是这篇文章的写作目的，或者说主题思想。至于其他的有些东西，比如说修辞、多感官，其实它们都是为写景状物服务的，是可以把它归类到写景状物这个环节中的。

我们在进行教学内容选择的时候，一般就是三大块：第一块，写了什么，比如本文中紫藤萝的特点；第二块，为什么写，也就是作者要表现的主题；

第三块，关注语言形式，也就是怎么写的。这篇文本中的"怎么写"，既包括托物言志，也包括写景状物的语言形式上的特色。

袁琴凤：要先定义是阅读课，还是写作课吗？

徐杰：这当然是阅读课。要尊重教材，教材的第五单元明确指出这是一节阅读课，并且这篇课文是教读课文，这毫无疑问。

张翠英：徐老师，还有生字词。

徐杰：生字词要教，但不必拎出来教。在预习中，学生自己就可以解决。如果遇到特别重要的生字词，可以结合到教学的流程中来进行。

一节课上不要什么都想教。什么都想教就什么都教不了，一定要有所选择。所以才叫教学内容的选择，要选重点和难点。

宋东华：赏析语言要不要格式化，徐老师？

徐杰：当然不要，语言都是个性化的。把赏析语言变成做阅读理解题，是非常差劲的课堂活动。

三、教学活动设计

徐杰：接下来我们要一起做的，是集体备课中最重要的一个环节，我把它称之为课中活动的设计。我们不少语文老师在课堂上习惯了提问题、找答案。老师问的问题，学生立刻就找到了答案，他就眉开眼笑；老师提了一个问题，学生总是找不到答案，他就誓不罢休。其实提问题找答案是一种好的课堂活动，但是如果一节课从头到尾满堂问，这种语文课也是很恶心的。老师满世界地提问题，学生一直在满世界地找答案。这样的活动不大好。

我经常说，你星期一吃红烧肉，星期二吃红烧肉，你一直在吃红烧肉，就会吃腻了，对不对？那我们就星期一吃红烧肉，星期二吃粉蒸肉，星期三吃辣椒炒肉——也就是要变换活动的形式。所以，我们课堂活动的组织、设计就非常有必要。

好，我们来捋一捋，这节课我们可以做哪些事。第一件事情就是读课文，然后给课文分层。学生讨论可以分哪几层，没有标准答案，但是这个活动对学生起了导向作用。学生只要对行文的思路有了解就可以。先把学生放出去讨论各种各样的分层，老师再出示一种比较好的分层。最后，用托物言志的结构来收束课堂活动。也就是说，课堂的第一个活动，"放"是学生的分层，"收"就是托物言志的基本格局。做到有放有收。

语言赏析该怎么赏析？主旨探究该怎么探究？做语言赏析，要有具体的、可操作的活动。有的老师让学生感悟课文主旨，就提一个问题，这篇课文的主旨是什么？这样他就感悟了吗？你要设计成具体的可操作性的步骤，在具体的活动中让他去感悟。

等到学生分层结束，就重点来读课文第2—第6小节。从全文的结构聚焦到文章的局部：藤萝的特点。概括藤萝的特点应该有很多的词，但要有聚焦。也就是围绕"生命力"来品读课文。在朗读句子的过程中，学生有没有感受到生命力、有没有朗读出生命力？在这个活动中，学生要读出自己认为有"生命力"的句子，老师在评价的过程中要将笔法渗透进去。

我举一个例子。比如一个学生读："我在开花！他们在笑。我在开花，他们嚷嚷。"这句话特别有生命力。老师就可以问其他同学，他读得怎么样？有没有读出生命力？怎么读出来的？是的，因为他重读了"笑""嚷嚷"，这些都是有表现力的动词。老师们就把这些词的理解跟拟人手法结合，这样就可以在评价朗读中把笔法渗透进去。

这个环节我们还需要有一个收束。我的弟子张晓波老师在上这一节课时，我们商量了一个很好的办法。这个办法是写景状物的文章中都可以用到的一种办法，让学生填词：这一处藤萝，有（ ）有（ ）。比如，这一处藤萝，有（点）有（面）。既有整个藤萝，也有一朵朵花；这一处藤萝，有（形）有（味）。既有形态，也有味道，多感官就融进去了；有（静）有（动），有"嚷嚷""笑""挤"等动态的描写，又有对一朵朵花的静态描写，还有化静为动；有（现在）有（过去），对比衬托就出来了；有（观察）有（感受），就把"我"的心理变化也渗透进去了。这就是一个非常好的课堂活动的小结，把课堂的零散活动和老师的评价都整合在了一起。

第三个环节，是围绕"为什么写"的问题。我们可以在课堂上讨论一个话题：十多年前那棵藤萝，如果不写，行不行？很显然不行。我们就追问为什么不行。如果不写这一株十年前的藤萝，后面那一句"花与人都会遇到各种各样的不幸"就没有了着落。这一句话没有着落，主题的表达就受到了影响。学生是能够发现这个问题的。

挖到这个程度够不够？每位老师要根据自己学生的基础来确定。十多年前那一株稀落伶仃的藤萝被挖掉了，说明有些藤萝遭遇了不幸，但眼前的这树藤萝生命在延续。弟弟即使要离去，但我们活着的人要好好活。到这一层就可以了。但如果有些学生基础比较好，我们是可以继续往下走的。在主旨探究时，我们可以设计若干活动供大家选择。不能只是问学生作者写这篇文章有什么目的，或者直接把"花与人都会遇到各种各样的不幸，但生命的长河是无止境的"拿出来让学生理解。主旨探究不能直接是提问式，要设计成活动。

第一种活动：如果要把"花和人都会遇到各种各样的不幸"这句话送给一个人，你会送给谁？为什么送给他？送他这句话的时候，你还想跟他说什么？这就把学生的阅读积累和生活积累带动起来了。如果学生在这时能够讲出一些鼓励的话，并且把为什么要鼓励都讲清楚，他就真正地理解了。

第二种活动：读写结合，在阅读的课堂中适当融入"写"的因子，促进学生对阅读的理解。结尾处有一句话说"我不觉加快了脚步"。我们可以让学生对这句话进行补白：我不觉加快了脚步，我在心里默默地对自己说……作者"加快了脚步"，不言而喻，作者终于从悲痛中走了出来，"获得了精神的宁静和生的喜悦"。"生的喜悦"，指的是为藤萝的生而喜悦，也指她终于对生有了新的感悟。让学生把作者在心里说的话用 50 个字写出来，也是一种活动，是以"写"促"读"的活动。

第三种活动：最后 1 小节前面有一个状语，"在这浅紫色的光辉和浅紫色的芳香中"。我们可以换个状语，把"在这浅紫色的光辉和浅紫色的芳香中"改为"在这……，我不觉加快了脚步"。学生会有很多种答案，接着可以讨论哪些状语加得好，哪些状语需要改。这里状语的修饰词是从文章中来的。

第四种活动：课文的最后是"1982 年 5 月 6 日"，可以根据日期进行资料引进。作者在文中说"十年前"，"十年前"是"文革"。1982 年，是"文革"结束不久，百废待兴。不仅指花和人，也指我们这个民族曾经历各种不幸。宗璞说自己"加快了脚步"，也是在说我们这个民族、这个国家已经耽误了太久，以后一定要好好发展。由花到人，到民族、到国家，主旨就更宏阔，立意更高远。托物言志，言的既是自己个人的情思、志趣、意愿，也是家国情怀。对学生进行真正的人文教育，可以在这样的语言活动中进行。

我给大家提供了以上四种主旨探究的设计，老师们可以根据你班级学生的学情，选择你认可的活动形式。

徐杰：今天关于备课的内容就这么多，但有很多老师的发言还没有来得及呈现。现在还有十分钟的时间，大家可以点击图标，谈一谈自己参加这一次集体备课的体会，也可以谈一谈对我们的集体备课还有什么要求和建议。

董艳艳：我谈一点我上这节课时的方法。初一学生写景状物的文章写不好，我就让他们到文中去找感官角度。阅读课也应该加一点写作的内容，左手阅读，右手写作。除了多感官，再让学生加一点联想来写。最后，再联系时代背景来讲一讲情感。但是我今天听了徐老师的备课内容，受益匪浅，收获了很多实在的东西。群里很多老师的互动，也让我觉得这一课还有很多需要挖掘的地方。最后，徐老师的那些活动让我开始反思自己的教学，我平时的教学有很多时候是很生硬的。没有想到徐老师有那么多创造性、启发性的设计。谢谢你，徐老师！

徐杰：现在我要回应一点，在阅读课上适当安排写作内容是可以的，但是要弄清楚阅读课上的写作不是为了培养学生的写作能力，而是以"写"促"读"，促进学生对阅读的理解，这是基本定位。这是一节阅读课，写作只是一个梯子、一种抓手、一个路径，是为了推进学生的阅读。你刚刚说的多感官写作，有一点牵强。本文中牵涉到的几种感官角度，只有一两点，并不是本文的重心。有的老师还把多感官拿到课堂上，让学生再来写新的景物。这样就把这堂课当成了写作训练的材料课，这是不对的，因为这是一篇教读课。我们一定要把阅读和写作之间的关系搞清楚。下一次我专门给大家讲一讲读写结合的策略和方法。谢谢你。

王敏：这篇课文我已经上过两遍，但是今天听了徐老师您的备课，还有群里各个老师的发言，我觉得我对这篇课文的理解又焕然一新了，尤其是您最后关于主旨的那几个活动设计。我和群里一些老师一样，对课的设计有时会比较生硬。您的这几个活动，也会启发我在接下来的备课中再下功夫。谢谢您。

马慧霞：徐老师，我们备课组备课时比较喜欢用一个主问题形成一条线，把一节课串起来。但是我看您和一些名家的设计，是一块块地把一节课顺下来的。我们组长每次都跟我说，设计时最好有一个大概念、一个主题词或者主问题。我就想问问您，到底需不需要一个大概念或者一个主题词？

徐杰：我认为主问题是可以的。用一个主问题撑起五分钟、十分钟甚至是十五分钟的活动，大家围绕这个问题去阅读、讨论、交流，是可以的。活动主题词，年轻老师要有，但一定要有具体的策略。比如美读课文《记承天寺夜游》，如果老师只是说"美读课文，感受课文中的美"，等于没说。一定要用具体的策略，如：你觉得哪个字需要重读来表达作者夜游的兴致？这样就化虚为实了，落实到了某一个字的重读上。读"月色入户，欣然起行"，"欣然"要重读；读"遂至承天寺寻张怀民，怀民亦未寝"，"亦"字要重读。为什么？这个很有意味，大家来讨论。苏轼来找老朋友玩，如果张怀民说"我已经睡了，你赶紧回去吧"，那就很扫兴。所以夜游的兴致会表现在几个字的重读上，这就是你的抓手。

我建议年轻老师既要知道自己要干什么，又要知道怎么去具体落实，两者缺一不可。我公众号里有一篇文章，写经常有老师喜欢说"悟读课文"。我就说，你让学生悟读课文，他就能悟出来了吗？你要为他的悟读搭建支架。就是这个道理。

好的，各位老师，今天备课的时间已经到了。我们明天备《壶口瀑布》，继续谈课堂活动的组织。再见！

《时代广场的蟋蟀》

集体备课实录

- 备课形态：一对一指导备课
- 备课组成员：工作第一年的李益老师
- 课题：四年级下《时代广场的蟋蟀》
- 课型：整本书导读课

第一课时

一、感知"内容"

李老师：徐老师，《时代广场的蟋蟀》这本书的活动设计我还有很多困惑的地方，不知道要在课堂上设计什么样的活动带动学生的阅读。

徐杰：可以从目录的角度来回顾整本书。第一步，我们想要给一个小伙伴推荐这本书，但是他觉得整本书看下来，好像要看很久。然后你就可以说不用，你分几次看。比如说要分四天看完，那么每天看到哪里，你给他一个建议，这个就是把目录进行切分。

李老师：噢，原来如此。为什么要切分目录呢?

徐杰：因为孩子只要能切分目录，那么对这本书里故事的起因、经过、结果，就理解了。

李老师：那第二步呢？

徐杰：这是第一步，第二步就是我们选其中的几个目录：第五章、第八章、第十四章、第十五章，请学生现场重新去翻书，然后给他们选一个目录的小标题。

李老师：要重新写小标题吗？为什么？

徐杰：因为这几个小标题都不太好。你看，第五章"星期天的早晨"，它只是一个时间，根本看不出什么东西来，对不对？

李老师：嗯，是的。

徐杰：那么这四个小标题，就拿出了四章内容让学生重新读。重新读小标题的时候，老师就用第五章的小标题，先做一个示范。老师觉得第五章"星期天的早晨"它只是一个时间，老师重新给拟了一个小标题。

李老师：是的，目录中的小标题读不出故事的线索。如果孩子写成"玛丽欧准备新房子"，我想也是可以的吧。

徐杰：是的。"柴斯特被留下了""柴斯特的新家"等，总之都要比"星期天的早晨"好。老师首先要自己找出若干个小标题提供给学生说，给孩子示范，我是从哪个角度来取小标题的。剩下来的三章内容请学生现场去看，重新取小标题。那么有三四个小朋友取了之后，我们看看哪个小标题更好。

李老师：这个对孩子来说会不会很难？

徐杰：不难的。我举个简单的例子，比如说"中央车站"这个标题，它只是一个地点，那学生他就可以写"柴斯特走了"，然后说"朋友们在中央车站告别"可以不可以？

李老师：可以的。这样的方式孩子既理解了内容，又学会了归纳。

徐杰：对呀，也可以写"亨利猫和这个塔克老鼠送走了柴斯特"。不要小看孩子们，只要把故事核心的内容说出来就可以。"柴斯特回故乡"也行啊。第十四章也好写，其实是写它的演奏。

李老师：第十四章已经写它不开心了，想要回故乡了。

徐杰：写"大出风头"都是可以的。

李老师：第十四章的标题是"奥尔甫斯"，确实孩子看了不明白的。

徐杰：这个环节大概需要 15 分钟，这里面是两个环节，第一个是把目录进行拆分，不一定一下子能拆分到位。在这里，跟学生聊聊"人物出场"，聊聊"故事起因"，一边划分一边都可以画出思维导图了。

李老师：这样一梳理的话，学生就清晰了，不然他们也是糊涂的。思维导图真是一种非常好的形式。

徐杰：对，人物出场，接着是故事起因、发展、高潮。15 到 20 分钟，取小标题是需要学生自己读书提炼，再板书到黑板，然后进行讨论交流的。这是第一个环节。

李老师：拆分有固定的么？

徐杰：有的。刚刚讨论的是分四次。目录切分出来，思维导图就出来了。

李老师：这个活动一共两个层次，第一步就是帮孩子梳理整本书。第二步就是换小标题，把第五章作为示范。

二、聚焦"主线"

徐杰：对的。接下来第二个环节，这节课的主线是友谊。第一个环节还没有涉及友谊，现在要从第一个环节过渡到第二个环节，就要用合适的教学语言来过渡。大家看小标题前四章，为什么要出现这些人物？前四章的四个人物看看它们发生了什么故事？把四个人物的名字板书出来后，可以串出很多条线出来，还可以把关键词写出来，比如说塔克这只老鼠对柴斯特。它给柴斯特分享食物，唱歌唱得好，就为柴斯特鼓掌鼓励。这就是朋友，分享和鼓励。亨利这只猫和柴斯特也有分享，但亨利这只猫更多的是安慰，有时候并不是急切地想表现。这是另外一种朋友，朋友有很多不同的方式。塔克和亨利之间也有联系，猫和老鼠也可以成为朋友的。当老鼠拼命跳的时候，猫用爪子按住它，让它安静下来。大家都没注意的时候，猫还指导老鼠拿钱出来。孩子说到哪里讲到哪里，说不到就提醒他。

李老师：嗯嗯。这样一解读，确实如此。

徐杰：连线以后，我们就发现，最中心的线就是柴斯特。我们这个故事的友谊是写很多朋友与这个蟋蟀柴斯特的友谊。这就是从朋友之间发生的事情提升到友谊的内涵。

李老师：友谊的方式可以有很多种。

徐杰：这个环节我估计又要 20 分钟左右。每次活动都要深深地带学生到整本书中去，不能架空分析。第三个环节要继续往前走，友谊的更深处。现在问你怎么做？

三、探究主旨

李老师：可以说哪个事件印象最深吗？

徐杰：这个时候你要聚焦。三个人都跟柴斯特是朋友，那个男孩子是懂柴斯特的。友谊的最高境界是——我懂你。

李老师：那环节二怎么过渡到环节三呢？

徐杰：你看，塔克和柴斯特是朋友，玛丽欧、欧利也都给了柴斯特友谊，问学生你最欣赏谁对这只蟋蟀的友谊（态度）？学生的答案肯定不唯一。这个时候老师就要站出来，朋友之间帮助、鼓励、批评等都很好，最重要的是懂得它。你们看看谁最懂得这只蟋蟀？是玛丽欧。玛丽欧知道它想要什么。引导学生回过头来看，拿出两三个片段来给学生对比。第一个步骤先放出去，这几个朋友的友谊你最喜欢哪种，然后老师讲解指导。学生说玛丽欧对蟋蟀的懂得是最高境界，请学生花 5 到 10 分钟的时间去找一找玛丽欧在什么地方懂得柴斯特这只蟋蟀。比如他感觉这只蟋蟀是漂泊无依的，要给它一个安稳的家。后来他觉得这个朋友是有艺术涵养的，住火柴盒不行，要给它一个新的家，就去买新的笼子。当这个朋友把钞票吃掉以后，他愿意去打零工。发生火灾以后，他第一反应是关心这只蟋蟀朋友有没有被烧死。他是懂蟋蟀的。后面还有很多片段。在所有的"懂得"当中，再来聚焦：你觉得哪一种"懂得"最可贵？最后愿意让蟋蟀走是最高的"懂得"呀，让它去过自己喜欢的生活，而不是帮它安排生活。这个活动是不是一层一层往上走的呢？

四、以"写"促"读"

徐杰：最后一个活动就是收尾了。收尾相对而言比较简单，亨利猫和塔克老鼠去送柴斯特，玛丽欧没有去送它，但是玛丽欧看到那个蟋蟀笼子，能不能说几句祝福的话呢？这个祝福就是根据前面的内容来的。比如在广袤的田野里面，喝着晨露，在月光下，想拉琴的时候就拉琴，不想拉的时候就不拉，想吃的时候就吃，那种自由的生活，这有可能就是祝福。再一次把阅读的内容作为一个语言输出。阅读是输入，这个时候就作为一个输出。

李老师：我感觉这一课时很充实。

徐杰：对四年级的孩子要适当降低难度，不一定全部呈现。但我们备课的时候需要解读到位，课堂上能到哪里，具体还要看课堂生成。有时候老师也要讲，孩子能够找出来，能够有所体会，已经不错了。老师阅读时要发现孩子阅读时没有发现的。

第二课时

一、体会人物形象

徐杰：今天开始备《时代广场的蟋蟀》第二次课：聚焦"柴斯特"深度研读。

第一个活动：这是一只（　）的蟋蟀。开放题，答案不唯一，从不同角度认识这只蟋蟀。你填写试试。

李老师：我觉得可以填"敢作敢当、极具音乐天赋、正直善良、向往自由、不贪慕虚荣、才华横溢、不忘初心、聪明有才干、坚强"等这些词语。

徐杰：每填一个词语，必须结合具体内容，说说理由。

李老师：由具体故事内容总结出相应的特点吗？"敢作敢当"表现在发生火灾时它没有逃跑而是留下来勇于承担责任。"极具音乐天赋"表现在很多地方，比如柴斯特有一次演奏把玛丽欧的妈妈感动得哽咽，说明它是一只极具音乐天赋的蟋蟀，它的演奏是动人的。"向往自由"表现在书的后面部分，名气和利益都不是它所追求的，为了自由，它放弃了城里富足的生活，选择回到老家。

徐杰：柴斯特怎么来到时代广场的，它认识了哪些朋友，它的朋友们都给了它什么帮助。

李老师：它因为垂涎一根腊肠而无意中被带到了火车站，然后认识了塔克、玛丽欧、亨利这些朋友。这些朋友都给了它不同的帮助。玛丽欧给它找最漂亮的房子，喂它东西吃。老鼠塔克经常鼓励它，给了它很大的信心，尤其是在柴斯特遇到困难时，塔克将自己一生的积蓄都贡献出来，那个部分让人感动。亨利一直是支持柴斯特的，当柴斯特想回乡下时，亨利支持它，说柴斯特的人生是自己的，应该去做它想做的事。

二、聚焦"音乐天赋"

徐杰：很好。那接下来我们可以进行第二个活动：括号里哪个词语，是作者最想表现的柴斯特。这就是活动由"散点"到"聚焦"，聚焦到这只蟋蟀的"音乐天赋"。第二个活动分两步进行：（1）翻书，圈画出描写柴斯特"音乐天赋"的语句，朗读，交流（学生圈画的多是直接描写）。（2）老师出示一段侧面描写柴斯特"音乐天赋"的语段。然后总结：正面描写与侧面描写相结合。

李老师：完美。也就是说，既要让学生跳出文本，又要让学生回到文本。既要有自己的思考，又要从书中找到文字依据。

徐杰：是的。现在你看看，侧面描写的语段，能找到哪些？

李老师：第十四章里有大量听众的反应。其他还有很多。

徐杰：现在找找。

李老师：第五章，史麦德利先生听完柴斯特的声音，觉得它是奥尔甫斯，奥尔甫斯是一位伟大的音乐家，这样好的评价，从侧面说明了柴斯特出色的演奏。第十章，柴斯特第一次给塔克和亨利演奏乐曲，塔克和亨利的反应。书中这样写道："每当它演奏完一首新曲子停下来的时候，它的两个朋友就会大声地叫好，吆喝着：'再来一曲！再来一曲！'"

徐杰：继续。

李老师：第十一章，玛利欧爸爸妈妈听到柴斯特演奏时的反应。第十二章，史麦德利先生从之前听过简单的音调到听完完整的乐曲，更为夸张的反应。第十三章，人群听演奏会的反应。第十四章后半段，柴斯特的演奏引来了路人，让报摊的吆喝全部停止下来。

徐杰：嗯，第三个活动：揣摩柴斯特在演奏时的心理。用若干词语表达，板书在黑板上，比如：羞怯，惊喜……你来填写试试。

李老师：激动。

徐杰：继续，慢慢读。

李老师：自信、快乐，一开始因为身处异地他乡，对环境不熟悉，所以有些胆怯和不自信，缺乏一些鼓励。后面逐渐熟悉了以后，在朋友的夸赞下变得自信起来。

三、补写"心理活动"

徐杰：第三个活动：也是分两步进行的。刚才说的是第一步。接下来，就是自己再选一个心理词语，读一读某处的演奏，补写柴斯特的心理活动（学生各写各的，老师每一处都要试着写一下，重点大约是六处。）

李老师：演奏带给了大家快乐，所以它也快乐。最后厌倦了，把演奏当成工作，就有些不自在。

徐杰：关键是从"快乐"到"不快乐"那个地方，比较难写。这里是难点。

李老师：是的。

徐杰：还有告别时的演奏，要突破难点，把那种离别时的坚决和留恋，先讨论，再集体写作。柴斯特离别时，是坚决要走，但又是充满感恩和怀恋，还有惜别的意味。

李老师：当时的演奏是随兴所至的演奏，所以从那段演奏中，表达出柴斯特当时离别的心情。的确值得揣摩。

徐杰：这里是重点和难点，需要把这段文字打在屏幕上，品读分析。

李老师：用心理独白的方式来写？这段文字要从哪里开始，又在哪里结束。

徐杰：内心独白的方式。它内心翻涌着的离愁，仿佛报亭外乍起的秋风，静静看着玛丽欧的睡颜。它的内心一定是复杂的。

李老师：既有离开朋友的不舍、难过，也有迫切想回家的急切。

四、配乐感受情感

徐杰：是的呀。第四个活动：也是最后一个活动。请李老师找四段音乐，每段 1 分钟。分别是快乐的（快板）、忧伤的（小提琴）、激烈的（钢琴曲），舒缓的（葫芦丝小夜曲），让学生听，然后说，回到家乡的柴斯特，演奏的是哪一段比较合适？

李老师：需要设置一些情境带入，我担心写的话孩子会跟不上。设置怎样的情境呢？

徐杰：将音乐元素导进来，听，感受，感受"快乐"，感受"悲伤"。

李老师：这个音乐的环节很妙。有了音乐，孩子内心的感受就更容易被激发出来。

徐杰：是一个短而有力的结尾活动。听，判断就好，很有意思的。

李老师：那就是我需要设置好"引导语"。

徐杰：为了给绘本《团圆》找朗读配乐，我花了半天时间。

李老师：嗯嗯，不能只丢一段书上的过去，要引导一下。

徐杰：文学与音乐相通。

李老师：好的。我们经常说音乐是会场的灵魂，特别容易引起共鸣感。这样的方式真的很好。

徐杰：好啦，备课思路我说完了。辛苦李老师，有问题，可以提问。

李老师：辛苦徐老师，谢谢。

《水浒传》

集体备课实录

- 备课形态：现场集体备课
- 备课组成员：温州市初中语文骨干教师 98 人
- 课题：九年级上《水浒传》
- 课型：整本书导读课

活动背景：徐杰老师先讲座，主题"整本书导读的基本策略"，然后，温州市 98 名初中语文骨干教师分成 9 个小组，分别讨论导读活动的选点，自主备课、组内交流之后，各组派代表全班汇报，徐杰老师现场点评指导。

一、第一小组发言交流

老师 1：各位老师好，我是来自东城工程技术中学的刘思思，我是第一组的发言代表。现在我来代表我们组为大家讲一下我们的思路，请多多指教。第一步，按人物分块，通过阅读筛选出写鲁达的章节，目的是让学生概述鲁达的经历；第二步，由面聚焦到点，先概括最能体现鲁达人物性格的精彩事件，再让学生把思路聚焦到最重要的章节；第三步，呈现鲁达让郑屠三次剁肉以及三拳打死镇关西的细节，让学生进行细读或者说一下鲁达当时的心理，通过分析得出鲁达粗中有细、嫉恶如仇，但是不滥杀无辜的性格特点；第四步，比读鲁达和李逵，分析两个人的性格和命运上的异同，引出最后一个话题讨论；第五步，根据两个人不同的结局，让学生思考性格和命运之间到底有何关联。这是我们组刚刚讨论出来的思路，请各位老师们批评指正，谢谢。

徐杰：好，感谢思思老师。整体的课堂架构是可以的，这节导读课的主要策略就是比读，很好。这是第一点。第二，他们找到了可供比读的两个人物，鲁达与李逵，这个选点也是很好的。我建议在对这两个人物进行比读的时候，要做出比读的层次。比如，首先要看这两个人有没有相同的地方，再看他们不同的地方，再看导致他们不同结局的原因是什么。还可以选取书中的典型情节，假设把鲁达替换为李逵，情节将会发生怎样的变化，这样就会把学生进一步带到原著中去。比如，在鲁提辖拳打镇关西这个情节中，假如把鲁达换成李逵，情节将会怎样？这样一来，即使表现出了李逵的鲁莽、直率、嫉恶如仇，但他跟鲁达的嫉恶如仇又是不一样的。鲁达在这个故事中不仅有鲁莽，有直率，还有智慧，表现出了粗中有细的特点。他把金氏父女送走以后，端凳子又坐了一个时辰，目的是让她走得更远一些，让店小二追不到。后面还写他激怒郑屠，让郑屠主动出手，这些都显示出了鲁达粗中有细的特点。学生进行再创作以后，会对两个人物的性格有更深刻的体会。好，下一位。

二、第二小组发言交流

老师2：各位老师好，我代表第二小组的四位老师跟大家分享一下我们的讨论结果。首先我们把整本书按照目录分了块：第一块是第 1—第 12 回，聚焦林冲和鲁智深；第二块是第 13—第 22 回，聚焦杨志和吴用；第三块是第 23—第 32 回，聚焦武松和宋江；第四块是第 33—第 54 回，聚焦宋江和李逵；第五块是第 55—第 70 回，聚焦雷横和卢俊义；最后一块是第 71—第 100 回。我们小组集中讨论了导读课的第一节课。第一步我们集中在回目，通过回目，让学生了解结构、人物、事件，以及回目的一些作用。回目具有对仗的形式，它会提示每章节的内容，会暗示人物的命运变化。比如，由鲁提辖到鲁智深的人物称呼的变化，其实就体现了人物的命运变化。回目还会流露出作者的情感态度，比如"武松威震安平寨"这个题目，就流露出作者对武松的赞美之情。接下来学生通过对回目的阅读，以自己的方式给回目分块。这是为了体现章回体目录的特点，让学生能够粗略地建立对主要人物的概念。

接下来我们小组对第1—第12回进行了教学设计。我们会把重点聚焦在林冲身上。我们给学生出示一个具体的片段，有这本书的老师可以跟我一起看103页，我们会聚焦在林冲跟鲁智深在路上碰到高衙内时的那一段对话。通过对这段对话的赏析，去发现林冲的心理变化。如通过林冲给自己找理由不敢上前，想到自己在官场上的官职不得、不能出手，我们会发现他总是"不敢"，是一个非常现实的人物。接着可以让学生去寻找第1—第12回中还有哪些地方表现了林冲的"不敢"，通过寻找林冲的"不敢""怕""岂敢""哪里敢"这些词语，发现他是一个性格比较懦弱、委曲求全的人。后面我们还会在"林教头风雪山神庙"这一章节中发现他的性格已经有所变化，他敢于斗杀陆谦，敢于做一些比较彻底的反抗。通过对比，我们会发现林冲这个人物虽然武艺高强、性格懦弱，但是当他被逼到绝境的时候也能敢于反抗。这是对林冲的形象分析。接着我们再回到第103页的这段话，去看同一件事情鲁智深是如何对待的。我们会发现鲁智深对高衙内是马上就反抗的，他敢于说"洒家怕他甚鸟"，这样鲁智深的人物形象就会对比出来。好，这是我们小组对第1—第12回的一个粗略设计，请大家多多指教。谢谢。

徐杰：感谢宣璐老师的发言，我觉得很好。

老师3：可以补充吗?

徐杰：可以，这样最好，我特别喜欢这样的氛围。

老师3：我补充两点。第一点是，第一节导读课的板块其实不是由我们老师来分的，而是让孩子在没有读整本书的时候，先让他直接关注目录，让他自己去分块，在试分的过程中发现所有章回体小说目录的特点。第二点是，后面每个板块我们都会设计相关的一个话题或活动，让学生去展开。

徐杰：感谢陈老师的补充，我就两位老师的发言，一起进行评点。刚才宣老师的发言有几点我比较欣赏。第一个，切块。第二个，在第一次导读的时候渗透文体意识，让学生感受章回体小说的基本特点。第三个，第1—第12回既有对整个回目总体内容的感知，同时又有聚焦，聚焦到鲁达与林冲两个人物身上。这就是我们昨天所说的整本书导读中一个很重要的策略，叫点面结合。

第四个，是把林冲和鲁达这两个人物结合起来做。如果我们只是分别做这两个人物的点，这两个点就是孤立的。但是这一小组的老师先把这两个点独立做，再连起来做，这就是连点成线。我甚至建议在做这一块活动的时候，可以适当延展开去。大家读《水浒传》时有没有发现鲁达跟林冲一开始的时候，是生死兄弟，但是往后这两个人越走越淡，越走越远。到了梁山以后，两人几乎没有交集，这是值得探究的。从林冲的角度来讲，他是什么心理？从鲁达的角度来讲，又是什么心理？两个人慢慢走近是需要理由的，两个人慢慢走远也是有原因的。如果把这个问题牵进来，这个活动一下子就有了深刻的意义。

最后一点，我觉得宣老师这一组的设计既有面上对人物的事件、经历的感受、理解、分析，同时又聚焦到对某一语段的描写上。描写林冲的那段话是最精彩的，林冲面对高衙内调戏他老婆这件事，举拳头要打，但当他一看是高衙内的时候，拳头就兀自放下来了。在这个地方要有心理的补白，林冲的懦弱性格，通过心理活动的补白能起到特别好的作用，这就是我说的读写结合。

在这里，我觉得有一个问题是值得商榷的。刚才陈老师说的分块完全尊重学生，让学生去分，大家要慎重。因为让学生去分的话，班上50个学生有可能就有50种分法，放得出去不容易收回来。作为整本书导读，老师先行根据导读的需要进行切块还是很有必要的。好，第三组。

三、第三小组发言交流

老师4：老师们好，我代表第三组来发言。根据《水浒传》这一本书的特点以及小说这种体裁的特点，我认为可以采用对主要人物进行分块的模式开展导读。

比如说，第1—第12回中，有两个人物，一个是鲁达，一个是林冲。分块之后，我们以话题式的阅读策略进入课堂的导入。我们设计了这么几个问题：第一个，回忆《水浒传》一书中写鲁智深的章节有哪些，让孩子们看目录，再去找。第二个，在这些章节的题目中，可以看到鲁智深做了哪些事？这些事有没有共同点？以自身比读的模式，让孩子们去读关于鲁智深的章节，思考里面的内容，是否可以用一个词或一句话概括。我们预设到的是，施救。第三个，这些事件有什么不同点？可以提示他们，同样是救人，施救的对象不同，鲁达施救的方式和目的是不是一样？第四个，哪一个施救事件最吸引你阅读的眼球？这样的话，我们就可以从面到点地去细品孩子们最感兴趣的那一章节。还有一个话题是，鲁智深最终成佛的原因探析。这本书里成佛的，一个是鲁智深，一个是武松。对这些问题，一堂课如果探讨得到位，我们会引出第9—第12章节中的林冲。再抛出一个问题，把鲁达换成林冲、武松、李逵等人，会有什么不同？根据这种探究人物形象的方法，让学生分模块去品读，然后进行同类群项目比读。

总的来说，我们这堂课想以分块话题式的阅读策略，以点带面，由面到点，把话题集中在鲁达这个人物形象身上。

徐杰：感谢魏老师的发言，我觉得魏老师的导读设计环节很清晰。第一个环节，回忆写鲁达的相关章节，这是从目录进去。第二个环节，这些章节中鲁达做了哪些事。这两个环节就是对内容的回顾。接下来他就聚焦到鲁达做的这些事，有什么共同之处。从若干的事件中关注到它的共同点就是救人，接下来就着重聚焦到救人上。我觉得聚焦到救人特别有意思。在这些章节中，鲁达的主要事件就是"救人",作品主要通过"救人"来表现他的英雄形象。第三个环节是比读。同样是救人,有什么不同?这个环节是整节课中最亮的地方。在若干相同的事件中,发现其不同的地方,就是在培养学生的求异思维。第四个环节是哪个施救的情节最吸引你,谈谈理由。整个课堂教学的四个主要步骤,是一步一步往前走,一步一步往深走,呈现出由面到点、由粗到细、由整体到局部、由局部到细处的走向。

如果在这个地方,再往前走一步,就可以来研读鲁达救人中最精彩的语段,如拳打镇关西。我们要让学生关注救人与表现鲁达形象之间的关系,如从救人中可以读到鲁达的勇,鲁达的谋,鲁达的仁,鲁达的义,鲁达的信……一个英雄,他不应该只知道打打杀杀,而应该有更多的内涵。

有两个需要商榷的地方。第一个,在对鲁达进行以人物为核心的导读过程中,有一个环节引入了第9—第12章的林冲,我觉得没有必要。如果是45分钟的一节课,只要把鲁达这个人物主线的问题做好、做厚就够了。林冲的活动,只用几分钟来做,是做不透的。同时,说要用林冲来反衬鲁达,也没有必要。如果真有必要,我建议下一节课把这两个人放在一起做,把它们做透。聚起五指,不如集中力量握紧拳头。第二个,成佛的说法是不是准确?鲁达到最后只是坐化,坐化不是成佛。武松也不是,他只是皈依。所以,有一些术语,我们在使用时要慎重。好,第四组。

四、第四小组发言交流

老师5:大家好,我是文成十二中的刘佳佳。我们组讨论了两个话题,本来想推的一个话题跟第三组重复了。现在临时决定派我上来讲第二个设计,《水浒传》的忠义主题。

第一个环节是导入,先让学生来探讨《水浒传》讲的是一个怎样的故事。我们预设学生会说这是一个匪徒的故事,打打杀杀的故事。接着我们从它的题目《水浒传》入手,告诉学生,其实"水浒"这两个字是很有意思的。它出自《诗经》中的"古公亶父，来朝走马，率西水浒，至于岐下"，讲的是周朝祖先在水边建立秩序的故事，所以《水浒传》的核心主题，就是忠义。《水浒传》英文译名是 *All men are brothers*，"四海之内皆兄弟"，也是指向"忠义"这个主题。

由此引入第二个环节，让学生看目录，了解《水浒传》的主要情节、主要人物、发展趋势、作者的态度。这里，我们想让学生聚焦到另一个点，就是《水浒传》和《西游记》。《西游记》是他们七年级读过的小说，同样是章回体小说，但是《水浒传》的章回体和《西游记》的章回体是不一样的。它是一种链式结构，由一个人物出场带出另一个人物，环环相扣。《水浒传》在很多章回中出现了同一个人，就是宋江，我们这节课就从宋江入手，讲《水浒传》的忠义主题。

第三个环节，让学生通过目录梳理出宋江是否忠义的内容，注重前后情节的勾连，让学生聚焦到几个情节。第一要聚焦细读的是他题的反诗"他日若遂凌云志，敢教黄巢不丈夫"，这是他人生的转折点。第二个聚焦的是他被赐毒后说了一句话"宁可朝廷负我，我也不愿意负朝廷"，还把李逵给毒死了。他到底是"义"还是"不义"，是一个非常值得探讨的点。最后我们作出总结，对宋江来说，"忠"就是忠于朝廷，"义"就是对兄弟的义气。代表男权的时候，他会舍"义"而取"忠"，他的"义"是为"忠"而服务的。

最后布置课后作业，第一，让学生自己去进一步探讨更多的情节，并关注其他人物身上的忠义表现，整合出《水浒传》整体的忠义观。第二个作业，让他们去比读《三国演义》里的忠义。这就是我们组的大体设计，欢迎各位老师指正。谢谢。

徐杰：感谢佳佳老师。我的总体评价是一个字：贪。老师太贪心了。一节课能做那么多事吗？你们不仅要把《水浒传》跟《西游记》对比，还要跟《三国演义》对比，既要做"忠"，还要做"义"，不仅要做宋江的忠义，还要做其他英雄人物身上的忠义。其他人物的忠义，我觉得可以去关注，但是要去跟《三国演义》比读，我觉得不合适。我们不能贪。但下面我还是要表扬几个点。

第一个环节，整体感知的活动设计特别好。从《水浒传》的书名导入，问学生写的是一个什么故事，一个怎样的故事，这个是一个非常开放性的设计。孩子读《水浒传》，说打打杀杀的故事可以，说忠义的故事可以，说英雄的故事也可以。说强盗的故事可不可以？也可以。这样大家就一下子从不同的理解层面、不同的阅读视角、不同的阅读感受，进行了分享和碰撞。作为整本书的导读就是应该这样的，每个人都要把自己的阅读感受说出来。所以，感知的环节做得特别好。

第二个环节，从目录入手了解故事，是很常规的做法。但我欣赏的是他们突出了一个链式结构，很好。而且，把读过的书拿过来作为了我们导读的资源。在这里，我建议老师们如果要做的话，应该要对链式结构的知识进行适当的讲析。

第三个环节，聚焦到宋江的"忠义"，这个话题我把它称为"主问题"。宋江身上的"忠义"是一个很好的话题，但我觉得这个话题太重了。如果我们只是让学生围绕这个话题进行说读，只是交流，可能带有一点"望天收"的味道。什么叫"望天收"？我来打个比方。你遇到这个班的学生基础好，他可能就读得多，读得好，发言得就好。这个班如果基础差一点，可能他就读得比较弱，就进不去。如果这个班正好有一两个学生读得特别好，能带动其他学生，就叫"望天收"。你抛出话题以后，如果没有对这个话题进行很好的设计，你就只能是"望天收"。

所以我建议，要做"宋江的忠义"这样大的话题一定要进行分层的活动设计。宋江的人生观围绕"忠义"其实是有变化的，那么，能突出他忠义思想的有哪些核心事件，这个就可以作为第一个活动。第二，当宋江的忠义观跟兄弟们的忠义观发生冲突的时候，他是用怎样的方式来摆平的？可以把冲突拿出来设计对话，细读宋江的谋略，看他跟吴用谈招安的时候是怎么谈的，跟李逵是怎么谈的，把他们的语言放在一起进行比读。我们还可以继续再往下走，设想一下，如果宋江没有毒死李逵，李逵接下来会有怎样的言行？会不会影响到宋江的忠义？或者再往前走，宋江灭掉了方腊，同样作为农民起义的领袖，他究竟是"义"还是"不义"？

所以，我们把一个大的话题拿出来讨论的时候，要尽可能设计2—3个有梯度的小话题，引导学生读得更深入。好的，下一位。

五、第五小组发言交流

老师6：现在我就第五小组的讨论情况跟各位老师作一下交流。我们小组聚焦的是《水浒传》第20回、第35回、第39回和第41回回目的连读。我们主要是想通过一个"线索"，对人物进行勾连，聚焦宋江的矛盾性进行比读，从而理解宋江的人物形象。

根据王君老师打通教法和活法的理念，我们把整个教学过程分为三个板块。第一个板块：见自我。我们将以思维导图的形式，让学生在课前梳理宋江的生平线索，简单地让学生说一下他们心目中的宋江是一个什么样的人。我们预设的答案是，学生会认为宋江是一个英雄。这时我们要引出鲁迅先生在《三闲集》《流氓的变迁》中所说的一段话："一部《水浒》，说得很分明：因为不反对天子，所以大军一到，便受招安，替国家打别的强盗——不'替天行道'的强盗去了。终于是奴才。"由此引出鲁迅先生对宋江的看法，认为宋江是奴才。此时请学生对比讨论，他们心目中的宋江究竟是一个俗货奴才，还是一个钢铁直男。最后我们要聚焦到宋江三次上梁山的表现上来。这时候可以用图表为例。第一个，宋江上梁山的原因；第二个，宋江对上梁山这件事情的态度；第三个，宋江最后的选择。我们可以发现，宋江是从"不去梁山"到"去了梁山"，从"找借口没上"到"最后真正被逼上梁山"。我们就让学生以此为线索去分析宋江的心理变化。

第二个板块：见天下。宋江对天下大事的看法究竟是如何的？从宋江的故事中，我们可以推知当时的天下是怎样的天下？宋江对天下究竟有怎样的思想和感悟？最后我们根据学生的答案，总结出宋江的人物形象。在这里可以参考山东师范大学杜桂成教授说的一句话：宋江是一个矛盾和痛苦的灵魂，一个遭遇坎坷而坚忍不拔、百折不挠的勇士，一个为民生为理想而活着的人，一个在实际生活中和精神上勇敢的斗士。

第三个板块：见众生。在这样的天下，每个人面对人生，面对国家大事都有属于自己的抉择。有的人仗义疏财，有的人忠君爱国，而有的人认为只有扫尽天下不平事，方能成就天下的太平。我们会问学生，你们是如何看待这样的举动的？老师会给他们一个小小的支架，让他们对比宋江和其他兄弟三次上梁山的表现，去分析不同的人对待天下的不同态度。

接下来请我们小组的于老师来为大家具体分析一下，我们组在宋江三次上梁山这个过程中的一些思考和探讨。

老师 7： 大家读《水浒传》，应该对宋江有着一种特殊的情感。他上了梁山以后，逐渐地把梁山带到了鼎盛时期，但又是他把梁山英雄好汉逐渐地送上了一条不归路，而纠结于这期间的应该是宋江身上凝聚的忠义思想。

我个人读《水浒传》的时候，觉得他的忠义思想是一个矛盾体。他忠，要忠君爱国；他义，有江湖义气。这两种东西在他的身上构成了一个矛盾体，导致了他前后期行动上的变化。

我们小组是让学生通过研读四个章节去体悟宋江的人物形象的。第一次是第 20 回，晁盖上了梁山之后，派刘唐回去看望宋江，并邀请宋江上山。在这个环节中，我们可以看到宋江身上的矛盾性。面对着刘唐拿出来的文书和金子，宋江有一个举动。"宋江把那封书，就取了一条金子，和这书包了，插在招文袋内，放下衣襟。"拿到东西之后，他第一时间藏起来了，这是一种自我防护意识的体现。在跟刘唐的对话中，我们也可以读到他的这种矛盾性："弟，我不敢留你，相请去家中住。倘或有人认得时，不是耍处。"刘唐走了以后，宋江又说了这样一句话："早是没做公的看见，争些儿惹出一场大事来。"宋江在救晁盖的时候，还没有考虑到这事情的后果。但是救了之后，他思想上的矛盾性就出来了。救人是江湖大义，但是救人之后，他觉得自己所做的事情可能跟"忠君爱国"的思想是不符合的，所以又有点后怕。第一次矛盾就出来了。

第二次，攻打清风寨之后，宋江带着一帮救他的兄弟投奔梁山，在山脚下遇到了带来家书的石勇。看到家书之后，宋江做出了一个决定，要立刻回去。和他一起投奔梁山的兄弟燕顺劝说宋江，蛇无头不行，哥哥倘若去了，他们怎肯收留我们。当时跟随宋江的人，对宋江有一种发自内心的期许，希望他能成为他们的领头者。而宋江却选择了自行离开，这是他的第二次矛盾选择。

宋江真正的第三次选择上梁山是在第 41 回，但我们要插入"浔阳楼题反诗"这个章节，因为这首诗是宋江个人身上矛盾性的集中体现。有一个人对宋江所题的反诗进行了解读，这个人就是黄文炳。可以说，世上最懂宋江的人就是黄文炳。正是在这首反诗中，我们可以看到宋江思想的矛盾性，它决定了宋江上梁山之后的种种行为。在这一回里，宋江确定上梁山的时候，说了一句话，"今日不由宋江不上梁山"。也就是说，他在第四十一回里确定非上不可的时候，内心是带着一点点抗拒的。这种矛盾性，就是宋江身上凝聚了所谓的忠君爱国的思想与江湖义气之间的一种矛盾冲突。当学生能够理解到这一层面的时候，后面招安时的几个细节就可以成为学生深入了解宋江的一个切入点。谢谢大家。

徐杰：刚才这一组的设计比较有效。他们并不是按照1—5章,5—8章,8—12章这样的顺序，而是在其中挖取一些章节来进行连读，这是一个很好的思路，有助于对某一个人物进行深入解读。

他们所做的其实是一种线式结构，这根主线就是宋江的矛盾心理。《水浒传》导读很多时候需要有线式结构，就看你用哪一根线。这根线就像瓜地里的瓜藤，拎起瓜藤，上面的瓜很有讲究。如果说这根藤是宋江的矛盾心理，那么他们选了四个瓜。我现在要问的是，这四个瓜我们该怎么吃？能不能用一样的办法去吃？我们在对第22、35、39、41这四个章节进行品读的时候，要注意不能用同一种方式。这样的话，课堂活动就显得比较单一。我们要想方设法用不同的方式来组织这四个章节的品读活动。如果把这个问题解决了，这节课不仅有效，而且好看。刚才你们说到黄文炳是最懂宋江的人，在这里可以设计一个很小巧的好玩的活动。宋江抓到了县官后，让黄文炳来主审。他们之间肯定会有很有意思的对话。有些对话可以直接从书中引用，有些对话学生可以想象出来。这样的话，活动的形式就不一样了。

我还要给慧敏老师提一个建议。你说"见自我""见天地""见众生"，肯定是读了王君老师的东西。她的这三个"见"，是她语文教学的一种理念。你把它拿来作为课堂三个板块的建构，是不对的。就像读小说都要关注人物、情节和环境三个要素，但是老师如果每次读小说，都是用人物、情节和环境来建构课堂的三个活动板块，肯定要出问题。你觉得宋江对梁山何去何从的天下大事分析里，是"见天地"，我说他是"见众生"，有没有"见自我"？也有。这三个"见"是融合的，不是完全并列或割裂的关系。所以有些术语的引进，需要谨慎。好的，请下面一组。

六、第六小组发言交流

老师 8：大家好，我是来自平阳湘江一中的老师，我代表第六组发言。我们组对《水浒传》这本书进行了五次导读课的设计。

第一节导读课主要是梳理人物故事，画人生经历图。

第二节导读课，我们是以人物形象作为重点分析的内容。金圣叹说，《水浒传》所叙是 108 人，人有其气质，人有其形状，人有其口声。我们想在这么多的水浒人物里，选择李逵作为话题。李逵，是最纯之人，也是最蠢之人。"纯"即是"纯粹"，为什么说李逵是一个纯粹之人呢？首先表现在他对兄弟至真至纯。李逵是宋江的粉丝，他的"追星"过程可谓是一路追随，心甘情愿，忠心耿耿，至死不渝。对其他人也是赤诚、坦然至极，毫无戒心地展露自己的爱恨情仇。再从上梁山的目的这个角度去看，其他人上梁山都有各种目的，比如宋江、吴用，还有被逼上梁山的杨志、林冲等。他们对朝廷的招安或主动或妥协，只有李逵对封建社会的反抗是最彻底最强烈的。他反对招安是始终如一的，一直把皇帝称为"鸟皇帝"。

"蠢"是说他头脑简单，不会思考。最后宋江饮了高俅等奸臣送来的毒酒，因担心李逵再次起兵造反复仇，便让李逵也饮下了毒酒。李逵跟随宋江，明知道宋江的初心已变，明知道宋江要毒杀他，但也愿意喝下毒酒，没有思想。他的"蠢"还表现在他的粗鲁野蛮，不问青红皂白乱砍乱杀等。我们会重点研读第 38 回、第 40 回、第 43 回、第 72 回、第 74 回。金圣叹把水浒人物分成了上、中、下三等，其中李逵被列入了上上之人。我们把李逵单独罗列出来，是为了实现由面到点的聚焦。最后给学生布置作业，为李逵列一个小传。

第三节课导读课，我们的话题是求同存异，寻找李逵与鲁达的相同点和不同点。因为李逵跟鲁达很相似。

第四节导读课，我们的话题是根据《水浒传》中众多重要人物的事迹及言行举止，寻找相似的人物，去分析他们的不同之处。比如说杨志跟林冲，宋江跟晁盖……这样由点到面地铺开，可以展开对梁山好汉的深层次研究。

第五节导读课，我们主要做一个拓展活动，举行班级辩论赛。学生可以自行组队，选出正方跟反方，给出辩题。正方观点是，《水浒传》中作者塑造的梁山泊众人是英雄；反方观点是，《水浒传》中作者塑造的梁山泊众人不是英雄。我们设计的意图是，通过李逵和鲁智深的比读，以及众多梁山人物之间的比读，学生会发现每个梁山人物身上都有优点和缺点。他们到底是不是英雄？这个是开放性的答案。我们希望通过辩论强化学生对梁山人物的深刻认识。这样，活动设计就又回到了对整本书的理解上，回到了面上。我的发言完毕，谢谢。

徐杰： 好，感谢这位老师的发言。他们组由研读李逵这个人，到李逵与鲁达的比读，到寻找相似的人物，到梁山众人，体现了由点到面的思路，这是一个很好的导读设计。这是第一。

第二，他们组织了一场辩论赛，我很喜欢这样的活动。整本书导读最怕的就是提问题和找答案。老师不断提问题，学生不断找答案。老师提出问题，学生找到答案，老师眉开眼笑；学生找不到答案，老师死不瞑目，这是最恐怖的事情。他们想到了辩论，那么，决定一场辩论赛品质的最重要的元素是什么？那就是辩题。他们的辩题是梁山众人是不是英雄好汉，这个辩题太大了。有些人英雄形象更鲜明，有些人英雄形象就要弱一些，有些人其实还是小人。所以辩题要推敲。我们不妨就从李逵跟鲁达入手，把辩题设计为"李逵和鲁达谁更符合我们所认定的英雄"。这样的辩题才有意味。它是从前一个学习活动引申出来的，同时又是对前一个活动更进一步的解读。

同时，我建议第一个活动——画人生经历图，要推敲它的可操作性。画人生经历图要有抓手，我们可以围绕一样东西来画，譬如影响这个人的人生经历、人生走向的核心事件。这是一种方案。第二，不是所有人的人生经历都能画图。有些英雄可以围绕一个"逼"来画图，但有些人是自己上梁山的，有些人是被拉着入伙的。不管怎样，画人生经历图一定要有抓手，使活动指向更明确。好，下面一组。

七、第七小组发言交流

老师9：各位老师好。我们组临时调整了两个话题。第一个话题，在读完整本书以后进行一个提升拓展。聚焦"群杀"事件和"单打独斗"事件。我们列出了五六个，比如夺取二龙山、火并王伦、救宋江劫法场……我们会列出一个表格，梳理出参加者是谁或主谋是谁，被害者是谁，事件的起因、经过、结果是什么。我们试图通过这样一个活动，让学生欣赏打斗描写，从阅读引申到写作，从而领会人物的不同性格。比如武松血溅鸳鸯楼，杀潘金莲和西门庆，风雪山神庙时林冲的杀人等。我们会设计这样一个问题：他们杀人的方式、顺序、武器一样吗？找出文中的具体语句来说。我举两处例子。一处是在"风雪山神庙"林冲杀富安、陆虞候这几个人的时候，林冲杀得有主有次，有先有后，武器不同，恨的程度不同，力度也不同。首先是"林冲举手胳察一枪，先戳倒差拨。那富安走不到十来步，被林冲赶上，后心只一枪，又戳倒了。翻身回来，陆虞候却才行的三四步。林冲喝声道：'好贼！你待那里去？'批胸只一提，丢翻在雪地上，把枪搠在地里，用脚踏住胸脯，身边取出那口刀来，便去陆谦脸上阁着，喝道：'泼贼！我自来又和你无甚么冤仇，你如何这等害我！'……回头看时，差拨正爬将起来要走。林冲按住喝道：'你这厮原来也恁的歹，且吃我一刀。'又早把头割下来，挑在枪上。回来把富安、陆谦头都割下来。把尖刀插了，将三个人头发结做一处，提入庙里来，都摆在山神面前供桌上。"林冲杀富安、差拨轻轻松松，一枪一刀就完事了。而杀陆谦，因为对他恨之入骨，所以比较残忍。我们可以感觉到林冲隐忍到此时开始爆发了。这样，一个当机立断、有勇有谋、心思缜密的英雄形象就出来了。

前面武松杀潘金莲时也很残忍，这个细节我就不读了。但他跟林冲又不一样，武松是恩怨分明，有恩必报。所以，我们想通过群杀的不同场面，感受小说中不同的人物性格。好，这是一个话题。

第二个话题，我们想设计一个问题，众多的英雄好汉中，你最喜欢选谁做你的朋友？学生可以结合不同的回目，进行小组的碰撞、交流、沟通。比如我们可能不会选择石秀，因为他杀潘巧云太过了，虽然她算是个淫妇。武松很英俊，武功很好，可是他杀伐心太重了。宋江人人都说他是英雄及时雨，但他的功利心太强了。李逵有孝心，很可爱，很率真，忠诚无比，但太莽撞了，动不动就把小孩子给打了，视人命如草芥。如果我来选，我会选燕青。第一，这个人太聪明了，比如吴用第一次到他主人卢员外那里，他就说吴用应该是梁山派来的歹人，提醒卢俊义。在大闹忠义堂的时候，李逵要反了，在那里大吵大闹，而他马上就悄声提醒李逵，你做错事情了，赶紧去负荆请罪。第二，他武艺非常高强，在关键时刻用弩箭救了他的主人，令差拨倒地而死。第三，他忠心耿耿，主人被骗上梁山以后，他暗中保护，卢俊义进了监狱以后他还及时去送饭。还有一点，历来儒家思想讲究功成身退，他就是这样，到最后该退就退了。所以，我想通过选择谁做你的朋友这个问题，把众多英雄好汉的优缺点理一理。

关于第二个话题，我们想在勾选有关鲁智深的一些事件时，可不可以换一种方式，找出跟他相关联的人物，把表格列出来。如史进、郑屠、店小二、金老、赵员外、智真长老、刘太公……他们对鲁智深的评价肯定是不一样的。这样，学生既了解了事件，又对人物做了一个评价，这比单单列思维导图是不是更有意义？好，谢谢大家。

老师 10： 老师，我能来抛两块石头吗？

徐杰： 好，来，请。

老师 10： 大家好，我是龙岗市一中语文老师陈慧芬。第一块石头，宋江和晁盖的关系铁不铁？第二块石头，是谁想让生辰纲丢失？好，就这样，谢谢。

徐杰： 好的。这个话题可以放到我们的课堂活动中，作为一个激发学生思考的话题。我们先说王老师的导读课设计。她的设计主要分两块：第一块，列表格，小组讨论，对比分析，杀人；第二块，让学生选择谁做自己的朋友。

第一块，列表格是面上的一个活动，由面最后聚焦到风雪山神庙，对林冲杀人进行细读分析，这是由面到点，这样的活动是可以的。但如果单独作为一节课，这个活动还可以适当延展开去，以增加这节课的活动厚度。如果只有群杀和单打，只是由单打聚焦到林冲风雪山神庙的杀人，这个活动还单薄了一点。同样是复仇，武松的复仇跟林冲的复仇，手段是一样的，手刃仇人，但是在复仇过程中又有不同。在这里，可以引入细读之后的对比分析。

第二块，谈论谁能够做朋友。大家觉得是让学生说选谁做自己的朋友好，还是让学生去讨论 108 将中，谁跟谁可以成为更好的知己好？我觉得，让梁山好汉去寻找更好的知己，可能更能够串起人物、情节、价值观等丰富的内容来。所以，在话题的选择上可以更优化。好，第八组。

八、第八小组发言交流

老师 11： 我是罗湾实验中学的穆百华，我代表我们小组聊一下我们的导读课设计。我们想聊一聊《水浒传》中的"打"。

第一个环节是导入。我们会这样来导：曾经有人各用一个动词来概括中国的四大名著，《西游记》是"走"，《红楼梦》是"哭"，《三国演义》是"战"，《水浒传》就是一个"打"字。这样的导入，可以吸引学生的兴趣。第二个环节，快速找一找这么多回目中有关"打"的有哪些？接下来就进入细读的环节，重点聊一聊"鲁提辖拳打镇关西"和"武松醉打蒋门神"这两个片段，分析他们的"打"有什么相同点和不同点。这是我们课堂最主要的一个部分。这是第一个设想。

第二个设想，让学生在分享相同点和不同点的过程中，关注到人物性格的差异。

这之后我们想探寻一下"打"字背后的意义。他们的"打"，原因有什么不一样呢。孩子们可能会说鲁达拳打镇关西是为了反抗，看不惯这样的地痞恶霸等。这时，我们想引导孩子们理解英雄们的"打"源于忠义思想，源于对当时官府的腐败和社会黑暗的反抗。

接着我们还想再引入一个问题：所有的"打"都代表忠义吗？孩子们就会发现，林冲最后的结局证明了他是打斗的牺牲品。我们的目的是想让孩子们辩证地来看问题，"打"的背后，忠义只是一方面，还有可能是被冲昏了头脑，对自己的人生之路没有作出正确的抉择。我就先说这么多，谢谢大家。

徐杰：百华老师用"一字立骨"的方法来组织这节课，非常好。她的操作分成了这样几步：第一，列举"打"的回目；第二，聚焦拳打镇关西、醉打蒋门神进行对比分析；第三，探讨"打"的意义。这样的思路，总体是很好的。

我的建议是，既然是围绕"打"来做文章，就要把它做透彻。比如，在对比了鲁达和武松的"打"之后，我们应该往前走。鲁达、武松是单打，我们可以引入群像的"打"，如三打祝家庄。这样的话就把"打"做厚了。我们还可以由一个人打别人，引申到英雄人物之间互相的"打"。比如说，李逵就被张顺打得跌到了河里，灌了一肚子的水。这样的话，我们就做出了"打"的不同层次、不同角度，把它做丰厚了。好，第九组。

九、第九小组发言交流

老师11：各位老师好，我们是最后一组。我们想用话题法来设计《水浒传》整本书阅读的最后一节课，从小说的三要素之一人物出发，归纳108好汉上梁山的原因。

我们这是总结课，前期有我们的师生共同讨论，总结出五个上梁山的原因。一是被自己人迫害；二是被官府或官府里的人，或者是与官府有勾结的人陷害；三是被梁山好汉俘虏，被迫上山落草；四是个人原因，生意失败、杀人越货等；五是毫无理由地直接上山。

我们的第一个环节，是梳理性的导学单，这里会涉及小组的课前准备。课前准备的形式有很多，PPT、手抄报、思维导图、采访稿、微信群群聊等。在我们的展示环节中，小组必须有5—6个人组成，他们至少要关联5个人物。比如林冲，曾是80万禁军总教头，生活安逸，幸福美满。但是他遭到了高俅和高衙内父子的迫害，在山神庙里报仇雪恨，枪挑仇人，后来得到柴进的引荐雪夜上了梁山。

第二个环节，是课堂的成果展示。可以由小组发言人发言，也可以几个人发言，还可以让其他小组成员作补充发言。

第三个环节，是教师的总结。在探讨英雄人物上梁山的不同原因后，最终回归到《水浒传》"官逼民反"的主题上来。谢谢大家。

徐杰：好，第九小组是以上梁山的原因这根主线来组织导读活动，对不同英雄人物上梁山的原因进行归类分析，完成导学单，这也是很有抓手的。但如果只是探究不同的几类人上梁山的原因，还是显得有点单薄。

我的建议是，要增加聚焦的环节。你可以列出几个代表人物，如李逵、宋江、吴用、晁盖、鲁智深、燕青等，然后问一个问题，如果他们有重新选择的可能，还会选择上梁山吗？有些人可能会选择不再上梁山，有些人会选择仍上梁山，还有一些人可能会选择继续上梁山，但对梁山大哥的策略会有不同的态度。这样的话，课堂一下子就往前走了，书就读得更深入了。

第九小组是目前我听到的在导读策略和方法上最丰富的一个小组。他们除了导学单，还有手抄报、思维导图、微信群群聊、采访。但是，每一个活动我都没有听到细致具体的操作方法。微信群的聊天是很好玩的，我们可以这样来设计：先抛出话题，宋江说，兄弟们我有一个想法，我们能不能接受招安，让大家都能够将来有好去处？接下来，李逵就会跟上来说，招个什么鸟安？林冲会说什么，吴用会说什么，可以让学生来填，这是很有意思的。

再来说小组采访，我们可以怎么做呢？征讨方腊结束以后，108 将就只剩下几个人了，朝廷要派人来采访。我们可以让学生列出采访的目录，只能问 4 个问题。要采访谁，想问什么，准备请谁来回答，先预设一下。如果你是宋江，会怎么回答？如果你是武松，又会怎么回答？擒得方腊后，朝廷要来表彰了，大会上要请武松或鲁智深说两句，他们会怎么说？我觉得活动一定要有细化的具体的操作方法才有意思。

感谢老师们的发言！

绘本《团圆》

集体备课实录

- 备课形态：现场集体备课
- 备课组成员：李玲名师工作室 10 人
- 课题：五年级上《团圆》
- 课型：读写融合课

一、整体读"文"

徐杰：读绘本，可以让一个学生从头到尾地读，也可以让几个学生接龙式地把这个故事读完，还可以让学生自由地自个儿读自个儿的。我建议，首先是让学生自由地读一遍，然后让一个孩子读，其他孩子看他有没有哪个地方读漏的，读错的，读得不够好的。举手，大家帮助他。这个环节应该在十分钟左右。以后，只要是绘本的阅读分享课，读是必须的。这是第一步，10 分钟左右。

二、看"图"读"文"

第二步，让学生自己轻声地读绘本。这个时候怎么读呢？就是看着图读绘本，把图文对照着读。先看图再读文字，读完文字再看图。

老师 1： 是不是和第一个环节一样？

徐杰： 不是这个意思，是一边看图一边读文。这和第一个环节是两码事。

老师 2： 第一个环节是纯读文字？

徐杰： 对。第一遍就是读文字。

老师 3： 明白了。

徐杰： 这里的看图读文，有一个要求是看看哪些图是没有文字的。拿起笔，在这个图旁补上我们觉得比较合适的文字。我们来看，有哪些呢？

老师 1： 第四页。

徐杰： 对。这张只有图，没有文。这个其实就是看图写话，知道吧？

老师 2： 嗯，是的。

徐杰： 这张图上的人在干什么呢？这里有两个内容，第一个是在放烟花，下面一个是在贴春联。

老师 3： 下面那个爷爷在干吗？

老师 4： 那是爸爸，在贴春联。爸爸的衣服和后面一张图是一样的。

老师 3： 旁边的妈妈在干吗呢？

老师 5： 从妈妈手中捧着的物品看，她是在准备年夜饭。

徐杰： 贴春联，是在除夕的下午贴的。如果学生写：妈妈正在那边准备年夜饭，也可以。我们来看一下，让学生来写的话，其实就三句话。外面在放烟火，很灿烂。爸爸在贴春联。这个时候就要让学生关注：是爸爸一个人在贴春联吗？"我"有没有和爸爸一起贴？你看，"我"把春联的右下角按住了，看到了吗？

老师 6： 是的，细节要关注的，图画中的细节就是我们可以写话的内容。

徐杰： 爸爸贴春联，"我"按着下面的那只角，帮着爸爸不要把春联贴歪了。只有在细节中，父女之间的这种情谊才能显示得出来。妈妈这一块，我们也来关注一下。她在准备年夜饭，但是她的眼光是看着我们的。这些东西，一定要提醒学生。看图写话，就是要训练他们的观察能力。

老师1：是的。

徐杰：再往下看，有图无文的。

老师2：要不要对学生的思路加以限制？就说这三句话吗？

徐杰：不用，其他最多说到灯都亮起来了，家家户户都在准备着过年。

老师3：那要要求学生从整体到局部观察吗？

老师4：不用的。我们讨论这三句话的意思是，课堂预设的时候有三个方向。孩子们的回答和写作，肯定不会完全按照这种方法和内容。可能有的没写到烟花，有的没写到妈妈。

徐杰：对，可能还会写到树，写到灯笼。

老师5：三个方向是不是就是场面、爸爸、女儿和妈妈？

徐杰：对，烟花、灯笼、树，这些叫背景，学生只要说到就对。

老师5：也就是说这不是重点。

徐杰：当然。重心是在主要事件上。"我"和爸爸在贴春联，妈妈在准备年夜饭，这个才叫一家三口的团圆呀。上面家家户户的团圆是背景，下面我们家的团圆才是重心。

老师6：四年级学生有没有学环境描写？

老师7：学生写作时接触过环境描写，但这里的环境描写是起到衬托作用的。

徐杰：不用管他学没学环境描写。我们会发现四处有图，但是没有文字。第二幅图没有文，但是这幅图最温馨，为什么呢？我们看到，图上有"我"，"我"给爸爸端水，爸爸没有用手接过去喝，而是就着女儿端着的茶杯，咕咚咕咚地喝水。这是第二处有图无文。第三幅图比较简单，只要说到舞龙灯，很多人在旁边看，就行了。

老师8：这幅图比较有意思。左下角是其他一家人，右边是女儿和妈妈。

徐杰：对，这就是团圆嘛。但这里就不要旁逸太多了。

老师8：我感觉这样一节课来不及的。

老师9：如果有学生说到这个内容呢？

徐杰：如果有孩子说，老师，这幅图也是有图无文。那么，我们就可以说，文字虽然不在这幅图里，但是在别的图画里有，你找找看呢。

老师 10（读原文）："噢，大街上在舞龙灯呢！"爸爸直起身子。"在哪儿在哪儿？"我使劲儿踮起脚尖。爸爸让我骑到了他的肩膀上。"这回看到了吧？""看到了！看到了！"我坐到爸爸的肩膀上。

徐杰：对的。如果有学生说到，我们就做这样一个预设。

老师 10：明白了，就是说，有些文字要我们去补充，有些文字在绘本中本来就有。

徐杰：最后一张图，是值得做一点文章的。我们要提出具体要求，呼应"团圆"这个题目。给结尾写一到两句话。如："爸爸带着我的好运硬币走了，看到车渐渐远去，我想着：今年的年快快地来吧！我们一家人，就又可以团圆了。"

老师 11：这样的写话，就起到了点题和升华的作用，是对画面内容的文字表达，说明读者也读懂了画的内容。

徐杰：这就是第二遍读，看一看图，有图无文的就补文字。三次写，一次训练观察能力，一次训练前后照应，一次训练点题。理解了吧？

老师 11：理解。

三、因"文"绘"图"

徐杰：第三个活动是因文绘图。有文字缺少图画的，又叫有文无图的，你们有没有发现？"第二天一大早，妈妈就端上了热腾腾的汤圆，爸爸用勺子喂给我吃。"这里是没有图的。它告诉我们"我"吃到了好运硬币，而爸爸没有。我们请小朋友来描述一下，是妈妈端着汤圆，爸爸用勺子舀起来给我吃吗？

老师 1：应该是爸爸一只手端着碗，一只手喂我吃。

徐杰：直接喂给"我"吃吗？

老师 1：应该要吹一吹，再喂给"我"吃。

徐杰：对，可能会很烫，吹一吹，告诉"我"："先咬一小口。"

老师2：对，爸爸还会轻声地叮嘱一下，声音是画不出来的，但是叮嘱的样子可以绘出来。

徐杰：对，要把这个图补出来。要是不吹气也行，爸爸把汤圆喂到嘴边，"我"呢，张大了嘴巴等着。像这样的图，我们把它称之为"定格"。这里的构图，就是训练他们的想象能力。

四、配"图"补"文"

徐杰：好，我们再往下看。这里缺少了一个什么东西呢？"我"摸了一下口袋，好运硬币不见了！这说明"我"已经找过了，可是为什么后来睡觉的时候，好运硬币又从"我"的口袋里掉出来了呢？

老师1：说明爸爸偷偷地把硬币塞到"我"的棉袄口袋里了。

徐杰：对。这里为什么没写出来，也没画出来？你看，"不要，不要，我就要那个！"（绘本中"我"的语言描写）因为爸爸怕女儿难过，就用善意的谎言让女儿开心，然后女儿又把这个硬币送给爸爸——这是个回环。这个故事温馨动人的地方就在这里。所以，这个地方是要做文章的，不仅要补图，还要补文。

老师2：那就让孩子拿笔写吗？

徐杰：对啊。那是让孩子先补文，还是先补图？你们说说。

老师2：那我要拿笔把这幅图画出来？

徐杰：只简单地画画，用文字描述出来就可以了。当然是要先出来文字，再配图呀。

老师3：如果我是小朋友，我先把图片说了一遍，再把文字说出来呢？

徐杰：我觉得也可以。但是你要追问小朋友，为什么这里不出现图和文字呢？

老师3：缺的这一页，他们找不着的。

徐杰：对呀，要把这一页给他们。我们要问孩子们：为什么这个硬币前一夜"我"翻遍了口袋都没有，睡觉的时候却又从口袋里掉出来了呢？这枚硬币是不是原来的那一枚？

老师 4：关键就在这句话，这一枚是不是原来那一枚。

徐杰：对，这枚肯定不是"我"吃到的那一枚，我那一枚已经丢失了。

老师 5：对，这样问的话，小朋友肯定就能猜到了，是爸爸偷偷把硬币放进去的。

老师 6：对，老师的引导语很重要。这样一提示，就激发了学生的阅读思考，学生就会去探究隐藏的内容。

徐杰：是，这就叫引导和过渡嘛。记下来了吧？这个环节就是这节课最好玩的地方，让孩子去描述隐藏在故事背后的细节。

老师 6：讲述隐藏在图文背后的细节场景，这是我们老师要知道的，也是老师带领学生去发现的有意思的地方。

徐杰：是的。那这个故事可能是怎样的呢？比如说，毛毛转过身去，爸爸给她脱衣服。

老师 7：是爸爸脱，还是妈妈脱呢？

老师 8：文中没说。

徐杰：没关系，都可以。注意，这里是有优劣的，这个硬币是爸爸放更好，还是妈妈放更好？

老师 7：从故事情节来看，还是爸爸放更好。

徐杰：是的。有没有发现？爸爸摸出一枚硬币，这个爸爸其实是很在乎女儿难不难过的，所以女儿再把硬币送给爸爸……

老师 8：啊，是的，这样情节上就对应了。

徐杰：让妈妈来做这个事情，就没那么动人了。

老师 9：就像我们写作的时候选材，写妈妈就有点跑偏了，或者不足够突出这种氛围和情感，肯定还是写爸爸更能突出中心。

徐杰：对，这里的"团圆"是指爸爸回来跟"我"和妈妈团圆，因为"我"

每天都和妈妈在一起。这个是可以跟学生说的。只有长期分离再在一起的，才能叫团圆。"我"和妈妈天天在一起，就称不上是"团圆"。

老师 9：这样将爸爸和妈妈一比较，学生对"团圆"的内涵就理解得更加深入了。

徐杰：首先可以根据学情，跟学生讨论，这枚硬币是妈妈塞给"我"好，还是爸爸塞给"我"好？接下来，爸爸是怎样塞给"我"的呢？这里就不是以"我"的口吻来说了。

老师 10：以作者的口吻。

徐杰：是，要以第三者的口吻，作者或者妈妈的口吻来说。比如说，可以用妈妈的口吻说：给你脱衣服的时候，爸爸朝我挤了挤眼，把一个亮亮的东西塞到了你的口袋里。然后故意地把衣服抖一抖，"铛"一下掉出来一个东西。总之，不能用"我"的口吻来说。

老师 10：对，因为这个场景"我"是看不到的。

徐杰：再现了这个细节以后，图就好画了。比如说，睡觉之前，妈妈在帮"我"铺被窝，"我"转过去，爸爸帮"我"脱外套时，拿一个亮亮的东西放到"我"的口袋里。这样就可以了。

老师 10：也就是通过几个小问题的引导，让他们知道是爸爸在"我"不知道的情况下，偷偷把硬币放进去的。

老师 11：通过这些细节的描绘来增加对绘本的认识。

徐杰：对，然后你可以问，爸爸为什么要把这枚硬币放进去呢？因为爸爸不想让"我"难受，不想破坏女儿对生活美好的期盼。

老师 11：这些问题是要他们在描述完画面以后，最后帮他们升华，提升对内容的理解。

徐杰：是的。接下来我们可以问，这一幅图这么好，作者为什么没有把它画出来呢？

老师 11：因为"我"看不见。

老师 12：因为作者不想把所有的内容都画出来，需要一些留白的感觉，让读者自己去想象。

徐杰：一方面是因为"我"看不见，另一方面，我们要跟孩子们说，有的时候，故事里有些东西需要隐藏起来。

老师12：其实这个团圆的故事里最重要的线索就是这枚硬币。

老师11：这个硬币隐藏了许多故事的细节。

徐杰：对的，这枚"好运"硬币我们就拿它这样玩！现在我们来看这幅图，"我"把硬币送给爸爸之后，"*爸爸没说话，他用力地点点头，搂着我不松手……*"大家看，这里是个省略号。

老师1：父女俩的表情好像都很沉重啊。

老师2：省略号里面包含了许多复杂的情感，故事好像结束了，但是余味无穷。

老师3：父女两个人的心情因为即将的离别应该是难过的，但是可能也有一种期待，更深地传递出这种特殊的团圆体现的浓浓亲情。

徐杰：这个时候他们都很难过的呀。"团圆"这个故事表现的其实是快乐中的悲伤，这是留守儿童最痛的地方。

老师3：其实既是团圆，又是分离，既有许多快乐，也有很多悲伤。快乐越多，忧伤也会更加明显。

徐杰：对，但是这个我们跟四年级的小朋友就不讲了。后面写"*爸爸没说话……搂着我不松手*"，这时候我们要不要做点什么文章？"*爸爸搂着我，不松手。'这个硬币给你，下次回来，我们还把它包在汤圆里哦。'*"这是"我"说的。那么，"*爸爸没说话……*"

老师4：可以让学生读一读。

徐杰：是的，可以读一读，也可以出示一张图，上面写爸爸咕噜咕噜说了一大堆话。我们来比较一下，是爸爸不说话好，还是说话好？

老师5：爸爸不说话比较好，因为爸爸比较沉默一些，不会像妈妈一样比较唠叨。

老师6：爸爸说话也是可以的，爸爸的叮嘱体现在话语的关爱中。

徐杰：有的学生就会说，爸爸会说好多话，比如"在家里要好好听妈妈的话""下次回来给你带好吃的"……其实对比一下，还是不说话好，一切尽在不言中。这个时候爸爸既欣慰，又难过，他是说不出话来的。

老师 7：我想，说不出话来反而更有一种含蓄的力量。

徐杰：老师可以设计一大段话，让学生读，让他们去判断爸爸说话好，还是不说话好。到这里，这节课就结束了。

这是一个很美的关于团圆的故事。对于留守儿童而言，它既是团圆，又是分离。或者说，因为分离，团圆才显得弥足珍贵。

老师 8：这个绘本真的很有意思啊，最后这里，还有这个封面。

徐杰：当然了，你看封面上还有一句话："我依偎在他们中间，爸爸和妈妈说着话，一直说着，一直说着。"

大家看，绘本，既是拿来阅读的，读图读文。绘本，也可以拿来作为写作训练的材料，在读与写相互融合的过程中，提升阅读素养，提高写作能力。

今天的集备就到这里，谢谢大家的参与。

《学会记事》

集体备课实录

- 备课形态：线上集体备课
- 备课组成员：全国各地自主报名者 563 人
- 课题：七年级上《学会记事》
- 课型：写作指导课

一、周冬梅老师说课

徐杰：各位老师，大家晚上好！我们今天晚上的集备马上开始了。备课内容是七年级第二单元的写作《学会记事》。今天晚上的集备形式不同以往，我特地邀请了两位名师来做主备人，先请他们分享自己的写作课设计。他们说课之后，老师们可以在线通过视频、语音或者对话框留言的形式进行互动交流。余下的时间，我就这单元的写作，谈谈我的想法和建议。

今天参加说课的第一位名师是来自珠海的周冬梅老师。周老师好多年都一直在作文教学的领域辛勤地耕耘，她的研究很有建树。尤其令我感动的是，我邀请她来做主备人进行备课说课的时候，她把备课的教案拿到班上去试上了。因为她教案的第一个环节，我有点疑惑，就把我的疑惑也和她说了。周老师说，她把设计拿到班上试上，效果很不错，然后再来和各位老师分享。所以我对周老师这种踏实勤勉的工作作风非常钦佩。其他话我就不多说了，下面我们就欢迎周冬梅老师给我们说课！周老师的电脑没有摄像头，但有语音，大家可以感受她温婉的语音。下面我们热烈欢迎周老师！

周冬梅（广东省珠海市第十中学）：尊敬的各位同行，晚上好！我很荣幸能够收到徐老师的邀请参加今天的集体备课，这种形式特别有意义，可以凝聚全国各地有相同志趣爱好的老师，所以我觉得徐老师特别伟大。我是徐老师的忠实粉丝，今天徐老师给了我命题内容，就是七上第二单元的写作指导。但我还没开始上这个内容，学生还在军训还没上课。徐老师让我用 15 分钟时间说一下自己的设想，先看一下徐老师的命题：

【PPT】

徐老师要求：根据教材中的作文训练要求，设计写作训练活动。

我将围绕 P33"写作实践三"来进行设计。

有两个词我标红了，第一个是"教材"，必须来自教材第二单元的相关内容。第二个是"活动"，而不是老师满堂灌，满堂讲，要让学生动起来。这个理念徐老师是非常强调的，我也很赞同。我自己在平常教学过程中，活动做得不够多，因为有时候觉得时间不够用。学生一动起来，就觉得挺耽误事的。这一次，我设计了三个活动。第一个活动到底是合适还是不合适呢？徐老师提出来以后，我心里没底，就找到我们学校初三的学生试了一下，试完以后觉得效果挺好的。但我还是不放心，因为那是初三的学生，初一的内容对他们来说会不会太小儿科了？我还是得去其他学校借初一的学生来试，所以我前天下午又跑到我曾经的工作单位，借初一的新生班来给他们上课，得到的反馈是一样的。所以，我觉得活动一是可以的，他们也觉得这样挺好的。我这才敢在今天这个场合和大家见面，以下就是我的汇报：

【PPT】

P33 写作实践三

题目：我们每个人都在家庭的怀抱中生活、成长，家人的关怀照顾、理解支持，都给我们无尽的勇气与力量。在你的生活中，曾有过什么事，让你深切地感受到家庭的温暖、亲情的可贵？以《我们是一家人》为题，自主立意，写一篇作文，不少于500字。

提示：

1. 家庭的温暖、亲情的可贵，是立意的核心。可以写家庭成员间的互敬互让，也可以写成员间的关怀与支持，还可以写大家一起面对困难、解决问题等。

2. 把要写的事情梳理一遍，看重点写什么，怎样写思路比较清楚。

3. 要恰如其分地表达你的情感，有了情感的参与，文章才会充实饱满，有血有肉，也才会让人感动。

【PPT】

教学环节

活动一：游戏激趣——体验记事的几要素

活动二：小组归纳——明确记事的几要素

活动三：填表运用——设计记事的几要素

徐老师倡导我们在阅读课和写作课上都要做活动，把课堂交给学生，让学生做课堂上的主角，我打算设计三个活动。第一个是游戏激趣，是为了让学生能很快地觉得这个事很有趣，把他们的兴趣调动起来，愿意参加下面的活动。激趣的目的，是让他们体验一下。第32页到第33页的课本内容不多，讲得最多的就是记事的几个要素。第一个活动是用游戏的方式来激发学生兴趣，通过做游戏让学生体验"记事有哪几个要素"，事实上学生也不是一张白纸，他们从小学来到我们这里是有基础的，所以这个体验也是一种唤醒。第二个活动是小组讨论及归纳，让学生明确记事到底有哪几个要素。记事的要素和我们记叙文的六要素还有点区别，所以我这里就写得比较含混，事实上不是记叙文的六要素。第二个活动的目的，是让学生明确形成一个固定的结论，加深印象。最后一个活动是为了学以致用，设计了一张表格，让学生去填写。因为最后要回到主体任务——《我们是一家人》的写作，所以在正式写作文之前，可以让学生列纲起草。这个表搭建了一个学习支架，学生要设计自己马上就要写的这篇作文的几个要素。一般这几个要素设计好了，那么写作文就有谱了。那么，具体是怎么来开展活动的呢？

【PPT】

【活动一】游戏激趣（体验记事的几要素）

教师给每个学生一张小纸片，把学生分成 8 个小组，每一组学生在小纸片上按老师要求写上不同的词或短语。可以写得很简单，也可以加修饰语写得很复杂。

第 1 组：写"时间"类的词或短语，如"去年""一个伸手不见五指的夜晚"

第 2 组：写"地点"类的词或短语，如"教室里""荒无人烟的戈壁滩上"

第 3 组：写"人物"类的词或短语，如"我""一群老太太"

第 4 组：写"原因"类的词或短语，如"腰酸背痛""电闪雷鸣"

第 5 组：写"动作"类的词或短语，如"吃了个包子""绕着一棵树跑了30 圈"

第 6 组：写动作将产生的"结果"类的词或短语，如"躺倒在地上""高兴得手舞足蹈"

第 7 组：写"评议"类的词或短语（可以是肯定类的，也可以是否定类的），如"好开心啊""讨厌死了"

教师到第 8 组选两个学生志愿者。其中一人到 7 个组的学生那里随机各取一张纸片，把纸片上的词或短语按顺序拼凑出一个完整的句子念出来（可适当添加一点字词使句子变通顺），另一人边听边板书这个句子。

学生的演板句将现场生成（以下是我试教时的现场生成）：

例：在一个漆黑的夜晚，在荒无人烟的火星上，戴着魔法帽，坐在扫把上的一群学生们，因为饿了，所以找老师问了一个问题，结果死得很惨，这真是精彩极了！

现在各位老师看到的就是我在第二次试课的时候，学生的作品，他们很开心，因为这个临时拼凑的东西很无厘头，他们觉得很有趣。原本呢，这个活动徐老师是很担心的，它跟后边的活动有什么关联呢？原本呢，我的用意不是取故事，是取要素。

【PPT】

【活动二】小组归纳（明确记事的几要素）

教师引导学生思考并归纳小结：

演板句是不是一种记事？有没有记清楚一件事（虽然它看起来有点荒谬）？从刚才的游戏出发，学生前后左右四人小组讨论归纳，答以下两问：

1. 记清楚一件事一般要包含哪些要素？

答：时间、地点、人物、（事件的）原因、动作、结果、评议

2. 如果要把只有几十字的句子扩写成一篇不少于 500 字的文章，还需要添加什么要素？

答：(事件的) 经过（把上述"动作"放大写具体详细，写生动）

教师小结：这 7 个要素便是记清一件事的必备要素。

时、地、人、因、过、果——"记叙文的六要素" = 文章材料

议 = 文章立意

接下来，我引导他们思考并总结"演板句是不是一种记事？有没有记清楚一件事？"虽然它看起来有点荒谬，但它确实记清楚了一件事情。那么是什么导致它让你觉得它记清楚了一件事情呢？学生会很容易说出答案，但是对于初一的孩子，有必要通过口头的再表达来强化记忆。

再用红颜色的内容跟学生强化，让他们念一念，有时候我们可以省略着来说"时地人因过果"就是记叙文的六要素，就是文章的材料。但是一篇文章不是说有了记叙文的六要素就完了，光有材料不行，还要有立意。立意是什么？立意就是议论。所以刚才我在讲座开始，就讲到了记事的几要素，为什么没有说记叙文的六要素？因为我觉得还不够，它只是记了一件事情本身。但是一篇文章是要有主题的，它可以是抒情，也可以讲理。通过体验和讨论我们就明白了一篇文章的主要支点。接下来，我们要关联课本的内容，引导学生关注教材上是怎样来说的？

【PPT】

看看书上怎么说：朗读课本 P32 第 2 小节内容，再浏览本页 PPT 的内容。

想清楚：理清事情的来龙去脉；

写清楚：按一定顺序有条理地记；

起因——交代一些必要要素即可，不是主要内容，要略写；

经过——是主要内容，要重点写，写详细；

结果——不是主要内容，要略写。

在学生朗读后，我告诉学生刚才读的第二小节内容和我们刚才游戏体验的内容是一样的，然后再通过图表的方式呈现。第二段告诉我们动笔之前要先想清楚一件事情的来龙去脉。那么写清楚的话，重点就是因、过、果，要按照一定的顺序有条理地记，又要注意"过"是主要内容，所以要写详细、写具体。"因"和"果"不是主要内容，一定要注意略写，不能铺垫太长，你交代一些必要要素就可以了。这样就把详略也强调了下。我们初一学生最大的问题是会去详写"因"，到后面写"过"了反而会简单，容易导致头重脚轻，所以这个是要做强调的。接下来还有一段内容，就是第 4 小节：

【PPT】

看看书上怎么说：朗读课本 P32 第 4 小节内容，再浏览本页 PPT 的内容。

为什么要记事？

传达感情，分享体验。

怎样写才能写得有感情？

写自己亲身经历、有真切感受的事，说发自内心的话。

记真实的事，忠实于自己的感受。

切忌无病呻吟，"为赋新词强说愁"。

《秋天的怀念》，字里行间渗透着对母亲的挚爱和怀念，以及对自己少不更事的追悔（即文章的立意）。回忆了几件与母亲有关的事，都是"我"的亲身经历。

再来看看书中第 4 小节是怎么说的呢？先让学生读第 4 小节的内容，再回到 PPT，就是通过图表的方式重组，让学生再看一次印象就深了。因为初一的孩子他容易只过嘴不过脑，他会读但是不会去思考。所以我在 PPT 上把它拆分重组，看看这段内容讲到了"为什么要记事"，它是为了"传达感情，分享体验"。那么，"怎样才能写得有感情呢？"注意红色字体，"亲身经历""真切""真实"的内容，不要"无病呻吟"。讲到这，我就将黑板上学生现场编写的内容擦去，因为那是临时的无厘头的内容。而我们的教材真正倡导我们记录真实的内容，才能表达真切的情感。接下来，书上举了《秋天的怀念》的例子。这里提到"字里行间渗透着对母亲的挚爱和怀念，以及对自己少不更事的追悔"。这个就是"为什么要记事"，也就是文章的立意、主题、中心思想、主旨。接下来怎样才能写得有感情呢？《秋天的怀念》给我们的启发就是"回忆自己亲身经历"的事，这与之前出现的"亲身经历"等词是一样的。我们要通过这样的例子，让学生知道理论的内核在哪里。

接下来，为了强调"记事要真实"，我将演板的句子擦去，就只剩下记事的几个要素。这样就可以打消了徐老师提到的疑问——"故事的无厘头"会不会影响到学？

【PPT】

【活动三】填表运用（设计记事的几要素）

朗读 P33"写作实践三"的文字。

为完成《我们是一家人》的写作任务，先自填以下要素表（写作前的列纲起草）：

人物：题目里的"我们"指事情发生在家里的（ ）和（ ）之间。

动作、经过：你将写"我们"互敬互让的事，还是关怀和支持的事，还是一起面对困难，解决困难的事，还是别的什么事？（ ）

起因：（ ）

结果：（ ）

时间：（ ）

地点：（ ）

评议：( )

如果你前面的记事是为了讲明一个道理，可以仿照这样的句子来"讲理"立意："不是一家人，不进一家门。进了一家门，互敬互爱才是真。"

如果你前面的记事是为了抒发某种感情，可以仿照这样的句子来"抒情"立意："我们是一家人，互相理解的一家人，我感到多么幸运。"

你选择讲理立意还是抒情立意？你的立意句是：( )

接下来，给学生一张表，让他来设计记事的几要素。我先让他们读课本上的"写作实践三"，再告诉他们完成以下表格。填写什么呢？这里我有些文字的启发。如题目里的"我们"的事情是发生在家里的( )和( )之间呢？而且要和学生强调，我们教材的任务指向很清楚，是强调发生在家庭之中的事情，不能跑偏。接下来，为什么我将"人物""动作、经过"放在前面了呢？因为这些要素非常重要，首先一定要考虑"人物"。老师可以多给学生一些提示，他们选材的角度也会比较丰富。接下来，"起因""结果"等要素就根据情况来填写。而"评议"是难点，这是我上了两次课后呈现的结果。"评议"就是你写这件事到底是为了什么？你可以是为了讲明一个道理，我想告诉你一个人生哲理，那你仿照这样的句子来讲理"不是一家人，不进一家门。进了一家门，互敬互爱才是真"。还有一种立意就是抒情，如果你前面的记事是为了抒发某种感情来立意，那么可以按照"我们是一家人，互相理解的一家人，我感到多么幸运"这样的句子来收束。最后再问"你是选择讲理立意，还是抒情立意呢"，将句子写下来。

我给大家看几个试上后的成品。我觉得还是很幸运的，就是遇到的试教的学生还是很不错的。以下就是学生的成品：

【PPT】

朗读 P33"写作实践三"的文字。

为完成《我们是一家人》的写作任务，先自填以下要素表（写作前的列纲起草）：

（1）人物：题目里的"我们"指事情发生在家里的（我）和（妈妈）之间。

（2）动作、经过：你将写"我们"互敬互让的事，还是关怀和支持的事，还是一起面对困难，解决困难的事，还是别的什么事？（妈妈支持我学习舞蹈的事。）

（3）起因：（很多人不支持我练习舞蹈，只有妈妈支持我。）

（4）结果：（在妈妈的支持下，我学习舞蹈的路越来越顺利。）

（5）时间：（在一个宁静、阳光明媚的午后。）

（6）地点：（在家里。）

（7）评议：

如果你前面的记事是为了讲明一个道理，可以仿照这样的句子来"讲理"立意："不是一家人，不进一家门。进了一家门，互敬互爱才是真。"

如果你前面的记事是为了抒发某种感情，可以仿照这样的句子来"抒情"立意："我们是一家人，互相理解的一家人，我感到多么幸运。"

你选择讲理立意还是抒情立意？你的立意句是：（我们是一家人，互相支持的一家人，我很幸运拥有这样一个家庭！）

这就是我要讲的内容，感谢各位聆听，请多多指正！

徐杰：好，谢谢周老师。周老师这节作文课，从课型的角度来讲，是属于一次专题训练课，而不是为了单独的某一篇怎么写。她实际上是训练作文专题的某一知识，或者某一方面的能力。我们把它称为"专题训练课"。这种专题训练，她分成了三个部分，每一部分都有学生写的活动。作文课肯定是要以写为主，所以她每一个活动都安排了写作活动，并且有写作活动的总结与提升，这点特别好。另外，她对教材的写作训练安排进行了个性化处理。教材的写作训练，只有一个方向，而我们必须对教材的框架进行细化。周老师的三次写作训练，她都进行了个性化、细化的设计。这点特别重要。第三，我觉得对于"学会记事"的重心，一个是"记叙的要素"，一个是"情感"，周老师把这些训练的内容，放到了具体的写作情境中。这就告诉我们，设计具体的写作活动的情境是非常重要的。感谢周老师！

二、向浩老师说课

徐杰：接下来我们欢迎来自深圳龙华区的向浩老师。向老师多年来一直研究作文教学，而且很有建树。他一直跟黄厚江老师学共生作文教学，我觉得在我们几个师兄弟中，他是学得最到位，最有成就的。向老师曾经做过老师、教研员、校长，现在又到教科院的课程设计部，所以他现在又可以有很多的时间来研究他所喜爱的语文了。下面我们欢迎向浩老师来给我们说课。

向浩（深圳市龙华区教科院）：我和徐老师都是黄老师的学生。应该说，从知识，包括成就各个层面来说，我是排在最末的，而徐师兄各方面都是我们的标杆。因为时间关系，这几年的确在写作方面进行了一些研究和实践。今天想跟老师们汇报下。近三年来我在跟华东师大的周子房博士进行一个项目，主要是想让大家多提提意见进行指导。特别感谢徐老师提供这样一个机会，让我既听到了刚才周老师的非常精彩的课题分享，同时让我有机会跟大家进行交流！

今天我跟大家汇报的题目是"功能写作教学理论思考与案例设计"。我先介绍一下"功能写作理论"，其目的是为了让大家更清晰地理解，我后面为什么会那样设计。

一、功能写作教学理论

"功能写作"是我们现在比较关注的写作教学方式，它强调三大策略，第一个是"情境策略"，刚才周老师和徐老师都有提到，只不过大家对情境的理解会有偏差。第二个是关于"支架策略"，因为学生在写作过程中，必然会遇到些困难，有的是共性的，有的是个性的，但是老师备课时要提前将解决路径设计好，这就是把支架搭建好。第三个就是"同伴策略"，也就是我们现在面对的受众——学生，不仅仅是我们的教学对象，他同时也是我们教学过程中的"教者"或者是"资源贡献者"。我们要把学习元素融汇在情境体验中（情境策略），我们展开学习过程在支架的支持中（支架策略），提升表达智慧在同伴互惠中（同伴策略），这是三个基本原则。

那么，讲到"情境"，必须把王鼎钧先生的话和大家共享下。写作就像"卵生和胎生的分别是，卵是外来的，由外而内，胎生是由内而外。在'胎生'的比喻里，'心的伤害'是作品的胚胎；在'卵生'的比喻里，'社会使命'是作家要孵的蛋"，也就是情感和立意。那么我们情境设计的主要任务，最好是促使学生'胎生'，这样他的写作欲望和写作意志就会更强烈些。好的写作应该是'外来的使命和内在的表现欲望恰好一致'，那就达到一种最好的写作状态"。

"展开学习过程于支架支持之中"，实际上表达的就是"在写作中学习"。刚才徐老师也提到这一点，"在写作过程中学习"，他将这点讲得很透彻。"在学习过程中围绕焦点学习"，刚才周老师的设计就非常清晰地呈现了这一点。"在写作过程中围绕焦点展开学习"，焦点确定后还要将它展开才能形成一篇文章。

关于"写作学习支架设计的基本思路"搭建有很多种，这里我们把它分为"主支架"和"辅助支架"。老师需要搭建这些支架，帮助学生在这节课，完成这些学习元素。因为每个学生写作过程中碰到的困难是不一样的，因此老师在设计这节课的时候，除了设计能够达成这次写作任务的"主支架"（即针对所组织的学习元素，提供帮助学生解决困难和问题的主支架。主支架的设计，应符合学生的认知规律，保证学生能围绕学习元素学得充分，学得透彻）之外，还要设置些帮助学生解决细小问题的"辅助支架"（即针对不作为本次写作任务的学习元素但学生或部分学生可能遇到的困难，提供相应的辅助支架）。

第三点，我想和大家分享下"提升表达智慧于同伴互惠中"，如果说我们观念转变后，我们就能够很好地利用学生资源，促进我们的教学改革。我们现在一定要有这样一个概念：在一个学习空间里，所有东西都是学习资源和教学资源，包括老师和学生。首先，学生应该是"互为'作者'与'读者'"，你是这篇文章的作者，同时你也是别的文本的读者。其次，是"互为写作内容的'援助者'"。我写出来的语段和文章，可能会成为我同桌的援助支架，假如我们把信息搭建进来的话，我写出来的文段可能会帮助其他同学达成基本水平的支架。也就是我临时生成的东西，可能会在同一时段里帮助其他孩子解决他自己解决不了的问题。第三，"互为表达经验的'丰富者'"，我写的东西相互之间可以补充和借鉴。第四，"互为'评改者'"，大家也明白。因此在学生写作之间，应该是这样四种关系，这样整个写作过程和写作环境就非常丰富了。

二、功能写作教学案例设计

接下来，我想以一个课例，跟大家进行一个详尽的介绍。这个课例是我们七年级上册第二单元"学会记事"，我们把它设计成"记一件委屈的事"。它的情境与任务如下：

【PPT】

情境与任务

从小到大，我们的生活就像一个多彩的五味瓶。而除了酸甜苦辣，大家也一定或多或少地有过一些委屈的经历。今天我们就一起来谈谈自己心中的那些委屈事吧！

为什么设计这个情境？其主要目的就是让学生"胎生"出他的材料来，讲讲自己的委屈事，我想这点学生都感兴趣。实际上，在实践过程中学生都能说出委屈事，但不是一蹴而就的，过程是慢慢推进的。在这个写作案例里，我们的学习要素是什么呢？

【PPT】

学习要素

学会选材，并用"线索"来串联事件过程；

学会组材，抓住人物情绪变化，写好事件的起伏。

以上学习要素也是这个单元里强调的两点，刚才周老师是从"记叙的六要素"来解决这个问题，包括后面也有讲到学生情感问题。那活动怎么开展呢？因为是七年级学生，我们就把活动设计得活泼些。

【PPT】

活动一：呼天抢地诉委屈

说一说：在你的生活中，有哪些委屈的事让你记忆深刻的，说出来，跟大家分享一下。

当这个话题抛出来后，会出现两种情况：一种是学生会非常活跃，说出很多事情来；还有一种就是都不说。都不说怎么办？那我们就思考搭建支架，根据学生的生成递支架。比如："别人家的孩子、家里的其他孩子⋯⋯""你不行，你很差，你⋯⋯"这是我们父母有时会对孩子说的话，会让孩子觉得委屈。我们继续搭支架，一定要把学生的思维激活，调动孩子的生活体验。如："你要，你应该，你必须⋯⋯"我们孩子的委屈也可能来自这些命令，那如果说当我们的支架搭到第一个，学生一下子激活了，老师的支架就要停下来，让学生畅快地说。假如我们支架搭到这个地方，学生还没有话说，我们就要继续搭支架。如："你是我的出气筒！"我们有些孩子在家里就是父母的"出气筒"，因此他会觉得委屈。我们还准备有这样的支架："你的罪行'罄竹难书'！"从小每一次父母批评他的时候，就会源源不断地对他进行一番数落等。总之，我们会搭很多不一样的支架，把学生的生活体验唤醒。当前面有了非常丰富的活动以后，学生有了非常丰富的生成后，可能出现两种情况：在老师的不断刺激下学生的思维得到不断的激活，还有种情况就是学生没办法生成，那么老师的支架自然而然成为学生的素材。因此，支架起到两个作用，即"表达支架"和"内容支架"。

在这个基础上，我们接着进行第二个活动。有了前面的铺垫，再开展第二个活动也就相对容易了。这实际上，也就是我们共生作文教学理论的"前面的步骤是为后面做铺垫和基础的"。我们现在生成出那么多委屈的事，我们来"排一排"：

【PPT】

活动一：呼天抢地诉委屈

排一排：自己从小到大，经历过哪些委屈的事件呢？好好回忆一下当时的整个过程，从中挑三件印象最为深刻的事件，用一句话进行概括。

事件1：

事件2：

事件3：

实际上，这就是选择最典型的材料，但是我们没必要把它讲得那么清楚。这个时候就要评论了，因为在整个教学过程中，一定要把学、教、评贯穿整个习作的过程中，让学生的"学"能够有效落地。

【PPT】

活动二：比比谁的"委屈"大

任务1：小组交流，互评"委屈"

小组成员之间互相说一说谁的"委屈"大，并说说你们评判的依据。

那么，评判谁的委屈大呢，看起来是关于"委屈"的交流，实际上是对典型事件的选择。接下来第二个任务是：

【PPT】

活动二：比比谁的"委屈"大

任务2：在你最委屈的这件事情中，你的心情受到了怎样的冲击和变化？尝试用一个或几个词语来表达。

事情出来以后，要把心情、情感写出来。那么学生在表达委屈这个过程中，可能会碰到困难，或者说我们预判他一定会碰到困难，这个时候我们要继续搭支架。比方说"气、怒、急……"除此以外呢？学生的写不能千篇一律，那么，我们就要继续搭支架，比如"郁闷、无语、苦闷……"再例如"一笑而过、置之不理、孰不可忍……"等。如果学生还是能够马上有很多话说，我们就停下来让学生说。当学生在他的委屈事件里，把他的心情等关键词理出来后，我们在这个基础上，完成第三个任务。

【PPT】

活动三：画画我的情绪"过山车"

任务：请用心理变化曲线图，画出你在这件事中的情绪波动。

提示："词语超市"给大家准备了丰富的词语，请大家选用吧!

在这个时候，我们要帮助他们提供一些相应的词语来表达他的情绪。我们的设计除了教案以外，还有学案，其中就有"词语超市"，我们在准备时一定要准备充分，才能让学生的问题得到有效解决。接下来，我们看两个示例：

【PPT】

示例1：自习课上，我正给同桌讲数学题，被班主任撞见（尴尬）认为我上课讲话，把我罚站到教室后（愤怒），我想让同桌帮我解释遭到拒绝（难过），而且老师将此事告知了家长（委屈）。

示例2：我们一家人出行（兴奋），酒店大厅的钢琴让我感到紧张。亲戚们的到来让我放松了情绪。无奈妈妈还是让我当众表演（紧张），遭到我的拒绝（难堪），到了房间门口以为此事已过（缓解），不料妈妈狠狠地打了我几耳光（委屈）。

我们接着往下看活动四：

【PPT】

活动四：看图说话写"委屈"

写一写：心情变化图已经绘好，那么我们就来"看图写话"，把你的心情波动用文字的方式表达出来吧!

结合我们之前看到的"心理变化曲线图"，我们来看学生的作品：

【PPT】

安静的教室，只听见头顶风扇传来的嘎吱声。"哎，这道题你做出来没有？"同桌用胳膊肘推了推我。"刚做出来，我来教你。"我拿出草稿纸，把凳子往同桌的方向挪了挪，被人请教的骄傲感让我瞬间有些飘忽。

演算、讲解，无奈同桌还是不解。我有些急了，声音不由自主地大了起来。"自习课不许讲话，给我到后面站着去！"如一声惊雷，班主任的声音"轰隆"

一声击碎了平静。

"老师，我没有讲话。"

"我相信我眼睛看见的，别解释了。"班主任向来说一不二。

"老师，我真的没有讲话，不信你问他。"我看了看同桌，他躲开我的目光把头埋了下来。

班主任瞪大了眼睛，俨然一副胜利者的姿态。我悻悻地拿好书本，狠狠地踢了一下同桌的凳子，转身从班主任面前傲然地走向教室后面。

教室里死一般的沉寂。

家，爸爸迎着门坐在大厅前，严阵以待的架势："你上课讲话还有理了？长脾气了？……"

"老师不相信我，你们也不相信我？"我走进去，重重地关上了门。

整个过程，学生通过情境的、支架的帮助自然而然地写出了这样一个事件的过程。那么，到最后一个环节，就是我们的小支架——"画龙点睛巧拟题"，标题很重要，它往往是根据材料去拟一个能够吸引读者的标题。如：

【PPT】

仿制经典文艺作品题目:《挚友冤》《小宝哭"金哥"》《"饮水机"的救赎……》

提取引发委屈事件的关键词:《一个引发的惨剧》《一场未解的误会》《一场"背锅"小事》……

从情感出发:《悲伤逆流成河》《但愿往事随风》《太委屈》……

你最终为文章取的题目是:《 》

最后就是"精雕细琢互批改"，同学们写好文章的主体，并拟好题后，给小组的同学交换评一评，并根据同学的意见改一改。整个过程比较简单，在学生的学案里，有·些学生习作的呈现。我再给大家分享一篇作品。

一架钢琴的距离

鎏金的墙壁，高大的水晶灯，还有叮咚的音乐喷泉。哇，真豪华的酒店！

我兴奋地环顾四周。突然，一架钢琴映入眼帘，我心里不禁一紧，"妈妈该不会让我当众弹钢琴吧？"果然，妈妈也看到了这架钢琴，我赶紧躲开妈妈的眼神。

可是，当姑姑们去订房的时候，妈妈还是一把拽住了我，"等一会，你过去弹一下？"我不敢正视她的眼睛，嘴里嘀咕着回了一句："不去！"

"为什么不去？你练了那么久的钢琴，不表演，学来有什么用？"妈妈叉着腰，生气地对我说。

"这里是酒店，这么多人，我不想弹。"我说。

……

最后我想说，假如在我们作文教学中真的要完成"学会记事"这个任务的话，我建议把周老师的课例和我的课例融合起来变成两节课去实施，这样的话对学生的帮助会更大些。我今天关于"学会记事"的案例就和大家汇报到这里。我们团队已经将初中六册的大作文的作文案例开发出来了，虽然还存在很多问题，处在不断完善的阶段。如果老师们有兴趣的话，我们可以讨论，共同改进。好，谢谢各位老师，谢谢徐老师！

三、交流评议

徐杰： 好的，感谢向老师精彩的说课！老师们有没有发现一个细节，向老师在说课过程中，我们听到了像天使般的婴儿啼哭的声音，那是我们向老师的二宝。我们大家都怂恿他，响应国家号召，如果我们明后年请向老师说课的时候，还会听到有天使般的声音。现在老师们对向老师的说课，有没有什么需要表达的？需要的请在对话框留言或者申请语音发言。

看来老师们都比较谦虚。我来说两句，向老师的说课跟周老师的说课相比较，老师们感觉有什么最主要的不同点和最主要的共同点？他们的共同点是非常契合作文教学、作文训练最基本的东西——设置写作情境。第二，他们的课堂活动都有若干次的写作，是以写为主的课。这两个相同点非常重要。不同点：周老师三个活动更指向于"学会记事"的最主要的训练点，也就是三个训练点之间有联系。她的训练点之间逻辑联系是有的，但活动内容上的连接不是很鲜明。向老师的活动，既有逻辑的关联，同时前一个活动是为后一个活动的开展作基础的，后一个活动是从前一个活动中生长出来的。他更关注的是课堂活动之间的共生共长，这也是共生教学中最主要的一点。所以我觉得，这两节课都很好。就像向老师说的，如果把周老师的课放在第一节课训练，向老师的课放在第二节，那么就是一个非常完美的结合。今天请两位说课，是非常无意的巧合，非常好。这也告诉我们，教材里某一单元的写作训练，不一定只能用一课时，只能用一次写作训练，有时候可以进行多次。

现在请老师们打开书，翻看"学会记事"部分，这里安排有三个"写作实践"。如果我们仔细研究的话，就会发现很有意思。"写作实践一"中提到"上面这段文字，记事过于简单，读起来让人兴味索然，请你帮作者添枝加叶，把它写得丰富生动一些。"老师们一定要注意，"写作实践一"不是篇的训练，而是段的训练，就是写一个语段。"写作实践二"，"以那一次，我真"为题，先将题目补充完整，然后写一篇以记事为主的作文。它就是篇的训练。"写作实践三"，以"我们是一家人"为题，自主立意写一篇作文，不少于500字。它也是篇的训练。这也就告诉我们，作文课"学会记事"不止一课时。所以周老师的训练倾向于片段，并在片段训练中培养能力；向老师是立足于篇的视角，来训练学生的写作能力。

现在我来说说对这一单元写作的理解。第一，"学会记事"是不是就意味着在七年级上第二单元训练后，学生就真的学会记事了呢？不。我们要有这样的意识，它应该贯穿在初中三年整个写作训练的序列中。在七年级上第二单元"学会记事"，我觉得是训练记叙要素的完整，重点写出事件的起因、经过、结果，再加上周老师说的"评议"，这个是最基本的。然后，本单元还要求注重细节和感情，我把它理解成，到了七年级下学期还要训练"学会记事"的话，就应该是详略得当地叙事。详略中还要继续强化情感，要把"我"写进去。到了初二，再训练"学会记事"，还应该渗透叙事过程中的正面与侧面，环境、对比等手法的运用。到了初三，同样是"学会记事"，就要让事情写得更好，我把它设计成"虚实结合的叙事"。所以，同样是叙事，把一件事情写得越来越好，其实是有阶梯有步骤的。而我们七年级上第二单元的"学会记事"就是学会记事中的起始阶段的写作训练，这是我的第一个感受。

第二个，我刚才发现向浩老师和周冬梅老师都做得非常完美的地方，是他们都设计了写作情境。教材编者也注意设计了写作情境，但我们在使用教材的时候，需要对教材的框架，或者对教材的写作训练进行设计与细化。例："那天放学回家，我不小心摔了一跤，手受了伤，校服也不小心磕破了。回到家里，爸爸妈妈都非常心疼，嘱咐我以后走路要小心。"其中提到可以从两个方面进行添枝加叶，一是"添加细节"，二是"融入情感"。如"添加细节"为什么摔跤？摔跤时的惨状？长辈心疼的神态？如果这样操作，其实并不是在指向细节的训练，而是指向想象能力。所以，这个情境我们要把它进行改造。我会怎样改造？比如，回到家后，妈妈说，爸爸说，爷爷奶奶说，然后将所有人说的内容打出来。我现在要求你来添枝加叶的是对"说"进行修饰，而这个修饰一定要有细节的修饰，这就有意思了。如：妈妈立马冲上来，用焦急的眼神看着我说："究竟怎么啦？"对情境我们就不要让学生再去想象了，而是要把情境给他，让他用补写细节的方式，来表现说话者的心情。最后总结，用细节的方式来添枝加叶，可以从哪些角度来写？动作、神态、说话的音调……这才是训练细节添枝加叶。使用细节是记叙事情最基本最重要的写作。

第三个，以"那一次，我真"为题，要求叙事中一定是要有情感的。刚刚周老师和向老师都设置了指向情感训练的设计，都不错。我的理解是叙事中的情感，也不是一次训练到位的。比如七年级上第二单元，如果训练叙事中的情感表达，应该是训练两个内容，一个是训练"直接表达"，像周老师用到的"评议"的方式，另一个是把"我"的情感表达融入叙事过程中，用补写内心独白的方式，不少于三处。如果到七年级下再来训练，要让学生学会从侧面表达情感，比如把物象、环境融入记叙文的写作中，使景物与我们记事的事件相互融合，这就是我们进一步的写作要求。当然，这样的训练需要我们先找范文，大家一起来帮着他完善"我"的情感渗透，然后提取方法，比如"评议"加上"内心独白"。大家拿了这个方法再去写作，是对自己的作文再来进行写作，进行添枝加叶，进行优化、美化。这里的"写作实践二"中"那一次，我真"，向老师把它当作"作前训练"，而我是在写作讲评课中把情感的渗透作为"学会记事"作文讲评的重要训练点。所以，作文训练可以是段的训练，可以是篇的训练，可以是"作前"的训练，也可以是"作后"讲评的训练。这可以根据我们的写作来看具体的需要。

最后一点，教材中的"写作实践三"与"写作实践二"只要二选一就可以了，因为两者属于同一个层次的训练，而且我觉得"三"的训练和"二"的训练不仅重复了，甚至是"三"的训练重心和指向还不如"二"那么清晰。我的建议是把"写作实践三"放到八年级下去，让学生写家庭成员间的互敬互让，写成员间的关怀与支持，也可以写大家一起面对困难，解决困难。那么，"我们是一家人"的指向是什么？是家庭的关怀与支持，这种"学会记事"与"二"中"我真"训练的点是容易重合的。

如果要把它变得有层次，我会设计让每个孩子回家"写小片段，100字左右，题目《餐桌上》"这样的情境。学生第二天上交后，抽选出有代表性的5个，做成PPT，让大家去读每家人家餐桌上发生的各不相同的事情和小插曲。然后提问"你最喜欢到谁家去吃饭"，有的就会说到非常温馨感人，甚至是父慈子孝的家里去。

第二步是"能不能把这100字中最温馨的场景扩充，补充细节，变成300字的小短文"。有的孩子写妈妈怎么为"我"剥虾，爸爸怎么为奶奶打汤，妈妈怎么把鱼肚最好的肉夹给"我"。还有的孩子写早上阳光怎么照到自己的餐桌上，这些都是非常好的细节。接下来一步，"如果要把 300 字文章变成 600 字文章，你看看应该加什么？"有的孩子就上当了，说"我不仅写吃虾、剥虾，还可以写剥蟹、剥毛豆"，大家就会笑起来，因为内容重复了。这时老师就指导学生，"这样温馨的餐桌上的场面，你记忆中有没有？"学生就会提到"在爷爷奶奶老家吃饭的温馨场景"，还有会提到"妈妈出差了，爸爸笨手笨脚地烧饭，和我一起吃饭的温暖场景"。温馨场景可以是写一家人，也可以是另一个不同层面的东西，但也是餐桌上发生的。我会和学生说，你们刚刚补充了 150 字，但是初中作文要有 600 字怎么办呢？学生就知道既可以往前想，还可以往后想，往未来想。我就问学生，"未来你希望你们的餐桌是怎样的？"学生就说，爸爸妈妈年纪大了，可能爸爸只能歪斜地靠在餐桌上，我给他打饭、打汤；还有的说"我"给"我"的孩子夹菜，陪他吃饭聊天；更聪明的会教育孩子给他的爷爷奶奶夹菜，这就是一家人的和美。这样的活动设置后，我就和学生说："'学会记事'，我们今天学到的重要内容就是叙事的'虚实结合'"。

总结一下今天的集备体会。第一，情境的设置是非常重要的；第二，写作之间的逻辑关联也是很重要的；第三，某一个写作能力的训练不是一蹴而就的，是需要多次多角度的训练才能完成的。所以，我非常欣赏和佩服向浩老师把初中三年的作文教学进行了很好的规划和设计，打通了三年中不同时段的作文训练的逻辑关联，一步一步向上走。

如果老师们有兴趣，大家现在就可以去看向浩老师和周冬梅老师的个人微信公众号。等会儿麻烦两位老师把个人公众号打在对话框里，老师们可以去关注。这两位老师个人公众号上的写作教学研究令我很佩服。

今天我们的集体备课，老师们的积极性不够高，可能是因为对作文教学的研究相对比较薄弱，有些老师不太好意思发言，以后有机会还是希望大家积极发言。

今天的集体备课我们到此结束，谢谢大家！

《红星照耀中国》导读

备课手记

徐 杰

在统编新教材课外阅读推荐书目中，《红星照耀中国》是比较难读的一本。很多学生不喜欢读，原因有三：其一，读懂这本书需要有那个时期的历史知识的积累；其二，访谈类的整本书，有点像"流水账"，不像小说，有完整的曲折的故事情节；其三，翻译作品，表达的习惯跟我们的母语阅读习惯不契合。

正因为学生不喜欢读，读不进，读不透，所以更需要教师上好导读课。

最近两年来，虽然市面上冒出了很多的整本书阅读指导的专家，出版了一本又一本的整本书阅读的专著，但我搜索许久，真就没发现关于《红星照耀中国》的令人满意的导读设计。

讲真，我也怕做这个。

所以当江都教研室凌老师联系我，请我讲名著导读课和讲座，在商议课题时，凌老师说到了《红星照耀中国》，但我以"学生来不及好好读，阅读分享课不好上"为由，换了其他的导读课。

后来我的好兄弟徐飞联系我，请我去他学校上名著导读课。徐飞给我提供了一个书单，让我自选课题，里面赫然就有《红星照耀中国》。在随后的电话里，我这位老弟用了含蓄的方式，怂恿我挑战一下"红星"。

我这人"好斗"，别人"点课"时，明明知道是硬骨头，但我总喜欢先大包大揽下来，然后哼哧哼哧跟自己过不去，并美其名曰"自我磨砺"。

这一次，我就跟《红星照耀中国》杠上了。

名著导读，教师必得先读。

前年，我曾咬紧牙关读过人民文学出版社的《红星照耀中国》，说实话，不大喜欢，我也就没有认真读。后来，我又买了人民教育出版社的《红星照耀中国》，翻了翻，也没有深入细读。

这次备课，我选哪个版本呢？

圈内有朋友跟我推荐了长江文艺出版社的版本，我立刻下单，第三天就拿到了书。我略略一翻，发现还不错，然后选了两个章节，把三本书摆在一起，对比着读，总体感觉还是长江文艺的翻译更好些，于是我就把这个版本的书拿来作为导读课的教材。

这本书，我读了两周。

第一周，是浏览，每天读 60 页，六天读完，对全书有一个总体印象。

第二周，是选读，把那些留下深刻印象的章节或语段，拿出来，慢慢读，边读，边做一些简单的批注。有时，我会把另外两个版本的书，也翻到相同的内容，相互参照着阅读，这真是一个很有趣的阅读体验。

书读完了，备课思路还是一片空白。

这种状况我还从来没遇到过。

但我不着急，我知道那个"点子"已经出发在路上，只是我还没遇到它。

那天，我洗完澡，吹着空调，随意地翻书，无意间翻到了这本书的目录。我才想起，读这本书，居然把目录给忘了。于是我就读目录，读完目录，灵光一闪，我的导读思路有了！

第一步：通读目录，对照小标题，回忆印象最深刻的人或事。这是初读检查。

第二步：出示选段，朗读回顾，看看它们隶属于目录中哪个小标题。这是选点回顾。

第三步：再读目录，哪些小标题写到了普通红军战士。这是视角转换。

第四步：聚焦到"大渡河英雄"，分层次，拟小标题。这是聚焦选读。

第五步：出示不同版本的两个目录截屏，对比评价小标题的翻译。这是推敲语言。

第六步：回读本书目录，结合自己的全书阅读，修改其中一个小标题，组内交流。这是深化理解。

最后，给这个目录写一段"引言"。

我本来是不想提前剧透这个导读设计的。

一则，这个设计毕竟还停留在纸面上，没有经过课堂的检验，不知道是否可行；二则，这个设计思路来之不易，发布出去之后，可能会有人特别喜欢，或直接拿去，或改头换面，到后来，别人就弄不清究竟是谁抄袭谁的了。

但我后来又想，没关系，被模仿，或者被借鉴，正说明这个东西有价值。

当然，一线教师如果喜欢，尽管拿去，用来指导本班孩子读书，我是非常乐意的。

思路有了，打开电脑做课件，那就很快。

做好，发给弟子做后期的美化。

然后，我就等着上课了。

最艰难的一次备课

徐 杰

我喜欢上课。

即使到了教研室，我也坚持"每周一课"。

主办方的"点课"，或者邀请我和名师同台上课，甚至"同课异构"，我也从不拒绝，因为这很刺激。咱不是名师，赤脚不怕穿鞋，上砸了也没风险；更何况，上这样的课，确实能锻炼人。

去年年初，温州师训员陈秋莲老师跟我约课，说温州的老师想听我上一节课，课题是《大道之行也》。

那时，我正在关注"文""言"融合的话题，所以毫不犹豫就答应了。

我想，不就是一篇新课文么，有啥难的呢?

等到打开教材，开始研读文本的时候，我才发现，这是一根硬骨头，难啃的硬骨头。因为我读了好几遍，没感觉。

在我所有的备课中，这种读了文本"没感觉"的感觉，是第一次有。

我有点后悔贸然接了这个活，但也不好意思跟陈老师说换课题——那是很没出息的。

只能硬着头皮，努力去做。

这篇课文选自《礼记》，我就买了一本《礼记译注》，开始慢慢读。按照以往的经验，读一本书，备一节课，这个笨办法总能收到奇效。《礼记译注》我每天读一点，每天读一点，大约读了有大半年吧，这本书读完了，回过头再看《大道之行也》，居然还是没头绪！

我有点崩溃了。不过我还是自我安慰，读了大半年的《礼记译注》，备课思路没出来，倒是一眼看穿了某个国学大师的光环，这个大师据说研究《礼记》很有建树。

江阴初语骨干班学员磨课，在做研训计划的时候，我将《大道之行也》列入了学员磨课的备选课题。

这么做，我是有私心的。也许我的那些弟子们，七嘴八舌地磨课，能给我以启发呢？

客观地说，他们的磨课研讨，还是不错的。而且这节课的"磨课"单元，我还特地邀请了李旭东先生过来担任指导老师，李老师的现场指导也很给力。从"家常课"的视角来看，这节课，这样上，已然不错了。

我旁听了这半天的磨课，有不少的"火花"令人赞赏，但我自己的教学思路，依然是混沌的。

后来我们七省九地教研共同体活动，在成都双流，遇到陈老师，我就有点怯怯的，不敢提那个劳什子的《大道》，好在陈老师善解人意，她也没提这个事。

我以为，拖一拖，这节课，就不了了之了。

后来，因为疫情，很多的线下培训都停止了。似乎，不去温州上这节课，已经有了冠冕堂皇的理由。前不久，我开通了"徐杰老师的备课室"，借助网络平台，跟老师们一起在线备课，我担任备课组长。在做五、六月份网上备课计划的时候，我翻看本学期教学进度和重点研讨篇目，一眼就看到了《大道之行也》！

不是冤家不聚头。看来，终究还是躲不过。

狠狠心，我把这篇课文，列入我们的网上集体备课计划。

用这样的方式，把自己逼上绝路，置之死地，也许能"后生"。

继续读《大道之行也》。

其实，不需要读，我早就能熟练背诵了。拿着教材读，只是一种习惯，一种安慰。

还是心存几分侥幸。我给三个弟子分别发了一个短信，问："我在备课，《大道之行也》，你愿意跟我一起备课吗？"

三个人都说很忙，确实是忙，我相信。

干革命，还得靠自己。你自己都挑不动的担子，居然想卸在弟子的肩膀上，怎么可能呢！我就继续想，想到头痛欲裂。

这篇课文的教学，"硬上"其实也是可以的，一句一句翻译、疏通，引入材料助读，教师讲授灌输……但我不屑于这么做。我想要做的，也是最难突破的，是"四文合一"：文字、文言、文学、文化，这四个元素，如何有机融合。

也许是我的诚意感动了上天。

也许是非常偶然的巧合。

也许是"念念不忘，必有回响"。

那天，我在上班的路上，忽然心有所动！一下子就有了思路，而且，这几个"好点子"之间，也突然"接通"了！

我奔到办公室，坐到电脑前，打开模板，直接动手做课件。一个小时不到，6张片子就全部做好了，顺手发给一个弟子，请其帮我美化课件。不久，美美的课件就收到了。

我把它存在电脑桌面上。

以往我满意的备课，都存在D盘一个文件夹里，这个文件夹的名字叫"我的好课"。但这节课的备课，我想一直放在电脑桌面上。

我要再琢磨琢磨，下周去学校找个班级试上，然后优化。

我准备告诉陈老师，等疫情过去，我就去温州，还课。

有些路，再难走，你也得咬紧牙关走下去。走，才可能看见希望。
课，是这样；生活，也是这样。

所有的孕育都是艰辛而幸福的

山东德州 / 王　辉

看到"徐杰老师的备课室"成立的消息时，我的眼前顿时一亮！大体扫了一眼海报，毫不犹豫地扫码关注，购买所有课程。吸引我的不仅仅是徐老师的课，更重要的是"集体备课"。

几年前，我们学校就要求老师们以备课组为单位进行集体备课了。但是，我们年轻老师多，教学经验少，连"集备"要备什么、怎么备，都搞不清楚，所以，成果也就可想而知了。就在我们为如何培训备课组长，如何进行有效集备而愁眉不展的时候，徐老师给我们送来了个超级暖心的"大枕头"！

19 日晚 7 点，集备准时开始。这次要备的是经典篇目《紫藤萝瀑布》。简单的开场后，徐老师就带着我们开始备课了。

第一个环节，文本解读。徐老师共提出了四个问题：（1）尝试不同角度给文章划分层次；（2）作者眼中的紫藤萝有什么特点？你觉得可以用哪些词语来修饰？（3）为了表现藤萝的生命力，作者用了哪些手法？结合具体语句加以分析；（4）谈谈你对文末"花和人都会遇到各种各样的不幸，但生命的长河是无止境的"这句话的理解。问题抛出后，老师们便开始畅所欲言，徐老师对老师们的发言一一给予中肯的评价。

这四个问题看似无奇，但是去繁就简，抓住了本文教学的核心。不得不佩服徐老师驾驭文本的能力！同时，我也领悟到，作为备课组长，首先要在"集备"前吃透文本，对教材有全面、深刻的理解，才能带领老师们正确解读文本，为后面确定教学内容奠定基础。

第二个环节，徐老师指导老师们选择教学内容。徐老师引导老师们思考：关于这篇课文，课堂教学时，哪些内容不必教？哪些内容重点教？哪些内容需要拔高？老师们的讨论也很积极，内容、语言、写法、主旨、背景等，都有涉及。徐老师依然非常耐心地一一分析。最后徐老师总结大家的意见，指出：如何写景状物，托物言志的手法，课文主题（即：写了什么，怎样写的，为什这样写）是必教的内容。同时徐老师还指出了我们在选择教学内容时经常出现的问题，一是内容与策略混淆，二是重难点不突出，抓不住课堂主问题。

说实话，这两点一指出，我登时就觉得当头一棒——这都是我教学中存在的问题！突然就想到了一句话：你不是有十多年的教学经验，而是一年的经验重复用了十多年而已！如果不是徐老师的指导，我还不知要糊涂到什么时候！惭愧惭愧！万幸万幸！同时，也意识到了集体备课对备课组长教学教研能力的要求之高。

第三个环节，也是"集备"最重要的环节，即课中活动的设计。老师们依然很踊跃，但设计的活动并不尽如人意，徐老师也非常客观地指出了这些活动存在的问题，并强调，课中活动，一定要设计出具体可操作的步骤，不能大而化之，更不能在形式上重复。最后徐老师分享了他设计的几个活动：

1. 讨论。给课文分层，但不固定答案，教师要做到收放自如；

2. 概括。重点读第2—第6小节，概括藤萝的特点；

3. 聚焦。围绕"生命力"来朗读课文，有没有读出"生命力"，教师在评价时要渗透笔法分析。在这一活动中徐老师还给出了一个对写景状物类文本进行笔法赏析都适用的格式：这一处藤萝，有（点）有（面），有（形）有（味），有（声）有（色），有（静）有（动），有（观察）有（感受）。这是点石成金的法术！

4. 讨论。眼前这树有生命力的藤萝是必须写的，那么，十多年前那株没有生命力的藤萝能不能不写？为什么？

5.探究。（1）如果把这句话送给某个人，你要送给谁？为什么送给他？送给他这句话时，你还会跟他说什么？（带动学生的生活体验）（2）课文补白。文章结尾"我不觉加快了脚步"后，补白：我在心里默默地对自己说："……"（以"写"作促进对文章主旨的理解）（3）换状语，以"写"促"读"。"在这淡紫色的光辉和淡紫色的芳香中，我不觉加快了脚步。"改写画线部分。（4）资料引进。关注1982年5月6日这个时间点，简介十年浩劫，适当地由"花"到"人"，由一个人到一个民族，一个国家，进行家国情怀的教育（使主旨变得更宏阔）。

几个活动设计一一展示出来，每一个都有趣好玩又指向语文核心素养的提升，处处渗透着对语言文字的"玩味"，简直不要太妙！徐老师还特意补充说，这几个提升活动可以根据自己学生的水平有选择地组织，让学生在活动中探索答案，在活动中"玩味"母语。谆谆之意溢于言表。

而我，听着徐老师睿智而平和的点拨与教导，心里却早已掀起了惊涛骇浪。我感觉自己这么多年的所谓"教龄"可以清零了！又想起了一句老话儿"兵熊熊一个，将熊熊一窝"，这么多年来，我们的成绩不能提高，我们的教学没有突破，我们的老师成长不快，责任不在孩子，不在老师，在我们这些所谓的"学科带头人"啊！安于现状，故步自封，带来的不仅仅是个人的平庸，团队的落后，更是误人子弟的罪过！我们，只有潜心学习，勇于实践，不断成长，不断完善，才不至于被这个时代所抛弃！

20日晚，早早儿坐到电脑前，满怀期待。7点整，徐老师先是幽默地代我们表达了对语文教学的热爱，然后就开始了《壶口瀑布》的"集备"。

"集备"仍然是分为三个环节：解读文本、教学内容的选择、教学活动的设计。老师们的发言依旧非常踊跃，在徐老师的点拨下，对文本的解读和教学活动的设计也颇有可圈可点之处。不同的是，第一次"集备"的时候，徐老师在抛出问题之后，会有解读、有范例、有点评、有指导，有总结；而这一次，徐老师更倾向于放手让老师们自己分析，自己设计，他来做点评、指导和小结。当然，在这个过程中徐老师的点评，金句频出，比如红烧肉的比喻，比如"语文课要用语文的方法教语文"，我都记在了我的小本本上，在这里不再一一赘述。

可以看出，徐老师在逐步地对老师们提高要求，努力让老师们的思维动起来，做备课室的主人。这一幕，和徐老师上教读课与自读课的情形多么的相似！他是用带孩子的心带我们这些来自五湖四海的陌生人。

徐老师不断鼓励老师们发言，在这个过程中，他又顺势进行评价补充。就这篇课文的"词语积累"和"语言欣赏"两块内容的活动组织进行了重点突破。给我印象最深刻的，是《壶口瀑布》的语言欣赏活动，徐老师启发我们，一共探寻到了7个不同形式的活动，令人豁然，也令人惊叹！

通过两节课的学习，我初步掌握了集备的环节、内容和方法。但我知道，形式的东西易学，形式背后的积累、能力、素养才是不可复制的。这两节课中，徐老师展示出的深厚的教学教研的功底的背后，是他几十年的阅读、积累、思索、实践和研究。这，才是我们应该学习的。就像我常给孩子们说的，做三四月的事，七八月自有答案。

感谢徐老师！

预设课堂活动的精彩

江苏江阴 / 刘洪兴

5月19日和20日，徐老师借助网络平台，分别开展了对七年级下册宗璞的《紫藤萝瀑布》和八年级下册《壶口瀑布》的网上集体备课。

综观两堂集体备课，笔者发现，作为网络集体备课组长的徐杰老师，是从三个环节展开集体备课活动的：一是进行"文本解读"，二是明确"教学内容的选择"，三是设计"课中活动"。

尤其对于第三个环节，我们深受启发。其中《紫藤萝瀑布》设计了四大活动：一是讨论课文分层；二是概括藤萝特点；三是聚焦写作笔法；四是进行主题探究。面对第四个"主题探究"活动，徐老师特意给我们提供了四种方式：发挥想象，送人花语；以"写"促"读"，话语补白；改换状语，体悟主旨；关注时间，资料牵引。

第二篇《壶口瀑布》，徐老师提出了两个大型课中活动。一是语文积累活动，从字词句入手开展的一系列的活动。二是设计品味文章语言的活动，他提出了七个设计方案：一是按照要求写导游词；二是选句子，变换句式（词语）之后进行比较分析；三是两次对比阅读，即第2小节与第3、4小节的比读和第3与第4小节的比读；四是出示图片，摘录课文写标题或写提示语；五是用第二人称，对壶口瀑布写几句话；六是为壶口瀑布某处的胜景，用四字短语拟几个名称；七是读第 5 小节，设计一段石头与水的对话。

探究网上集体备课，居然生发出如此多的实实在在的课中活动设计。笔者倍感兴奋，不虚此行，而再静心思索，觉得要将这些活动设计用好，用妙，用出味道，用出效果，尚需处理好以下几组关系。

首先，在活动设计之前，笔者认为要处理好以下三种关系：

一、处理好"文本解读"和"活动设计"的关系

文本解读是关键，是基础，没有好的文本解读，就抓不住文本的关键内容，也就无法产生设计课中活动的冲动。因此，将文本解读处理好，是进行活动设计的前提。比如在《紫藤萝瀑布》备课中，有老师提出进行比读。的确，比读是一种很实用又很重要的思维阅读方法，但这篇文本是否适用，我们要进行文本解读。通过文本解读，了解到本文的比读元素不多，仅仅是十多年前的紫藤萝与现在的紫藤萝的比较，所以这样的活动设计就不在考虑之列。因此我们选择教学活动时，一定要依据文本，选择恰当的贴合的活动形式，一定是依据文本的重心，一定是依据文章的重点与难点，千万不能选了芝麻，丢了西瓜。

二、处理好"预设学情"和"活动设计"的关系

在《壶口瀑布》集体备课活动即将结束之际，面对七个语言欣赏活动，徐老师提出了中肯的建议，一定要根据学情，根据学生的需要来选材，千万不能一股脑儿地照搬照抄，这是不可取的，更是对学生的不负责任。针对我们比较薄弱的农村学校的情况，笔者认为，其中的第二个活动"选句子，变换句式（词语）之后进行比较分析"，第三个活动"两次对比分析"和第四个活动"出示图片，摘录课文写标题或写提示语"，比较符合我校学生的实情。而对按照要求写一个符合壶口瀑布特点的导游词，要视情况而定。

三、处理好"学科特质"和"活动设计"的关系

在《壶口瀑布》备课环节，有老师提出用画笔画出瀑布的活动，徐老师立马给予否决，并指出，这是美术活动，不是语文活动。笔者认为，要用语文的方法教语文，用阅读的方法教阅读，要体现语文这一学科的本质特征。

前几年，我有幸在苏州工业园区星海学校观摩了七堂省级公开课，深刻地体会到了强化我们的语文学科意识的必要性。语文课堂要成为语文的天堂，语文课要上成语文课，语文课要有语文的特点，语文课要有语文的味道，语文课要将工具性和人文性和谐地统一在一起，一定要处理好"学科特质"与"活动设计"的关系。

其次，在设计课堂活动过程中，我觉得也要处理好以下四种关系：

一、处理好活动中"放"和"收"的关系

在活动设计过程中，"放"，就是撒开来，要做到放得开；"收"，就是聚焦起来，要做到收得拢。比如《紫藤萝瀑布》备课环节，面对写景状物，围绕"生命力"这一话题进行赏析，其中可以赏析具有生命力的词语，包括动词、副词，也可以赏析具有生命力的句子，包括修辞、句式等，还可以赏析视觉、听觉、触觉等各类感官角度的词句。而围绕话题播撒出去的网，如何收回，那也是极为重要，极为必须的。徐老师在最后，针对这一活动，给大家做了一个"收"的范例。他说："本次的课堂活动，既有点有面，又有形有色，既有现在也有过去，既有静也有动。"这样的小结，将写景的基本笔法，如化静为动、多感官、对比烘托等小结了出来，就起到了一个很好的聚焦作用。

二、处理好活动中"平面"和"立体"的关系

课中活动不能简单、平面、扁平化，而是要立体、丰富、有张力，要在文本中来来回回地走。比如，在《壶口瀑布》备课的"语文积累"环节，徐老师对"你最喜欢的一个词，你印象最深的一句话"，提出了质疑和批判。因为这样一来，就比较散，无法集中。学生们到处去"挖坑"，作为语文老师，到处去"填坑"，如何去"收"，实在太难。再如徐老师也讲了一个例子，文中的语言很美，某教师将一好词挖去，用了另一个替代，出示后，问学生能替换吗？仅仅一个回合，3秒4秒就过去了，没有立体，没有丰厚。这样一问一答的活动，怎么会让我们的学生深入文本呢？

三、处理好"要求锁定"与"活动设计"的关系。

"要求"就是规范。有些课中活动，因为没有一定的"要求"去规范，去

约束，去锁定我们开展活动的范围与方向，会导致我们的活动散得太开，导致无法聚焦，无法"收"回来。比如《壶口瀑布》"拟名称"这一活动，徐老师提醒我们老师，这个活动，要像西湖的风景"苏堤春晓""三潭映月"一样，有以下几个"要求"去限制：一是找到一个壶口瀑布具体的地点；二是要求是胜景，即漂亮优美的景致；三是用四字短语。正是由于有了上述的限制，学生开展学习活动就能有的放矢，就容易集中优势兵力搞"歼灭战"了。

再比如《壶口瀑布》"设计石头与水的对话"，徐老师也要求老师有的放矢：一是范围锁定在第 5 小节，二是在对话中必须出现"柔和、宽容、软弱、抗争、怒不可遏"等关键词。这样一来，学生的目光不会分散，他们的对话也就能抓住关键词，不迷失方向。因为有关键词这些路标，可以更好地展开对话活动以理解文章主旨。

四、处理好活动的"格式化"和"个性化"的关系

"格式化"就是模式化、公式化之意。对于部分教师而言，指导学生的语言欣赏活动，喜欢将之格式化，比如遇到比喻修辞，就一定是四步曲，一是运用了比喻的修辞手法，二是将什么比作什么，三是生动形象地写出了本体的什么特点，四是表达了什么情感。其实，在我们的课堂教学中，我们不要受格式化的束缚，而是要舍弃这种格式化，鼓励学生要有个性化的理解，深入文本，到文本中去，从文本中来。

课堂活动设计，是一门科学，更是一门美学；是一门技术，更是一门艺术。愿你我都能在"徐杰老师的备课室"有所得。

希望有一天，他走过的路，我可以继续

陕西杨凌 / 汤会娥

有人说，人和人之间是靠相同的气息和频率互相吸引的。

我深以为然，纵使此生不曾相逢，即使相隔万水千山，那横穿时空的相同波段的气场，会让彼此不由自主地想要靠近对方，想要走进他灵魂的深处，去感受那颗滚烫心脏跳动的温度。

那段时间，处在专业发展的瓶颈时期，深知继续这样下去，于职业的提升肯定是非常无益的，但是苦于没有办法去突破这个难题。周围虽然也有很多良师可以效法，但是毕竟大家都很忙，叨扰过多总是不太礼貌的。

于是就去读书，读各种专业书籍，看名家的课，在网上搜罗经典的课堂实录去品咂、咀嚼，着实也是有些收获的，只是精进的速度太慢了。

徐杰老师就是在这种情况下，"走进"了我的视野。

某天百无聊赖时，浏览专业方面的相关公众号，突然一则"广告"跳入眼帘——徐杰老师备课室，面向全国征集备课组教师。彼时还不知道徐杰这个人，语文界的大咖也算略知几个，但是"徐杰"这个名字很陌生。往常，对这种广告我是嗤之以鼻的，网络营销而已。可是这次，或许是冥冥之中的缘分，我居然毫不犹豫就点击进去，结果一个大大的惊喜——一节课只需要十块钱！这简直颠覆了我对传统网课的认知，那些动辄几千块钱的网课一直是我心头的痛。师本清贫，养家糊口将将好，哪里有多余的闲钱去支付这些"天价"费用。所以，毋庸讳言，这十块钱的标价更加促使我毫不犹豫地付款。

没想到，天上掉下来一个大大的"馅饼"，而且如此的营养丰富。

第一次集体备课的内容是《紫藤萝瀑布》。说实话，对于这篇蕴含着深邃的人生哲理的文章，第一遍教时，我自己都没搞明白，所以一直对这篇散文有点怵。结果两个小时的时间，在主备人杰哥的带领下，我们来自天南海北的组员纷纷相聚互联网，通过屏幕集体探讨这节课的内容和应该把握的重难点。不得不说，杰哥确实是一个资深的教研员，他看问题的眼光非常独到、新颖，解析文本也非常有深度和广度。在他的点拨下，我一下子豁然开朗，之前萦绕在心头的对哲理性散文的恐惧消减了很多。

杰哥算是一个儒雅的男人。虽然五官算不上精致，但是说起话来温文尔雅，不紧不慢。连一笑，都透着江南男子特有的秀气和腼腆。

两个多小时的备课过程，杰哥全程和蔼可亲，耐心细致地解答屏幕上大家提出的关于备课、上课中存在的各种问题。从教这么多年，我还真心没有参加过这样学术氛围浓厚的研讨活动。

就这一次，让我深深地迷恋上了这样集体备课的活动，而且多次对那节课进行了回看，反复记录杰哥的"金句"。在我极力的宣传和推崇下，工作室几位年轻人也"加入"了这个团队，跟着杰哥一起成长。现在，几个年轻教师也成了杰哥的"铁粉"，对杰哥公众号推送的每篇文章都要细细阅读，并且从中汲取了很多专业方面的养料。我们很喜欢没课的时候，几个人挤在我们的"热带雨林"（因工作室绿植很多，童童称之为"热带雨林"）观摩杰哥的示范课，看到精彩处就不停地回放，对杰哥"评头论足"。当然，我们不是绝对迷信权威的，也敢于大胆地提出自己的质疑，然后互相争辩。在这样的氛围中，我们跟着徐杰这个素未谋面的"师父"，在精进专业的道路上，向光而行……

那天晚上，敏玲转发了杰哥公众号里的一篇课堂实录，然后在群里说，咱们把这节课讨论一下吧。那一瞬间，内心暖暖的。这些年轻人，在这一年多时间里，犹如春光里的嫩芽，野蛮生长。不必说她们现在的课堂教学艺术已经是可圈可点，也不必说她们业余时间对于专业书籍孜孜不倦的阅读，单是对于好课的这种痴迷，就足以让我感慨。在这样一个喧嚣功利的时代，能静下心来好好钻研学术的人有多少，何况还是才踏入教育行业没几年的青年人。也正是她们几个这种奋进不息、努力向上的劲头，一直鞭策、激励着我不敢有丝毫的懈怠，生怕自己的积累不能满足她们的需求，更不用说工作室其他工作时间长、教学经验丰富的老师，她们对我的帮助和支持，就更加让我不敢有丝毫的马虎了。

突然看到徐杰老师要去支教的消息，心里很失落。我们自己当然也会抱团成长，可是有一个专家级的资深老师带领，我们前进的步伐会更快一些，视野也会更广阔一些。不过转念间便释然了，杰哥是一个有情怀的老师，他内心关注的是更多语文老师的专业发展，更多孩子语文素养的提升。他在自己职业生涯最鼎盛的时候选择去支教，我明白，他是想贴着泥土，把语文的素养根植在中国最贫瘠的土地上，让那里的孩子能多一些机会，多一些希望。

有追求和坚守，也有责任和担当，这就是榜样。

向杰哥致敬！

希望有一天，他走过的路，我可以继续。